2022 年度教育部人文社会科学研究项目
"教育强国的内涵、指标和实现路径研究"成果

U0596644

中华人民共和国职业教育法

（2022 年修订）

解读与研究

主　编　周洪宇

副主编　童静菊　吴昌友

中国出版集团 东方出版中心

图书在版编目（CIP）数据

《中华人民共和国职业教育法（2022 年修订）》解读
与研究 / 周洪宇主编；童静菊，吴昌友副主编. —
上海：东方出版中心，2023.3
ISBN 978 - 7 - 5473 - 2138 - 6

Ⅰ.①中…　Ⅱ.①周…②童…③吴…　Ⅲ.①职业教
育-教育法-研究-中国　Ⅳ.①D922.164

中国国家版本馆 CIP 数据核字（2023）第 008489 号

《中华人民共和国职业教育法（2022年修订）》解读与研究

主　　编　周洪宇
副 主 编　童静菊　吴昌友
责任编辑　万　骏　陈明晓
封面设计　钟　颖

出 版 人　陈义望
出版发行　东方出版中心
地　　址　上海市仙霞路 345 号
邮政编码　200336
电　　话　021 - 62417400
印 刷 者　上海万卷印刷股份有限公司

开　　本　720mm×1000mm　1/16
印　　张　20
字　　数　317 千字
版　　次　2023 年 9 月第 1 版
印　　次　2023 年 9 月第 1 次印刷
定　　价　69.00 元

本书编写组成员

周洪宇　童静菊　吴昌友　徐　坤　马发生　蔡传德

龚　谦　李　丹　张　俊　黄朝晖　苏　龙　齐求兵

邓桂兵　平　怡　李梦玲　刘　晓　李晓鹏　王　宇

陈　帆　李海英　郑晓芳　李英宣　高　睿　邱贻洁

赵　坤　俞　俊　白　雯　潘昱宏　徐　文　黄容霞

戴士崴　翟慧芳　王　珩　程胜男

目 录
CONTENTS

上编

《中华人民共和国职业教育法》解读

第一章
职业教育法修订的重大意义

《中华人民共和国职业教育法》(简称"新职教法")于 2022 年 4 月 20 日由中华人民共和国第十三届全国人民代表大会常务委员会第三十四次会议表决通过,自 2022 年 5 月 1 日起正式实施。这是 1996 年颁布的《职业教育法》(简称"旧职教法")26 年来首次"大修"。职业教育是国民教育体系和人力资源开发的重要组成部分,是培养多样化人才、传承技术技能、促进就业创业的重要途径。此次职业教育法修订,深入贯彻习近平总书记重要指示批示精神和党中央、国务院关于职业教育改革发展的决策部署,系统总结职业教育改革发展的政策举措和实践成果,进一步完善了新时代职业教育法律制度体系。新职教法坚持目标导向,着力健全现代职业教育体系,推动职业教育高质量发展;坚持问题导向,着力创新制度机制,推动破解职业教育改革发展中的热点难点问题;坚持效果导向,着力多方位提高职业教育地位,推动形成全社会关心支持职业教育发展的局面。贯彻实施新职教法,对于深化全面依法治教,推动职业教育高质量发展,建设教育强国、人力资源强国和技能型社会,推进社会主义现代化建设具有重要意义。

第一节 职业教育法修订的政治意义

新职教法的实施,为职业教育健康发展营造了良好的社会氛围,促进职业教育坚持正确的办学方向,依法治教、依法办学,夯实现代职业教育体系政治、法治基础,促进职业教育高质量发展。从政治意义的角度来看,新职教法的颁布在加强党对职业教育的领导、有效规范与落实政府责任、落实立德树人根本任务方面具有里程碑意义。

一、坚持党的领导与职业教育发展

　　党的十八大以来,我国职业教育事业发展取得了显著成就,最根本的就是,在以习近平同志为核心的党中央坚强领导下,党对职业教育事业的全面领导得到有力贯彻,党对职业教育工作的领导也得到了全面加强。① 2018 年,在全国教育大会上,习近平总书记提出了"九个坚持",这是对我国教育事业的战略思考,也是习近平总书记关于教育重要论述的核心内容。"九个坚持"的第一个"坚持"就是坚持党对教育事业的全面领导。2021 年,在全国职业教育大会上,习近平总书记对职业教育工作作出重要指示,再一次强调"坚持党的领导,坚持正确办学方向,坚持立德树人"②。

　　党的二十大报告指出,教育是国之大计、党之大计。培养什么人、怎样培养人、为谁培养人是教育的根本问题。育人的根本在于立德。全面贯彻党的教育方针,落实立德树人根本任务,培养德智体美劳全面发展的社会主义建设者和接班人。③ 作为落实二十大精神的一系列重大举措,中共中央办公厅、国务院办公厅于 2022 年 12 月 21 日印发《关于深化现代职业教育体系建设改革的意见》,进一步强调职业教育体系建设改革的指导思想是以习近平新时代中国特色社会主义思想为指导,深入贯彻党的二十大精神,坚持和加强党对职业教育工作的全面领导,并要求在组织实施过程中要加强党的全面领导,坚持把党的领导贯彻到现代职业教育体系建设改革全过程各方面,全面贯彻党的教育方针,坚持社会主义办学方向,落实立德树人根本任务;要求职业学校党组织把抓好党建工作作为办学治校的基本功,落实公办职业学校党组织领导的校长负责制,增强民办职业学校党组织的政治功能和组织功能;深入推进习近平新时代中国特色社会主义思想进教材、进课堂、进学生头脑,牢牢把握学校意识形态工作领导权,把思想政治工作贯穿学校教育管理全过程,大力培育和践行社会主义核心价值观,健全德技并修、工学结合的育人机制,努力培养德智体美劳全面发展的社会主义建设者和接班人。④ 由此可

---

① 刘晓.做好改革组织实施工作深化国家职业教育改革——基于《国家职业教育改革实施方案》出台之思[J].中国职业技术教育,2019 年第 7 期.

② 苏俊,万辉君,闫伟.弘扬和践行黄炎培职业教育思想积极构建现代职业教育体系[N].四川经济日报,2021 - 05 - 27.

③ 习近平.中国共产党第二十次全国代表大会报告[M].北京:人民出版社,2022.

④ 新华社.中共中央办公厅　国务院办公厅印发《关于深化现代职业教育体系建设改革的意见》[EB/OL].http://www.gov.cn/zhengce/2022 - 12/21/content_5732986.htm,2022 - 12 - 21.

见,要构建高质量的现代职业教育体系,就必须加强党对职业教育工作的全面领导,坚持贯彻党的全面领导是办好职业教育的根本保证。

新职教法着力落实党的领导,不仅在总则第四条中明确规定,职业教育必须坚持中国共产党的领导,还在第四章"职业学校和职业培训机构"第三十五条中对公办学校和民办学校如何坚持和加强党的领导作出明确规定。理解和把握这一根本要求,对于职业院校贯彻习近平总书记提出的"为谁培养人"的根本问题,坚持社会主义办学方向,贯彻党和国家的教育方针,确保职业教育高质量发展具有重要意义。

贯彻落实新职教法,加强党对职业教育的全面领导,要把党的领导贯彻到职业院校办学治校全过程,坚持社会主义办学方向,确保学校始终成为党领导的坚强阵地。一要按照法律规定,进一步健全党对职业教育全面领导的体制机制。着力落实公办职业院校基层党组织领导的校长负责制,加强民办职业院校基层党组织建设,形成落实党的领导全覆盖的工作格局。认真落实中共中央办公厅《关于坚持和完善高等学校党委领导下的校长负责制的实施意见》《中国共产党普通高等学校基层组织工作条例》《关于建立中小学校党组织领导的校长负责制的意见》,发挥好党组织"把方向、管大局、作决策、抓班子、带队伍、保落实"的领导职责。二要坚持党建引领,切实加强学校党组织建设。用习近平新时代中国特色社会主义思想武装师生头脑,始终把党的政治建设摆在首位,推动党的建设与事业发展"双融合、双促进、双提升",培养担当民族复兴大任的时代新人。

二、职业教育发展与政府责任落实

新职教法的出台为职业教育的改革发展问题提供了原则性、总体性的发展要求与实施安排。其第六条作出了整体规划,指出职业教育应"实行政府统筹、分级管理、地方为主、行业指导、校企合作、社会参与"的办学体制。第八条规定,国务院建立职业教育工作协调机制,统筹协调全国职业教育工作。国务院教育行政部门负责职业教育工作的统筹规划、综合协调、宏观管理。国务院教育行政部门、人力资源社会保障行政部门和其他有关部门在国务院规定的职责范围内,分别负责有关的职业教育工作。省、自治区、直辖市人民政府应当加强对本行政区域内职业教育工作的领导,明确设区的市、县级人民政府职业教育具体工作职责,统筹协调职业教育发展,组织开展督导评估。县级以上地方人民政府有关部门应当加强沟通配合,共同推进职业教育工作。这些法条的规定体现出了职业教育发展的总体性与宏观性,但要具体实施和落地,还需要国家、政府进一步细化并出台相关配套法规措施,供社会各界参照适用。

与此同时,新职教法第七条规定,各级人民政府应当将发展职业教育纳入国民经济和社会发展规划,与促进就业创业和推动发展方式转变、产业结构调整、技术优化升级等一起进行整体部署、统筹实施。各级政府应当积极响应国家的号召,根据本区域社会经济发展状况,制定适合本区域具体状况的职业教育发展方案并加以严格执行,在发展过程中还应及时根据实际情况调整方案、改进不足。新职教法第五十五条规定,各级人民政府应当按照事权和支出责任相适应的原则,根据职业教育办学规模、培养成本和办学质量等落实职业教育经费,并加强预算绩效管理,提高资金使用效益。要求各级政府落实教育经费,为职业教育发展提供强有力的保障。[①]

新职教法的这些规定理顺了中央政府和地方政府之间、政府行政管理部门之间和政府与行业企业之间在职业教育体系中的职责与分工。尤其是条款中关于国务院建立职业教育工作的协调机制,由国务院统筹协调全国的职业教育工作的规定,大大提升了职业教育的管理层次,有助于统筹协调国务院下属相关行政部门以及地方政府行政部门开展职业教育工作。多年以来,我国的职业教育通常以三种形式存在:职业学校、技工学校和职业培训。职业学校由教育行政部门管理,而技工学校和职业培训由人力资源社会保障部门管理。职业学校、技工学校和职业培训之间在国家和地方两级都缺乏统筹协调,以至于在工作的衔接上容易产生问题。新职教法把职业教育的统筹协调提升到国务院级别,将有助于协调职业学校教育和职业培训之间的关系。

第二节　职业教育法修订的法律意义

新职教法的实施,无疑将营造职业教育发展的良好社会氛围,推进深化职业教育依法治教、依法办学,夯实现代职业教育体系法治基础,促进职业教育高质量发展。新职教法在加强党对职业教育的领导、完善教育基本法律制度方面有

[①] 中国高职高专教育网.中华人民共和国职业教育法[EB/OL].https://www.tech.net.cn/news/show-96343.html,2022-04-20.

新的突破。认真学习贯彻新职教法相关规定,对于坚持正确办学方向具有里程碑意义。

一、教育基本法律制度的完善

改革开放以来,特别是党的十八大以来,党中央、国务院就职业教育做出一系列重大决策部署,职业教育在固本培元、守正创新中着力固根基、补短板、强弱项、扬优势,整体面貌发生格局性变化。实践迫切需要将党中央决策部署转化为法律规范、把成熟的改革举措上升为法律制度,为职业教育的制度供给提供法治保障,推动职业教育在正本清源和守正创新中行稳致远。

新职教法遵循了习近平总书记关于职业教育重要指示批示精神,以及党中央、国务院关于职业教育改革发展的战略部署,把我们党发展职业教育新的理论成果和实践经验从法律上加以确定,是职业教育高质量发展最基本最稳定最可靠的保障,保证职业教育重大改革于法有据,确保职业教育改革在法治的轨道上稳步推进。

教育法治化在教育现代化进程中具有引领性、基础性、规范性、保障性的地位。目前,我国构建了以 8 部教育法律为统领,包括 16 部教育法规和一批部门规章、地方教育法规规章在内的较为完善的教育法律制度体系,为教育发展提供了法治保障。但我们也必须清醒地看到,在教育现代化和教育强国的前进道路上,我们面临的大环境已经发生深刻变化,人民群众的思想观念也在深刻调整,民主、法治意识和权利意识日益增强,对教育公平、制度公正和受教育权高度关注。此次职业教育法的修订,将进一步提高职业教育运用法治思维进行管理治理的能力,用法治来引领、以法治为保障、靠法治来奠基,大力推进职业教育治理体系和治理能力现代化,为职业教育改革发展开拓道路、保驾护航。因此,新职教法的颁布与实施助力职业教育高质量发展,是教育法律制度的进一步完善。

二、职业教育体系建设的法治化阶段

改革开放以来,职业教育发展的核心任务与逻辑主线,是追求与普通教育的同等重要地位,独立构建职业教育体系,实现职业教育现代化,其根本目的是为了让人们平等看待职业教育、愿意接受职业教育,使职业教育能够在经济社会发展中更好发挥作用。体系建设无疑是近几十年职业教育发展的伟大成就之一，职业教育从仅有中等职业教育的"断头"教育，发展到"中职—专科—本科"相互衔接，又与普通教育相互融通、协调发展的基本体系框架，改变了职业教育在整个"大教育"体系中的定位，形成了教育体系典型的"双轨制"结构。党的二十大报告指出，优化职业教育类型定位①，新职教法在体现经济发展的需求性、终身学习的开放性、职业教育的系统性等方面，对现代职业教育体系建设做出规范，标志着现代职业教育体系建设进入法治化阶段，也意味着职业教育的"类型"地位在法律层面的进一步稳固，为构建现代职业教育体系，推动职业教育与普通教育既自成体系又相互融通，推进建设"一体两翼"的高质量教育体系提供了法理依据。这必将从认识上有力破除"重普轻职"的传统观念，从制度上为学生搭建起升学的"立交桥"，从行动上践行类型教育的理念。② 标志着现代职业教育体系的法治化建设进入一个新阶段，给职业教育改革发展带来深远的影响。

三、职业教育全面依法治教的法律基础

《职业教育法》自1996年颁布以来的首次"大修"，充分展现了国家持续大力发展职业教育的坚定决心和意志。该法的修订标志着我国职业教育进入全面依法治理的新阶段。

一是首次界定了职业教育的法律概念，有利于公众理解什么是职业教育。新职教法不仅通俗易懂地为公众解释了职业教育的概念内涵，而且有助于公众更好地理解职业教育的范畴。从法理学角度讲，明确法律概念具有重要作用。因为，法律概念是法律要素中最基本的细胞，是对具有法律意义的社会事实和社会现象的概括性表达，具有归集、表达、认识和提高法律合理化程度的功能。

二是首次从法律上给企业举办职业教育吃下"定心丸"，夯实了企业办学的法理基础。新职教法使企业发挥重要办学主体作用和举办高质量职业教育的政策法律化，从而为企业参与职业教育提供了坚实的法律依据和强劲的动力支持。在未来几年里，企业参与职业教育的积极性和热情将被进一步激活，不仅可以有效解决当前我国职业教育产教融合和校企合作不深、不实、不透的问题，也有利于深入推进中国特色学徒制向前发展。

---

① 习近平.中国共产党第二十次全国代表大会报告[M].北京：人民出版社,2022.
② 陈子季.深入贯彻落实《职业教育法》 依法推动职业教育高质量发展[J].中国职业技术教育,2022年第16期.

三是首次规定了高等职业学校教育的层次结构，赋予本科层次职业教育法律地位。新职教法将高等职业学校教育的层次结构明确规定为："高等职业学校教育由专科、本科及以上教育层次的高等职业学校和普通高等学校实施。根据高等职业学校设置制度规定，将符合条件的技师学院纳入高等职业学校序列。"这一规定不仅真正打通了"断头教育"的天花板，完善了高等职业教育体系，也从根本上解决了教育公平问题。①

四是首次写入了党组织领导下的校长负责制内容，进一步强化了党对职业教育工作的全面领导。加强党对职业教育工作的全面领导，充分发挥职业学校基层党组织作用是全面落实立德树人根本任务、提升办学治校内生动力、建设高质量职业教育体系的必然要求。

五是首次写入职业学校学生平等权利内容，有利于改变职业教育"次等教育"地位。新职教法明确规定"职业学校学生在升学、就业、职业发展等方面与同层次普通学校学生享有平等机会""各级人民政府应当创造公平就业环境""用人单位不得设置妨碍职业学校毕业生平等就业、公平竞争的报考、录用、聘用条件"，由此职业学校学生不再"低人一等"。

六是首次以法条形式明确了职业教育宣传工作的重要性，有助于不断提升职业教育的社会认同度。新职教法特别规定了新闻媒体有开展职业教育公益宣传的责任和义务。新闻媒体要坚守新闻良知，担负起社会责任，面对职业教育事件不炒作、不沉默、不带节奏、不做"标题党"，积极正面、客观公正地宣传职业教育，为"营造人人努力成才、人人皆可成才、人人尽展其才的良好社会氛围"做出应有的贡献。②

第三节　职业教育法修订的教育意义

党的二十大报告指出，办好人民满意的教育，对于职业教育，有"优化职业教育类型定位"和"努力培养造就更多大师、战略科学家、一流科技领军人才和创新

---

① 中国高职高专教育网.中华人民共和国职业教育法[EB/OL].https：//www.tech.net.cn/news/show-96343.html,2022-04-20.
② 中国高职高专教育网.中华人民共和国职业教育法[EB/OL].https：//www.tech.net.cn/news/show-96343.html,2022-04-20.

团队、青年科技人才、卓越工程师、大国工匠、高技能人才"的重要论述。[①] 新职教法首次明确职业教育是与普通教育具有同等重要地位的教育类型,其意义深远,影响重大。此举有利于尽快盘活我国多年建成的世界上最大的职业教育资源;有利于早日做强做优中国特色世界水平的职业教育;有利于及时培养数字经济发展和技术转型升级的高层次人才;有利于保障双循环新发展格局所需的大量人才资源供给;有利于高质量完成"双减"任务,缓解万千家长的焦虑。新职教法 2022 年 5 月 1 日起施行,此次修订对于推动职业教育高质量发展,提高劳动者素质和技术技能水平,促进就业创业,建设教育强国、人力资源强国和技能型社会,推进社会主义现代化建设具有重要意义。

一、职业教育法修订与教育强国建设

建设教育强国是中华民族伟大复兴的基础工程,凝结着一代代教育人的梦想和夙愿。教育兴则国兴,教育强则国强。"建设教育强国""加快教育现代化,办好人民满意的教育",是对科教兴国战略的继承和发展,更是新时代赋予教育的重要历史使命,成为教育改革发展的方向引领。

党的十九大以来,党中央、国务院更是推出了一系列职业教育改革发展的重大举措,从深化改革到提质培优,再到推动高质量发展,明确了"十四五"期间职业教育改革的发展路径。2022 年国务院政府工作报告指出,我国超额完成了高职扩招三年行动目标,2022 年将继续改善职业教育条件,完善产教融合办学体制,增强职业教育适应性。2022 年颁布的新职教法,更是推动职业教育的进一步发展。

新职教法明确规定国家采取措施,提高技术技能人才的社会地位和待遇,弘扬劳动光荣、技能宝贵、创造伟大的时代风尚;提出国家通过组织开展职业技能竞赛等活动,为技术技能人才提供展示技能、切磋技艺的平台,持续培养更多高素质技术技能人才、能工巧匠和大国工匠。这一系列规定,既为新时代职业教育发展明确了目标与方向,强化了职业教育在经济社会发展中的独特功能与不可或缺的重要作用,也把建设教育强国的理念和战略转化为法律规范,为教育强国、技能型社会建设提供了有力的法律支撑和法治保障。新职教法对我国职业教育发展的影响之深远,将在未来职业教育发展和实践过程中的各个领域和环

---

① 习近平.中国共产党第二十次全国代表大会报告[M].北京:人民出版社,2022.

节充分体现出来,如建立现代职业教育治理模式、人才培养模式、教育教学实施、质量评价体系、产教融合制度建设等。

二、职业教育的高质量发展

新职教法的实施,是新时代社会主义法治建设方针在职业教育领域的具体体现,是全面推进依法治教的内在要求。抓好贯彻落实,将把制度优势转化为治理效能,促进职业教育治理体系和治理能力现代化,推动职业教育高质量发展。

（一）配套法规制度更加完善

新职教法根据教育发展规律和职业教育特点进行了修订,强调加强党对职业教育的全面领导并落实为具体制度,对标中央精神、回应实践需求,构建职业教育法律制度体系,有很多理念创新和制度创新。这些创新能否由理念变成现实,由制度变成实践,关键在于能否及时推进新职教法配套法规、规章的立改废工作,推动地方政府和教育行政部门做好本区域职业教育法配套法规、规章的相关工作,将新职教法贯彻落实过程中的成功经验和好的做法以地方法规、规章等形式固定下来,促进职业教育法治服务保障与其他的配套制度相互配合、衔接和支持,形成全套的制度保障体系,让新职教法始终围绕职业教育事业发展实际,与我国经济发展、社会进步相适应,为改革与发展提供法律保障。

（二）职业教育活动更加有序

新职教法通过明确职业教育类型属性、完善职业教育内涵,系统构建了职业教育法律制度体系与保障体系。新职教法的实施将转变"重制定、轻实施"的观念,从提升国家治理体系和治理能力现代化的高度,推动职业教育按照法律要求,在法律的范围内有序开展各项活动,严格执行职业教育法赋予的每一项职责,把法律从书面规定转化为具体实践,理顺职业教育管理体制,压实地方主体责任,明确各级各类职业学校的法定职责,明确行业企业实施职业教育的法定义务等,推动形成政府依法行政、学校依法办学、教师依法执教、社会依法评价与支持和监督职业教育的新格局。[①]

（三）教育督法机制更加健全

法律是刚性约束,加强督法,促进公正司法,真正让法律长出牙齿,才能推动

---

① 陈宝生.全面推进依法治教　为加快教育现代化、建设教育强国提供坚实保障——在全国教育法治工作会议上的讲话[J].国家教育行政学院学报,2019年第1期.

法律规定的各项责权利落到实处。教育督法是职业教育决策、执行、监督的重要环节,新职教法的实施将促进我国加快建成"全面覆盖、运转高效、结果权威、问责有力"的中国特色社会主义教育督导体制机制,形成督政、督学、评估监测三位一体的督导体系,强化督导结果的刚性运用,形成包含责任追究、整改落实的监督机制,把教育督法结果与教育行政、学校管理责任等直接挂钩,促进教育督法"问责有力""落地见效"。

（四）技能成才观念更被认可

新职教法的贯彻落实就是要让国家意志成为全社会的共识,让每个公民都能依法享有新职教法规定的权利,形成依法履行责任义务的自觉,让接受职业教育的公民都有人生出彩的机会。因此,新职教法将推动职业教育与普通教育同等重要地位的法律规定落到实处,破除教育体制内外不利于职业教育发展的歧视性、限制性因素,比如在招生层次、就业岗位、待遇、晋级、升职等各方面,同等对待的相关制度要落实到底,促进各类人才地位平等,引导全社会形成科学的职业教育发展观、人才成长观、选人用人观。

从此次《职业教育法》的修订中我们可以看到,国家对职业教育的认识越来越清晰,发展路径越来越清晰。可以预期,修订完善后的新职教法,必将更加充分地发挥出其作为我国职业教育领域基本法的规范、引领作用,为促进职业教育高质量发展打下坚实的基础。我们要以时不我待的紧迫感、舍我其谁的使命感,真抓实干、奋勇向前,在贯彻落实新职教法中肩负起时代赋予的重任,奋力推进职业教育高质量发展,努力实现职业教育的高水平自立自强。[①]

三、现代职业教育体系的基本形成

现代职业教育体系是突出职业教育类型特色,体现其发展活力的重要抓手。自2005年《国务院关于大力发展职业教育的决定》明确提出"进一步构建和健全适应社会主义市场经济体制,满足人民群众终身学习需要,有中国特色的现代职业教育体系"以来,怎样构建具有中国特色的现代职业教育体系逐渐引起人们的关注。2010年《国家中长期教育改革与发展规划纲要》中也再一次明确提出"形成适应经济发展方式改革与产业结构调整要求、彰显终身教育理念、中高等职业

---

① 陈子季.深入贯彻落实《职业教育法》 依法推动职业教育高质量发展[J].中国职业技术教育,2022年第16期.

教育协调发展的现代职业教育体系"。在党的二十大胜利召开之后,为深入贯彻落实党中央关于职业教育工作的决策部署和习近平总书记有关重要指示批示精神,2022 年 12 月 21 日,中共中央办公厅、国务院办公厅印发《关于深化现代职业教育体系建设改革的意见》,明确指出"持续推进现代职业教育体系建设改革,优化职业教育类型定位"①。北京、江苏、山东、天津等地在这一系列国家政策的支持下,围绕"职业人才衔接培养体系改革""现代学徒制创新""终身教育体系建设"等现代职业教育体系建设积极开展了实践探索。在学术领域同样也不乏与"现代职业教育体系"主题有关的研究成果,通过综合检索与统计近十年的有关研究成果发现,现有研究主要聚焦在现代职业教育体系下的中高职衔接、职普融通、终身教育理念以及中国特色现代职业教育体系的构建等方面。由此可见,目前从中央高层到地方政府,从职业教育学术界到职业教育实践领域,对形成从中等到高等(包括专科层次、本科乃至本科以上层次)职业教育多层次的协调发展、推进职业教育与普通教育融合发展、彰显终身教育理念、突出职教类型特色的具有中国特色的现代职业教育体系已基本达成共识。

经过多年的探索,我国职业教育体系建设取得了一定成效,但仍显现出诸多问题。如现行职业教育体系缺乏开放性,一些职业学校仍然比较封闭,职业学校学生缺乏可发展的空间②,职业教育与普通教育的交流主要是单方面的,等等③。为完善中国特色的现代职业教育体系,新职教法提出一系列强有力的改革举措。第一,将职业培训放入职业教育体系统筹谋划,强化职业教育不同于普通教育的特色鲜明的类型属性。新职教法首先确定了职业学校教育与职业培训并重的原则,使职业培训贯穿劳动者职业生涯发展的整个生命周期,包括就业前培训、学徒培训、在职培训、再就业培训、创业培训阶段;其次确定企业在职业培训中应当履行一定的职能,促进了工学结合培养培训体系的构建;再次是推行我国特色学徒制,引导企业按工作岗位总量的一定比率设置学徒岗位。第二,从国家层面建立健全了各级各类学校教育和职业培训的学分、资历以及其他学习成果的认证、积累与转换机制。更具体说来,一是把军队的职业技能等级纳入了国家职业资格认定系统和职业技能等级评价体系;二是推动我国职业教育国家学分银行的建立,以促进普通教育与职业教育学习成果的融通、互认,由此推动职业教育向

---

① 新华社.中共中央办公厅　国务院办公厅印发《关于深化现代职业教育体系建设改革的意见》[EB/OL].http://www.gov.cn/zhengce/2022-12/21/content_5732986.htm,2022-12-21.

② 范唯,郭扬,马树超.探索现代职业教育体系建设的基本路径[J].中国高教研究,2011 年第 12 期.

③ 徐涵.关于建设中国特色的现代职业教育体系的思考[J].中国职业技术教育,2012 年第 12 期.

终身教育转向,明确现代职业教育体系要服务全民终身学习的重要理念方针。三是进一步强化现代职业学校制度,实现职业教育层次的进一步上移。中等职业学校教育由中等教育层次的职业学校(含技工学校)负责开展;高等职业学校教育由专科、本科及以上教育层次的高等职业学校和普通高等学校负责开展。同时,按照高等职业学校设置制度规定,把符合要求的技师学院列入高等职业学校行列。

四、新型职普关系的制度优化

党的二十大报告明确指出,推进职普融通、产教融合、科教融汇,优化职业教育类型定位。① 新职教法首次以法律的形式明确,职业教育是与普通教育具有同等重要地位的教育类型,明确国家鼓励发展多种层次和形式的职业教育,着力提升职业教育认可度,建立健全职业教育体系,深化产教融合、校企合作,完善职业教育保障制度和措施等内容。

(一)明确职业教育是与普通教育具有同等重要地位的教育类型

新职教法提出"职业教育是与普通教育具有同等重要地位的教育类型,是国民教育体系和人力资源开发的重要组成部分,是培养多样化人才、传承技术技能、促进就业创业的重要途径",从法律上第一次明确了职业教育与普通教育"同为教育、不同类型、同等重要"的重要定位,明确了中国特色职业教育的基本特征和本质属性。

把职业教育与普通教育作为两种不同教育类型来定位,是构建职业教育法律制度的基础。新职教法规定职业教育是与普通教育具有同等重要地位的教育类型;规定国家统筹推进职业教育与普通教育协调发展;规定职业教育是为了培养高素质技术技能人才,使受教育者具备从事某种职业或者实现职业发展所需要的职业道德、科学文化与专业知识、技术技能等职业综合素质和行动能力而实施的教育;规定职业学校学生在升学、就业、职业发展等方面与同层次普通学校学生享有平等机会,禁止设置歧视政策。

(二)明确职业学校学生在升学、就业、职业发展等方面与同层次普通学校学生享有平等机会,促进职业教育与普通教育的学习成果融通、互认

新职教法明确了职业学校学生在升学、就业、职业发展等方面与同层次普通学校学生享有平等机会。高等职业学校和实施职业教育的普通高等学校应当在

---

① 习近平.中国共产党第二十次全国代表大会报告[M].北京:人民出版社,2022.

招生计划中确定相应比例或者采取单独考试办法,专门招收职业学校毕业生。各级人民政府应当创造公平就业环境。用人单位不得设置妨碍职业学校毕业生平等就业、公平竞争的报考、录用、聘用条件。

在职业教育的地位方面,新职教法提出了实质性的要求:在推动职业教育与普通教育融通方面明确国家建立健全各级各类学校教育与职业培训学分、资历以及其他学习成果的认证、积累和转换机制,推进职业教育国家学分银行建设,促进职业教育与普通教育的学习成果融通、互认。接受职业培训取得的职业技能等级证书、培训证书等学习成果,经职业学校认定,可以转化为相应的学历教育学分;达到相应职业学校学业要求的,可以取得相应的学业证书;接受高等职业学校教育,学业水平达到国家规定的学位标准的,可以依法申请相应学位。

此外,在招生和就业保障方面,新职教法也提出了相关要求:职业学校学生在升学、就业、职业发展等方面与同层次普通学校学生享有平等机会;高等职业学校和实施职业教育的普通高等学校应当在招生计划中确定相应比例或者采取单独考试办法,专门招收职业学校毕业生。各级人民政府应当创造公平就业环境。用人单位不得设置妨碍职业学校毕业生平等就业、公平竞争的报考、录用、聘用条件。机关、事业单位、国有企业在招录、招聘技术技能岗位人员时,应当明确技术技能要求,将技术技能水平作为录用、聘用的重要条件。事业单位公开招聘中有职业技能等级要求的岗位,可以适当降低学历要求。

(三)鼓励企业举办高质量职业教育

新职教法多措并举推进企业办学,落实企业在职业教育中的主体地位。规定发挥企业的重要办学主体作用,推动企业深度参与职业教育,鼓励企业举办高质量职业教育。规定企业可以利用资本、技术、知识、设施设备等要素举办职业学校、职业培训机构,企业职工教育经费可以用于举办职业教育机构。规定企业应当依法履行实施职业教育的义务,开展职业教育的情况应当纳入企业社会责任报告。规定对企业举办的非营利性职业学校和职业培训机构可以采取政府补贴、基金奖励、捐资激励等扶持措施,参照同级同类公办学校生均经费等给予适当补助。

第四节　职业教育法修订的社会意义

立法的重要作用是统筹、表达、平衡、调整社会利益。党的二十大报告明确指出,要办好人民满意的教育。① 此次修法不仅关照了各方利益诉求,着力解决人民群众最关心、最直接、最现实的利益问题,而且回应了职教战线广大师生、院校和社会各界的共同意愿和现实关切,充分反映了职业教育发展的特色需要和现实需求,推动解决了职业教育发展进程中的许多现实障碍。

一、职业教育法修订与人力资源强国建设

修法对推动职业教育高质量发展,对建设教育强国、人力资源强国和技能型社会具有重大意义。习近平总书记指出,职业教育是国民教育体系和人力资源开发的重要组成部分,是培养多样化人才、传承技术技能、促进就业创业的重要途径,强调要把职业教育摆在更加突出的位置。在全面建设社会主义现代化国家新征程上,职业教育肩负着培养更多高素质技术技能人才、能工巧匠、大国工匠的重大任务,肩负着促进教育公平、提高大众就业创业能力、增强致富本领、扩大中等收入群体的重大使命,肩负着为不同社会群体提供个性化、多样化成长成才路径的重大职责。随着我国进入新发展阶段,我国劳动力市场正在发生深刻变革,人口老龄化进程加快、经济结构调整和产业转型升级、全球新一轮科技革命和产业变革浪潮的到来等一系列变化给职业教育提出了新要求(比如,我国有近9亿劳动者,其中高技能人才只有4 700多万人,仅占6%,而劳动生产率仅为世界平均水平的40%。另据测算,到2025年,制造业重点领域人才需求缺口近3 000万人,服务业缺口更大,仅家政、养老领域至少需要4 000万人)。与此同时,我国职业教育体系建设不够完善、吸引力不足、社会认同感不强、企业参与办学动力不足、办学和人才培养质量不均衡等问题也逐渐凸显。职业教育如果不加快改革发展的步伐,会成为劳动生产率进一步提高、经济实现高质量发展的障碍。此次职业教育法修订,着力落实职业教育与普通教育是同等重要的教育类型这一定位,着力破解职业教育改革发展的体制机制障碍,着力构建适应经济社会发展需要的现代职业教育体系,法律的操作性、针对性强,对职业教育改革发展,对建设教育强国、人力资源强国和技能型社会,对社会主义现代化建设,意义重大、影响深远。

---

① 习近平.中国共产党第二十次全国代表大会报告[M].北京:人民出版社,2022.

二、职业教育法修订与技能型社会构建

新职教法首次以法律形式提出"建设技能型社会"愿景,并从三个方面规定了建设路径。

一是让职业教育贯通人的全生命周期发展,明确在中小学中开展职业启蒙、认知、体验等教育;大力发展技工教育,全面提高产业工人素质;推进国家学分银行建设,促进学习成果融通、互认;组织各类转岗、再就业、失业人员以及特殊人群等接受各种形式的职业教育,扶持残疾人职业教育的发展。

二是让职业教育形成多元主体参与的生态,以"产教融合"一词取代了旧职教法中的"产教结合",明确要发挥企业重要办学主体作用,推动企业深度参与职业教育,鼓励企业举办高质量职业教育;允许企业设置专职或者兼职开展职业教育的岗位,将企业开展职业教育的情况纳入企业社会责任报告;鼓励行业组织、企业等参与职业教育专业教材开发。

三是让职业教育得到广大民众的认可,明确规定国家采取措施,提高技术技能人才的社会地位和待遇,弘扬劳动光荣、技能宝贵、创造伟大的时代风尚;提出国家通过组织开展职业技能竞赛等活动,为技术技能人才提供展示技能、切磋技艺的平台,持续培养更多高素质技术技能人才、能工巧匠和大国工匠。

这一系列规定,重新审视职业教育在经济社会发展中的功能与作用,既为新时代职业教育发展明确了目标与方向,也把建设技能型社会的理念和战略转化为法律规范,为技能型社会建设提供了法律基础和法治保障。

新职教法明确建设技能型社会的目标,旨在切实增强职业教育适应性,真正实现职业教育与经济发展命脉紧紧相融,与共同富裕福祉紧紧相连。这样发展背后的逻辑旨在建立一种普遍的全民高技能、高技术、高劳动生产率、高经济竞争力的发展模式,对人才的供需匹配从传统的学历匹配、专业匹配转变为技能匹配。技能兴邦,职教兴国,提出建设技能型社会,让技能成为我国全面建设社会主义现代化国家新征程上的一抹最亮底色,必将推动职业教育在新台阶上迈向高质量发展。职业教育必将大有可为、必将大有作为。

三、职业教育治理中的社会力量参与

职业教育与经济社会发展联系最紧密、最直接。办好职业教育,必须充分发

挥社会力量在职业教育发展中的重要作用。新职教法规定,国家鼓励发展多种层次和形式的职业教育,着力构建社会力量深度参与的多元办学格局,在推动和鼓励社会力量的参与上提供了法治保障。

一是在办学主体上,新职教法规定教育部门、行业主管部门可以举办职业教育,社会力量也可以广泛、平等参与,群团组织、行业组织、事业单位等也应当履行实施职业教育的义务,参与、支持或者开展职业教育。新职教法特别强调要发挥企业的重要办学主体作用,推动企业深度参与职业教育,鼓励企业举办高质量职业教育。

二是在办学形式上,可以独立举办,可以参与举办,还可以按照岗位总量的一定比例设立学徒岗位,对新招职工、在岗职工和转岗职工进行学徒培训,或者与职业学校联合招收学生,以工学结合的方式进行学徒培养。新职教法鼓励和支持有技术技能人才培养能力的企业特别是产教融合型企业与职业学校、职业培训机构开展合作,共同建设高水平、专业化、开放共享的产教融合实习实训基地。

三是在参与内容上,新职教法提出企业可以设置专职或者兼职实施职业教育的岗位,促进行业企业深度参与职业学校专业设置、教材开发、培养方案制订、质量评价、实习实训基地建设全过程。鼓励行业组织、企业等参与职业教育专业教材开发,将新技术、新工艺、新理念纳入职业学校教材,并通过活页式教材等多种方式进行动态更新。

四是在社会责任上,新职教法强调将企业开展职业教育的情况纳入企业社会责任报告,企业应有计划地对本单位的职工和准备招用的人员实施职业教育,按照国家有关规定实行培训上岗制度。行业主管部门和行业组织开展人才需求预测、职业生涯发展研究及信息咨询,引导学校紧贴市场、紧贴产业、紧贴职业设置专业,按照产业体系和市场体系规律办学。

五是在激励引导上,强化企业办学权利,企业可以利用资本、技术、知识、设施、设备、场地和管理等要素办学。强化对企业的政策激励,对深度参与产教融合、校企合作的企业,按照规定给予奖励,对符合条件认定为产教融合型的企业,给予金融、财政、土地等支持,落实教育费附加、地方教育附加减免及其他税费优惠等。

新职教法的公布,为国内头部教育机构转型职业教育夯实了法治保障基础,也为投身社会力量办学的教育企业,树立了"航向标",打造了"动力轴"。同时也给职业教育行业高速发展注入了无限生机,在这个前所未有的职业教育时代大变局中,社会力量办学机构应该放眼未来、拥抱变化、服务社会、投身职教。

四、职业教育发展中的企业主体作用

职业教育离不开产教融合、校企合作。党的二十大报告提出,要推进产教融合。[①] 新职教法在总则中强调职业教育实行"校企合作",并进一步明确,国家发挥企业的重要办学主体作用,推动企业深度参与职业教育,鼓励企业举办高质量职业教育。

新职教法还制定了多种优惠激励措施。明确对深度参与产教融合、校企合作,在提升技术技能人才培养质量、促进就业中发挥重要主体作用的企业,按照规定给予奖励;对符合条件认定为产教融合型企业的,按照规定给予金融、财政、土地等支持,落实教育费附加、地方教育附加减免及其他税费优惠。明确地方各级人民政府通过采取购买服务,向学生提供助学贷款、奖助学金等措施,对企业和其他社会力量依法举办的职业学校和职业培训机构予以扶持;对其中的非营利性职业学校和职业培训机构还可以采取政府补贴、基金奖励、捐资激励等扶持措施,参照同级同类公办学校生均经费等相关经费标准和支持政策给予适当补助。

同时,引导企业按照岗位总量的一定比例设立学徒岗位,明确企业与职业学校联合招收学生,以工学结合的方式进行学徒培养的,应当签订学徒培养协议;有关企业可以按照规定享受补贴。更为重要的是,新职教法明确了企业可以与职业学校、职业培训机构共同举办职业教育机构等多种形式进行合作。并鼓励行业组织、企业等参与职业教育专业教材开发。[②]

---

① 习近平.中国共产党第二十次全国代表大会报告[M].北京：人民出版社,2022.
② 中国高职高专教育网.夯实现代职业教育体系法治基础[EB/OL]. https://www.tech.net.cn/news/show-96366.html,2022-04-25.

第二章
职业教育法修订的背景与过程

1996 年颁布实施的职教法已执行 26 年,对职业教育的迅猛发展发挥着不可估量的积极作用。但随着我国经济社会快速发展、科技快速进步,社会对人力资源开发与建设提出更高的发展要求,特别是 21 世纪以来现代职业教育发展环境日新月异,"五章 40 条"的职教法与迅速发展的世界上最大规模的我国职业教育相比,显得单薄和滞后。为此,2008 年,职教法修订提上日程,社会各界尤其是职业教育战线对此保持高度关注。2019 年 11 月,教育部在官网上发布了《中华人民共和国职业教育法修订草案(征求意见稿)》(以下简称"2019 年征求意见稿"),一石激起千层浪,迅速引起更广泛更热烈的讨论。26 年来,我国职业教育从理论到实践都积累了丰富的经验,取得了巨大成绩,迫切需要通过法定程序转化为法律规范。

第一节 职业教育法修订的时代背景

一、新发展阶段下的职业教育发展新形势

职业教育作为我国国民教育体系的重要组成部分,是一种重要的教育类型。2019 年,国务院印发《国家职业教育改革实施方案》(以下简称"职教 20 条"),把奋力办好新时代职业教育细化为具体行动。2021 年 4 月 12 日至 13 日,全国职业教育大会在北京胜利召开,习近平总书记对职业教育工作做出重要指示,强调加快构建现代职业教育体系,培养更多高素质技术技能人才、能工巧匠、大国工匠。2021 年 3 月,为全面了解我国职业教育发展现状,努力办好新时代人民满意的职业教育,《教育家》杂志联合相关教科院采用随机发放问卷的形式,面向全

国职业院校、家庭、企业等进行了广泛的调查。① 调查数据呈现出当前发展职业教育的一些困境。如职业教育学生对就读职业院校的接受度比较高,但是学生却感到职业教育的社会认可度不高。当前职业教育的问题,主要不是就读职业教育的学生不接受职业教育,而是社会对职业教育的认可度不高。

当前职业教育的现实是,一方面,职业教育办学与社会的发展现状存在一定的脱节,调查显示,学校所开专业与当地产业匹配度很高的比例只占 52.55%。另一方面,职业教育学校为提高社会的认可度,以升学为导向办学,想把所有学生都引导到升学这一条路上来,这也就偏离了职业教育以就业为导向,培养高素质职业技术人才的办学定位。进一步说,当前职业学校学生存在"被升学"的问题,即不管自己愿意不愿意,在职业院校以升学为导向的办学环境与职业教育认可度不高的社会环境中,即便接受职业教育的中职生、高职生,也常常被裹挟到升学中来。这也使不少职业教育学生对未来感到迷茫。因此,新职教法的颁布与实施正逢其时。

回顾历史,在第八届全国人民代表大会常务委员会第十九次会议上得到通过,并于 1996 年 9 月 1 日正式实施的旧职教法,虽然对职业教育的一些基本问题和主要规定做过法律界定,但时间跨度已经经历了 26 年,26 年来,我国经济社会发展形势、产业结构、技术水平都发生了重大变化,特别是党的十八大以来,中国特色社会主义进入新时代,我国社会主要矛盾已经发生根本性变化,我国教育结构、教育规模也都发生了重大变化,尤其是我国已经取得了脱贫攻坚的全面胜利,如期建成了小康社会,开启了社会主义现代化国家建设新征程,形势发展对教育提出了新要求,国家宪法和许多法律也相应进行了修订和完善,其中包括教育法和高等教育法,也就是说,从职业教育改革发展现实情形和旧职教法存在的严重滞后及不适应性情况来看,迫切需要对职业教育法进行修订,尤其要把习近平总书记的重要指示、党中央决策部署和实践证明行之有效的做法和经验加以积极吸收,上升为国家法律,以维护职业教育发展的合法性。

我国已建成世界上规模最大的职业教育体系,目前已有职业学校 1.13 万所,在校生超过 3 000 万人。国务院 2019 年印发的"职教 20 条"指出,随着我国进入新的发展阶段,产业升级和经济结构调整不断加快,各行各业对技术技能人才的需求越来越紧迫,职业教育的重要地位和作用越来越凸显。

---

① 光明日报社《教育家》杂志.《中国职业教育发展大型问卷调查报告》发布[EB/OL].https://edu.gmw.cn/2021 - 04/30/content_34815687.html,2021 - 04 - 30.

全国人大常委会法工委行政法室副主任宋芳表示,新职教法对发展职业教育、提高劳动者素质、推动经济社会发展发挥了积极作用。随着我国进入新发展阶段,职业教育发展面临新形势、新要求。"新修订的职业教育法将职业教育改革发展的政策举措和实践成果转化为法律规范,为培养更多高素质劳动者和技术技能人才、打造现代职业教育体系夯实法治基础。"

二、职业教育高质量发展的时代之需

与1996年颁布的旧职教法相比,新职教法的立法根据为宪法,而不是修订前的劳动法和教育法,宪法乃国家根本大法,这一根据凸显了新职教法的国家战略高度和战略意义。同时,在立法方向和目标上,新职教法强调的是推动职业教育"高质量"发展,最终目标是"提高劳动者素质和技术技能水平,促进就业创业,建设教育强国、人力资源强国和技能型社会,推进社会主义现代化建设"。这说明,新职教法的修订与时代发展高度契合,是建设教育强国、人力资源强国和技能型社会的必然要求,是推进现代化建设的必然要求。

高质量是职业教育发展的主题。自改革开放以来,职业教育便直面市场,以就业为导向。在20世纪90年代甚至21世纪之初,我国的职业教育发展主要走扩张的路线,即规模的外延发展。进入21世纪后,特别是党的十八大以来,随着我国经济发展进入快车道,产业不断转型升级,这需要职业教育快速弯道超车,实现从规模外延发展到高质量内涵式发展的转变。国家"十四五"规划明确提出"构建高质量教育体系",要求增强职业教育的适应性。①

新职教法要求推动职业教育高质量发展,让职业教育有学头、有奔头。而职业教育要真正实现有学头、有奔头,乃至与普通教育"平起平坐",会遇到很多现实的障碍,不可能一蹴而就。如国家出台的"双减"政策,与新职教法的"普职协调",需要广大家长及时转变观念,真正建立"教育并无好坏之分,只有适不适合的差异"的理念,进而更加理性地在普职之间做出选择。毫无疑问,受传统观念影响,在短期内普通高中将更有优势,但当一批高水平中等职业学校脱颖而出,凭借技能大赛、本科录取、职考升学、优质就业、自主创业、社会培训等方面建立起强大竞争力,它们必将成为上级肯定、社会认可、家长满意、学生喜爱的中等职业教育品牌学校,在普职协调发展、高质量发展中担当重任。

① 位林惠,李悦.新职教法时代:职业教育的主题是高质量发展[N].人民政协报,2022-04-27.

三、职业教育法治化发展的必然要求

旧职教法于 1996 年公布实施,在过去的 26 年中,伴随着中国经济社会的发展,我国建成了世界上规模最大的职业教育体系,职业教育在支持国家经济社会发展中发挥了重要作用。如今,我国进入了中国特色社会主义新时代,经济和产业发展模式发生了重大调整和变化,职业教育如何适应新时代经济和产业发展的要求,如何建立得以支持经济和产业发展,培养高素质的技术技能劳动者的现代职业教育体系,满足企业用人需求,促进劳动者高质量就业,成为职业教育法修订要重点考虑的核心问题。

在公众以往的认知中,职业教育定位模糊。新职教法首次在法律中明确,职业教育是与普通教育具有同等重要地位的教育类型。在法律层面规定职业教育与普通教育地位同等重要,有利于塑造社会共识,推进职业教育高质量发展。将职业教育与普通教育并列,使职业教育与普通教育“平起平坐”,一改之前职业教育在教育体系中“低人一等”的地位。长期以来,在教育管理体系中,职业教育比普通教育低一级,导致社会对职业教育产生了固化的印象,上职业院校的学生被视为考不上一本、二本、三本院校的差生,家长和学生对上职业院校普遍不感兴趣,即便上了职业院校也认为是无奈之举。机关事业单位以及企业的管理岗位也看不上职业学校学生。新职教法对职业教育地位的凸显,将有利于进一步提升职业教育的社会认可度,为职业教育营造良好的发展环境,从而吸引更多的劳动者进入职业学校学习和参加职业培训活动,促进职业学校教育和职业培训事业的发展。

与旧职教法相比,新职教法着力提升职业教育认可度。“职业学校不是好学校”“职校学生找的工作不体面”……有关职业教育的社会认知里,偏见和杂音时有出现。受中国传统文化“学而优则仕”等观念的影响,加上职业教育相对普通教育而言兴起较晚,社会大众需要更新观念、破除成见。对此,新修订的职业教育法中规定了不少“实招”,着力提升职业教育认可度。譬如,明确规定国家采取措施,提高技术技能人才的社会地位和待遇,弘扬劳动光荣、技能宝贵、创造伟大的时代风尚;提出国家通过组织开展职业技能竞赛等活动,为技术技能人才提供展示技能、切磋技艺的平台,持续培养更多高素质技术技能人才、能工巧匠和大国工匠;提出职业学校学生在升学、就业、职业发展等方面与同层次普通学校学生享有平等机会。

为了推动企业参与职业教育、发挥其在校企合作中的作用,新职教法进一步明确诸多举措:国家发挥企业的重要办学主体作用,推动企业深度参与职业教育,鼓励企业举办高质量职业教育;企业可以设置专职或者兼职实施职业教育的岗位;企业开展职业教育的情况应当纳入企业社会责任报告;国家鼓励行业组织、企业等参与职业教育专业教材开发。除此之外,新职教法还包含对深度参与产教融合、校企合作的企业作出奖励、税费优惠等激励政策。

总的来看,职教法修订自列入人大立法规划以来,先后历时 14 年,汇集了各方面的智慧和心血,如今瓜熟蒂落,完成全面修订,实属不易。此次修订,既是职业教育法实施 26 年来的首次修订和全面修订,也是继义务教育法于 2006 年完成大修 16 年来教育法律的又一次真正意义上的大修。

第二节　职业教育法修订的具体过程

一、职业教育法修订的历程回顾

我国具有当代意义的职业教育,应该在改革开放以后。1985 年《中共中央关于教育体制改革的决定》提出大力发展职业技术教育的方针,40 多年来职业教育一直初心不改,坚持以服务发展为宗旨,以促进就业为导向,走产教融合、校企合作之路,培养技术技能型人才。1996 年国家将职业教育纳入法治化轨道,其标志是旧职教法的出台。该法虽然在历史上发挥着积极作用,但已越来越不适应经济社会快速发展的需要,特别是越来越滞后于 21 世纪以来职业教育的新形势、新任务、新要求,修订职教法具有迫切性。回顾职教法修订历程,已不仅仅是一波三折所能概括。从 2008 年开始修法工作到 2022 年新职教法颁布实施,已有 14 个年头,修订过程反反复复、曲曲折折,修订稿也有几十个版本。如此"难产"的修订过程,以重要时间节点、重大事件、重要机构和任务、观点为线索,大体分成两个阶段。

（一）第一阶段:全国人大提出修订,国务院委托教育部起草,教育部第一次提交职教法修订送审稿(2008 年 10 月—2014 年 6 月)

2008 年 10 月至 2014 年 6 月,全国人大曾提出修订职业教育法的议案,由国务院委托教育部起草新的职业教育法,而教育部第一次提交的职教法修订送审稿在国务院征求意见时,被认为尚未达到基本成熟,没有提交到全国人大。

"还须再修改"成为第一次修订也是修订第一阶段的最终结果,但所做的一切相应工作,为后来重新修订职业教育法奠定了良好的基础。

(二)第二阶段:全国人大开展旧职教法执法检查,教育部重新开启新一轮职业教育法修订工作(2014年6月—2022年4月)

2016年2月24日,在第十二届全国人大常委会第十九次会议上,作为对全国人大执法检查以及委员长报告的回应,时任教育部部长袁贵仁受国务院委托,做了《国务院关于落实〈职业教育法〉执法检查报告和审议意见的报告》。2019年,征求意见稿发布并公开征求意见,经教育部完善后提交国务院常务会议。①2021年3月24日,国务院常务会议通过《中华人民共和国职业教育法(修订草案)》,提交全国人大常委会审议。2021年6月17日,全国人大常委会法制工作委员会就《职业教育法修订草案》面向全社会征求意见。2022年4月1日,时任中共中央政治局常委、全国人大常委会委员长栗战书率全国人大调研组就职业教育法修订工作赴职业学校进行实地调研。②

最终新职教法内容从原来的五章四十条完善至八章六十九条,包含明确职业教育是与普通教育具有同等重要地位的教育类型,明确国家鼓励发展多种层次和形式的职业教育,着力提升职业教育认可度,建立健全职业教育体系,深化产教融合、校企合作,完善职业教育保障制度和措施等内容。

二、新职业教育法的颁布与实施

2021年5月,国务院向全国人大常委会提请审议《中华人民共和国职业教育法(修订草案)》的议案,修订草案经过2021年6月、12月和2022年4月的三次常委会会议审议后获准通过。十三届全国人大常委会第三十四次会议2022年4月20日表决通过了新职教法,新职教法于2022年5月1日起施行。这是职业教育法自1996年颁布施行以来的首次大修。新职教法内容从五章四十条完善至八章六十九条,由旧职教法的3 400余字修改为10 000余字,内容更加充实。③

① 邢晖.《职教法》修订历程回顾与《职业教育法修订草案(征求意见稿)》分析[J].中国职业技术教育,2020年第10期.

② 李小健.让职业教育"香起来""热起来"[EB/OL].http://www.npc.gov.cn/npc/kgfb/202204/6b424d150fbe4e43b3305b1fe2e22963.shtml,2022-04-08.

③ 法制新闻.《职业教育法》26年来首次大修,会有哪些影响?[EB/OL].http://www.fabang.com/a/20220422/1187299.html,2022-04-22.

（一）人力资源社会保障部发布《关于贯彻实施新修订的职业教育法的通知》

新职教法正式颁布后,人力资源社会保障部于 2022 年 5 月 12 日发布《关于贯彻实施新〈职教法〉的通知》(以下简称《通知》),要求做好新职教法的学习宣传和贯彻实施工作。《通知》要求,各级人力资源社会保障部门要结合实际,认真组织好职业教育法的学习和宣传工作,深刻领悟修法精神,准确把握修法内容。全面学习了解新职教法提出的一系列制度举措,重点领会加强党对职业教育的全面领导这一根本要求,领会就业导向、多元办学、产教融合等新制度、新举措及其重大意义。指导各类职业培训机构、技工学校和用人单位,开展多种形式的学习、宣传活动,全面理解和正确掌握职业教育法修订的内涵。利用各类宣传媒介,广泛进行宣传,提高全社会对贯彻实施职业教育法重要意义的认识,引导各有关方面自觉遵守和执行新职教法。

《通知》强调,各级人力资源社会保障部门要抓住重点,扎实推动职业教育法的贯彻实施,履行法定职责,全面加强技能人才培养、评价、使用、激励等各项工作,推动职业教育与就业紧密结合。健全政策制度体系,深入实施技能中国行动。大力发展技工教育,加强党对技工学校的领导,落实立德树人根本任务,德技并修培养高技能人才,突出培养特色,大力推进工学一体化技能人才培养模式,提升技工学校建设水平和育才功能。高质量开展职业技能培训,贯彻落实"十四五"职业技能培训规划。健全完善新时代技能人才职业技能等级制度,推进高技能人才与专业技术人才职业发展贯通工作,畅通技能人才成长通道。完善职业技能竞赛管理制度,广泛深入开展职业技能赛。[1]

《通知》提出,各级人力资源社会保障部门要结合职能职责,创造公平就业环境,加强学生权益保障,为职业教育发展营造良好社会环境。加强对各地公共就业服务机构指导,保障职业学校学生享有公平就业机会和平等权利。对符合条件的职业院校毕业生,按规定落实社保补贴、培训补贴、求职创业补贴等就业支持政策。引导事业单位树立正确的选人用人理念,着力破除社会上存在的唯名校、唯学历的用人导向,指导事业单位根据不同行业、不同单位、不同类别岗位职责要求,科学合理设置学历、职业资格或职业技能水平等招聘岗位条件,打通职业院校毕业生参加事业单位公开招聘的通道。加强对技工学校、职业培训机构和实习相关单位的指导监督,提高学生实习权益保障水平。提高技能人才社会

① 中国劳动保障新闻网.人社部部署做好新修订职业教育法学习宣传和贯彻实施工作[EB/OL].https://www.clssn.com/2022/05/23/996830.html,2022-05-23.

地位和待遇,持续加大宣传力度,讲好技能故事,弘扬劳动光荣、技能宝贵、创造伟大的时代风尚,引导推动更多劳动者走技能成才、技能报国之路。[①]

（二）教育部办公厅发布《关于学习宣传和贯彻实施新修订的职业教育法的通知》

为做好新修订的职业教育法的学习宣传和贯彻实施工作,2022 年 4 月 25 日教育部办公厅发布《关于学习宣传和贯彻实施新修订的职业教育法的通知》（以下简称《通知》）,就教育系统学习宣传和贯彻实施新修订的职业教育法作出部署。

《通知》指出,要充分认识职业教育法修订的重大意义。贯彻实施新修订的职业教育法,对于深化全面依法治教,推动职业教育高质量发展,建设教育强国、人力资源强国和技能型社会,推进社会主义现代化建设具有重要意义。各地、各单位要立足新发展阶段,贯彻新发展理念,服务构建新发展格局,把职业教育摆在更加突出的位置,通过学习宣传和贯彻实施新修订的职业教育法,深入推进育人方式、办学模式、管理体制、保障机制改革。

《通知》要求,要深入组织职业教育法的学习宣传。各地要将学习宣传新修订的职业教育法作为近期一项重要任务列入议事日程,作为教育系统"八五"普法规划的重要内容,切实加强组织领导,压实工作责任,精心部署安排,持续深入开展学习宣传活动。要集中组织学习宣传,聚焦法律修订的重点,注重突出实效。

《通知》强调,各地要抓住重点,扎实做好职业教育法的贯彻实施。一是着力加强党对职业教育的全面领导,二是进一步完善职业教育管理体制,三是加快构建现代职业教育体系,四是切实推动形成多元办学格局,五是大力提升职业教育办学质量和适应性,六是强化职业教育支持和保障。此外,各地要积极结合本地职业教育和经济社会发展实际需要,及时更新配套落实政策、实施细则等,加快完善职业教育配套政策制度系。[②]

（三）各省及各职业学校学习新职教法

为做好新职教法的学习宣传和贯彻实施工作,各省纷纷采取措施加强对新职教法的贯彻、学习与宣传。如河南省教育厅印发《河南省教育厅办公室关于学

---

① 中青在线.职业教育法首次修订:明确不得设置就业门槛　职教与普教融通[EB/OL].http://news.cyol.com/gb/articles/2022 - 04/24/content_BVplBilPQ.html,2022 - 04 - 24.

② 中华人民共和国中央人民政府.教育部办公厅关于学习宣传和贯彻实施新修订的职业教育法的通知[EB/OL].http://www.gov.cn/zhengce/zhengceku/2022 - 04/28/content_5687679.html,2022 - 04 - 28.

习宣传和贯彻实施新修订的职业教育法的通知》,就河南省教育系统学习宣传和贯彻实施新职教法做出部署。宁夏回族自治区教育厅印发通知,要求各地、各学校认真学习宣传贯彻新职教法,把职业教育摆在更加突出的位置,深入推进育人方式、办学模式、管理体制、保障机制改革,增强职业教育适应性,加快构建现代职业教育体系,培养更多高素质技术技能人才、能工巧匠、大国工匠,为建设黄河流域生态保护和高质量发展先行区、建设美丽新宁夏提供优质人力资源支撑。湖南省教育厅于 2022 年 6 月 1 日在党组理论学习中心组(扩大)会议上开展 2022 年第六次集中学习,专题学习新职教法。其他各省市也纷纷转发《教育部办公厅关于学习宣传和贯彻实施新修订的职业教育法的通知》,进行新职教法的宣传与学习。

2022 年 5 月 8 日,由中国高等教育学会主办,中国高等教育学会职业技术教育分会、中国高等教育培训中心承办,超星尔雅集团协办的"学习贯彻新职业教育法宣讲大会"如期举行。来自全国 31 个省市自治区,16 000 余个教育行政部门、职业学校、教育科学研究院、教育科技公司、培训机构、企事业单位的 800 余万人次参与了线上学习。此次"学习贯彻新职业教育法宣讲大会"得到各省市教育厅的大力支持,数千所职业学校、数百家校企合作企业集体组织线上学习。

此外,为深入贯彻落实全国职业教育大会精神,做好新职教法学习宣传工作,提高职业教育活动周和省职业教育宣传月活动实效,各职业院校也先后展开专题学习,深入学习了解新职教法,扩大职业教育的影响力。

第三章
《中华人民共和国职业教育法》条文剖析

新职教法与旧职教法相比,从内容和章节构架上作出了较大的调整(如表格3-1所示),新职教法增加了"职业学校和职业培训机构""职业教育的教师和受教育者"和"法律责任"三个章节,对旧职教法作了重要的内容补充。

表格 3-1

旧 职 教 法	新 职 教 法
第一章　总则	第一章　总则
第二章　职业教育体系	第二章　职业教育体系
第三章　职业教育的实施	第三章　职业教育的实施
	第四章　职业学校和职业培训机构
	第五章　职业教育的教师和受教育者
第四章　职业教育的保障条件	第六章　职业教育的保障
	第七章　法律责任
第五章　附则	第八章　附则

下面将逐条对新职教法进行解读。

第一节 总 则

表格 3-2

旧职教法	新职教法
第一条 为了实施科教兴国战略,发展职业教育,提高劳动者素质,促进社会主义现代化建设,根据教育法和劳动法,制定本法。	第一条 为了推动职业教育高质量发展,提高劳动者素质和技术技能水平,促进就业创业,建设教育强国、人力资源强国和技能型社会,推进社会主义现代化建设,根据宪法,制定本法。

新职教法对立法目的进行了新的诠释,强调了职业教育的重要目的是提高劳动者的素质和技术技能水平,具有更强的针对性和时效性;同时,将立法依据层次提升为宪法,明确新职教法是在宪法的基础和指导下制定的,确定了职业教育法的上位法是宪法。而旧职教法的上位法是教育法和劳动法,这是一个根本性突破。上位法的提升,决定了职业教育法的修法空间不再受教育法和劳动法的框架限制。

表格 3-3

旧职教法	新职教法
第二条 本法适用于各级各类职业学校教育和各种形式的职业培训。国家机关实施的对国家机关工作人员的专门培训由法律、行政法规另行规定。	第二条 本法所称职业教育,是指为了培养高素质技术技能人才,使受教育者具备从事某种职业或者实现职业发展所需要的职业道德、科学文化与专业知识、技术技能等职业综合素质和行动能力而实施的教育,包括职业学校教育和职业培训。 机关、事业单位对其工作人员实施的专门培训由法律、行政法规另行规定。

新职教法新增了职业教育的定义,对职业教育的内涵进行了完善。同济大学职业技术教育学院李俊认为,完善职业教育内涵,明确职业教育类型属性,在教育教学中注重培养专业实践能力、职业素养,有利于促进职业教育高质量发展。①

---

① 南宁日报.新职业教育法5月1日起施行!明确职业教育与普通教育同等重要[EB/OL].https://m.gmw.cn/baijia/2022-04/26/1302919194.html,2022-04-26.

同时,新职教法明确将"事业单位及其工作人员"实施的培训,由法律法规另行规定,将职业教育的定义内容和适用人群作了进一步明确和补充。

表格 3 - 4

旧 职 教 法	新 职 教 法
第三条 职业教育是国家教育事业的重要组成部分,是促进经济、社会发展和劳动就业的重要途径。国家发展职业教育,推进职业教育改革,提高职业教育质量,建立、健全适应社会主义市场经济和社会进步需要的职业教育制度。	第三条 职业教育是与普通教育具有同等重要地位的教育类型,是国民教育体系和人力资源开发的重要组成部分,是培养多样化人才、传承技术技能、促进就业创业的重要途径。 国家大力发展职业教育,推进职业教育改革,提高职业教育质量,增强职业教育适应性,建立健全适应社会主义市场经济和社会发展需要、符合技术技能人才成长规律的职业教育制度体系,为全面建设社会主义现代化国家提供有力人才和技能支撑。

新职教法大幅提高了职业教育的地位和作用,明确职业教育与普通教育具有同等重要地位。同时新职教法更凸显对职业教育发展的重视,将"国家发展职业教育"修订表述为"国家大力发展职业教育",落脚点为"为全面建设社会主义现代化国家提供有力人才和技能支撑"。

党的二十大报告指出,要优化职业教育类型定位。[1] 教育部政策法规司司长邓传淮认为,新职教法强调了"同等重要",把职业教育与普通教育作为两种不同教育类型来定位,这是构建职业教育法律制度的基础。新职教法规定职业教育是与普通教育具有同等重要地位的教育类型;规定国家统筹推进职业教育与普通教育协调发展;规定职业学校学生在升学、就业、职业发展等方面与同层次普通学校学生享有平等机会,禁止设置歧视政策。

北京电子科技职业学院党委书记张启鸿认为,新职教法进一步提升了职业教育的法律地位。目前社会上依然存在着对职业教育认同度不高的现象,事实上,职业教育社会认可度的提高,对职业院校的积极影响是立竿见影的。2022年北京电子科技职业学院自主招生的报考人数大大超过招生计划,这是多年未有的重大转变,也是国家提升职业教育地位给职业院校带来的实实在在的改革红利。[2]

---

[1] 习近平.中国共产党第二十次全国代表大会报告[M].北京:人民出版社,2022.

[2] 安徽省教育厅.教育部权威解读新职教法[EB/OL].http://jyt.ah.gov.cn/xwzx/tzgg/40562551.html,2022 - 05 - 24.

同时,党的二十大报告也指出,要优化职业教育类型定位[①],也是有意提升职业教育的地位和作用,其内涵,也是强调职业教育和普通教育具有同等重要地位,将职业教育的类型定位,以施政纲领的形式提出,无疑将大大促进职业教育的良性发展。

表格 3-5

旧 职 教 法	新 职 教 法
第四条　实施职业教育必须贯彻国家教育方针,对受教育者进行思想政治教育和职业道德教育,传授职业知识,培养职业技能,进行职业指导,全面提高受教育者的素质。	第四条　职业教育必须坚持中国共产党的领导,坚持社会主义办学方向,贯彻国家的教育方针,坚持立德树人、德技并修,坚持产教融合、校企合作,坚持面向市场、促进就业,坚持面向实践、强化能力,坚持面向人人、因材施教。 实施职业教育应当弘扬社会主义核心价值观,对受教育者进行思想政治教育和职业道德教育,培育劳模精神、劳动精神、工匠精神,传授科学文化与专业知识,培养技术技能,进行职业指导,全面提高受教育者的素质。

新职教法新增了"六个坚持",是对国家新时期的职业教育进行经验总结,并强调了党的领导和社会主义办学方向。新增了"培育劳模精神、劳动精神、工匠精神"的重要表述,更贴合职业教育的实际和培养目标。同时,新职教法将"传授职业知识"拓展为"传授科学文化与专业知识",对职业知识进行了深化。

教育部政策法规司司长邓传淮认为,加强党的领导是做好教育工作的根本保证。新职教法着力把党的领导落实为制度规范。对公办学校,规定公办职业学校实行中国共产党职业学校基层组织领导的校长负责制,职业学校基层党组织按照党章和有关规定,全面领导学校工作。对民办学校,规定民办职业学校依法健全决策机制,强化学校基层党组织政治功能,保证其在学校重大事项决策、监督、执行各环节有效发挥作用。[②] 新职教法同时还强调了德技并修,立德树人、德技并修是新职教法对职业教育人才培养提出的目标要求。新职教法强调,实施职业教育应当弘扬社会主义核心价值观,对受教育者进行思想政治教育和职业道德教育,传授科学文化与专业知识,培养技术技能。对学校,规定职业学校应当加强校风学风、师德师风建设,保障教育教学质量。对教师,着

---

① 习近平.中国共产党第二十次全国代表大会报告[M].北京:人民出版社,2022.
② 欧媚,张欣.十个关键词!教育部权威解读新职教法[EB/OL].http://www.jyb.cn/rmtzcg/xwywzxw/202204/t20220427_691045.html,2022-04-27.

力加强"双师型"教师建设,规定国家建立职业教育教师培养培训体系,建立适合职业教育特点的教师岗位设置、职务评聘制度,创新方式聘请技能大师、能工巧匠、非物质文化遗产代表性传承人等担任专兼职教师。对学生,规定高等职业学校可以采取文化素质与职业技能相结合的考核方式招收学生;学生应当养成良好职业道德、职业精神和行为习惯,按要求参加实习实训,掌握技术技能等。

北京电子科技职业技术学院张启鸿认为,新职教法坚持党建引领,推动学校事业高质量发展。习近平总书记在全国教育大会上强调,要坚持党对教育事业的全面领导。我们的职业院校是党领导下的职业院校,办好职业院校,必须坚持党的领导,只有牢牢掌握党对职业教育工作的领导权,职业教育发展才会有根本保障。

党的二十大报告指出,教育是国之大计、党之大计。培养什么人、怎样培养人、为谁培养人是教育的根本问题。育人的根本在于立德。全面贯彻党的教育方针,落实立德树人根本任务,培养德智体美劳全面发展的社会主义建设者和接班人。[1] 中共中央办公厅、国务院办公厅《关于深化现代职业教育体系建设改革的意见》也提出了在进行现代职业教育体系建设改革时的指导思想,就是要以习近平新时代中国特色社会主义思想为指导,深入贯彻党的二十大精神,坚持和加强党对职业教育工作的全面领导。[2]

表格 3-6

旧 职 教 法	新 职 教 法
第五条　公民有依法接受职业教育的权利。	第五条　公民有依法接受职业教育的权利。

新职教法与旧职教法的表述完全一致。一方面,这一法条是宪法和教育法赋予公民的基本权利——受教育权的充分表达和体现。此条规定应属于对公民基本权利的规定,2008 年以来国家对职业学校学生的定额补助就是对这一条款的落实。另一方面,新职教法对接受职业教育的"公民"以及"接受职业教育的权

---

[1] 习近平.中国共产党第二十次全国代表大会报告[M].北京:人民出版社,2022.
[2] 新华社.中共中央办公厅 国务院办公厅印发《关于深化现代职业教育体系建设改革的意见》[EB/OL].http://www.gov.cn/zhengce/2022-12/21/content_5732986.htm,2022-12-21.

利"的界定范围更加广泛、具体和明确。新职教法第十条的表述:"国家采取措施,组织各类转岗、再就业、失业人员以及特殊人群等接受各种形式的职业教育,扶持残疾人职业教育的发展。"如 2019 年高职扩招 100 万就充分体现了对接受职业教育的对象——公民范围界定的扩大及进一步明确。新职教法就接受职业教育的权利的规定散见于诸多法条中。如新职教法第五十三条明确规定了"职业学校学生在升学、就业、职业发展等方面与同层次普通学校学生享有平等机会""各级人民政府应当创造公平就业环境""用人单位不得设置妨碍职业学校毕业生平等就业、公平竞争的报考、录用、聘用条件"等。

表格 3-7

旧 职 教 法	新 职 教 法
	第六条　职业教育实行政府统筹、分级管理、地方为主、行业指导、校企合作、社会参与。

此法条为新增内容,规定了职业教育由中央、地方、行业、企业、社会共同参与,分级管理,共同保障职业教育的良好健康发展。

教育部政策法规司司长邓传淮认为,新职教法的一个特点就是加强统筹管理,职业教育类型多样、举办主体多元、涉及群体广泛。新职教法规定职业教育实行政府统筹、分级管理、地方为主、行业指导、校企合作、社会参与,并从三方面强化统筹管理。国务院层面,规定建立职业教育工作协调机制,统筹协调全国职业教育工作。部门层面,规定教育行政部门负责职业教育工作的统筹规划、综合协调、宏观管理;国务院有关部门在国务院规定的职责范围内,分别负责有关的职业教育工作。省级层面,强化省级人民政府统筹权,省级人民政府可以依法整合、优化设区的市、县人民政府职业教育工作职责,统筹区域内职业教育发展。

在《关于深化现代职业教育体系建设改革的意见》中,对新职教法的这一条款进行了更细致的部署和安排,构建央地互动、区域联动,政府、行业、企业、学校协同的发展机制,探索省域现代职业教育体系建设新模式,打造市域产教联合体,打造行业产教融合共同体①,明确了各级政府和相关行业企业的职业教育角色,进一步明确了职业教育各方努力的方向,有利于各方进一步落实职业教育相

---

① 新华社.中共中央办公厅　国务院办公厅印发《关于深化现代职业教育体系建设改革的意见》[EB/OL].http://www.gov.cn/zhengce/2022-12/21/content_5732986.htm,2022-12-21.

关的责任,保障职业教育发展改革的有序进行。

表格 3-8

旧　职　教　法	新　职　教　法
第六条　各级人民政府应当将发展职业教育纳入国民经济和社会发展规划。行业组织和企业、事业组织应当依法履行实施职业教育的义务。	第七条　各级人民政府应当将发展职业教育纳入国民经济和社会发展规划,与促进就业创业和推动发展方式转变、产业结构调整、技术优化升级等整体部署、统筹实施。

　　新职教法将政府推进职业教育发展的方式方法具体化,与促进就业创业、产业结构调整、优化产业升级等社会热点问题和需求结合,同时也表明,发展职业教育,是解决这些社会热点问题的重要途径,是产业升级浪潮中必不可少的一环。同时新职教法删除了社会力量办学义务的表述。

表格 3-9

旧　职　教　法	新　职　教　法
第十一条　国务院教育行政部门负责职业教育工作的统筹规划、综合协调、宏观管理。 　　国务院教育行政部门、劳动行政部门和其他有关部门在国务院规定的职责范围内,分别负责有关的职业教育工作。 　　县级以上地方各级人民政府应当加强对本行政区域内职业教育工作的领导、统筹协调和督导评估。	第八条　国务院建立职业教育工作协调机制,统筹协调全国职业教育工作。 　　国务院教育行政部门负责职业教育工作的统筹规划、综合协调、宏观管理。国务院教育行政部门、人力资源社会保障行政部门和其他有关部门在国务院规定的职责范围内,分别负责有关的职业教育工作。 　　省、自治区、直辖市人民政府应当加强对本行政区域内职业教育工作的领导,明确设区的市、县级人民政府职业教育具体工作职责,统筹协调职业教育发展,组织开展督导评估。 　　县级以上地方人民政府有关部门应当加强沟通配合,共同推进职业教育工作。

　　与旧职教法对比,新职教法新增国务院发展职业教育的工作职责,加强了职业教育发展的顶层设计。同时进一步细化地方各级人民政府的领导职责和工作职责,对国务院、省级、市级到县级地方政府在推进职业教育中的角色进行了进一步的明确。不仅如此,还新增了政府有关部门“加强沟通配合,共同推进职业教育工作”的要求,使得各级力量通力合作,形成推进职业教育发展的合力。

全国人大常委会委员周洪宇认为,新职教法实现了管理体制的突破,由国务院建立工作顶层协调机制,任何一项工作要想扎实落地,一靠管理体制,二靠投入。对职业教育发展而言更是如此。新职教法第八条明确标明:"国务院建立职业教育工作协调机制,统筹协调全国职业教育工作",并对国务院教育行政部门、省、自治区、直辖市人民政府和县级以上地方人民政府有关部门三个层面,如何牵头、如何协调等方面的职责作了清晰的说明。而之前,职业教育的管理体制呈现"两张皮":教育行政部门管职业学校教育的单位,人力资源和社会保障部门管职业培训的单位,两者很少往来。1996年版和2021年一审稿二审稿规定职业教育工作的统筹规划工作由教育行政部门来负责牵头。"单从字面来看,教育行政部门的地位是提高了,但是教育部门本身是花钱的部门,相对弱势,在真正牵头时牵不动、统不住、管不了,最后工作还是无法推动落实。"周洪宇表示,对比看来,新职教法的规定就突破了之前"管理体制"顶层协调机制的不足,将最大的短板难题解决了,这样整个管理体制就理顺了,顶层设计到位了。①

表格 3-10

旧 职 教 法	新 职 教 法
	第九条 国家鼓励发展多种层次和形式的职业教育,推进多元办学,支持社会力量广泛、平等参与职业教育。 国家发挥企业的重要办学主体作用,推动企业深度参与职业教育,鼓励企业举办高质量职业教育。 有关行业主管部门、工会和中华职业教育社等群团组织、行业组织、企业、事业单位等应当依法履行实施职业教育的义务,参与、支持或者开展职业教育。

此条为新增条款,以法律条文的形式明确了国家鼓励支持社会力量广泛平等参与职业教育发展的鲜明态度。

中华职业教育社党组书记、总干事、职业院校特殊教育专门委员会主任方乃纯认为,新职教法鼓励发展多种层次和形式的职业教育,推进多元办学,支持社会力量广泛平等地参与职业教育,推动企业深度参与职业教育,主要体现在以下几个方面:一是强化政府统筹和行业指导的职责。规定国家根据产业

---

① 周洪宇.新职业教育法的10个重大突破[N].人民政协报教育在线周刊,2022-04-28.

布局和行业发展需要采取措施,大力发展先进制造业等产业需要的新兴专业,支持高水平的职业学校、专业建设;县级人民政府可以根据县域经济社会发展的需要,设立职业教育中心学校;行业主管部门、相关行业组织可以参与制定职业教育的专业目录和相关的职业教育标准,开展人才需求的预测、职业生涯发展研究及信息咨询等。二是发挥企业职业教育的主体作用。鼓励企业利用资本、技术、知识、设施、设备、场地和管理等要素,举办或者联合举办职业学校、职业培训机构。三是支持社会力量办学。规定各级地方人民政府可以采取购买服务等措施,对民办职业学校和职业培训机构予以支持。方乃纯提出,像中华职教社这样的群众团体,要依法履行实施职业教育的义务,参与、支持或者开展职业教育。

全国人大常委会委员周洪宇认为,该新增条款是办学力量的新突破,过去的职业教育主要由政府来办,鼓励"校企合作"。而现在,办学主体的范围进一步扩大,政府支持社会力量举办职业教育。[①]

教育部政策法规司司长邓传淮认为新职教法多措并举推进企业办学,落实企业在职业教育中的主体地位,突出鲜明导向,规定发挥企业的重要办学主体作用,推动企业深度参与职业教育,鼓励企业举办高质量职业教育。多元办学是职业教育区别于普通教育的重要特征。新职教法明确办学主体多元,教育部门、行业主管部门、工会和中华职业教育社等群团组织、企业、事业单位等可以广泛、平等参与职业教育。[②]

不仅如此,在《关于深化现代职业教育体系建设改革的意见》中关于本条款,有着更深入的部署安排,即成立政府、企业、学校、科研机构等多方参与的理事会,实行实体化运作,集聚资金、技术、人才、政策等要素,有效推动各类主体深度参与职业学校专业规划、人才培养规格确定、课程开发、师资队伍建设,共商培养方案、共组教学团队、共建教学资源,共同实施学业考核评价,推进教学改革,提升技术技能人才培养质量。[③] 这无疑是推进多元化办学的更加具体的举措,能有效推进多方参与职业教育。

---

① 周洪宇.新职业教育法的 10 个重大突破[N].人民政协报教育在线周刊,2022 - 04 - 28.

② 安徽省教育厅.教育部权威解读新职教法[EB/OL].http://jyt.ah.gov.cn/xwzx/tzgg/40562551.html, 2022 - 05 - 24.

③ 新华社.中共中央办公厅 国务院办公厅印发《关于深化现代职业教育体系建设改革的意见》[EB/OL].http://www.gov.cn/zhengce/2022 - 12/21/content_5732986.htm,2022 - 12 - 21.

表格 3 - 11

旧职教法	新职教法
第七条 国家采取措施,发展农村职业教育,扶持少数民族地区、边远贫困地区职业教育的发展。 国家采取措施,帮助妇女接受职业教育,组织失业人员接受各种形式的职业教育,扶持残疾人职业教育的发展。	第十条 国家采取措施,大力发展技工教育,全面提高产业工人素质。 国家采取措施,支持举办面向农村的职业教育,组织开展农业技能培训、返乡创业就业培训和职业技能培训,培养高素质乡村振兴人才。 国家采取措施,扶持革命老区、民族地区、边远地区、欠发达地区职业教育的发展。 国家采取措施,组织各类转岗、再就业、失业人员以及特殊人群等接受各种形式的职业教育,扶持残疾人职业教育的发展。 国家保障妇女平等接受职业教育的权利。

新职教法在旧职教法的基础上,新增"大力发展技工教育,全面提高产业工人素质"的重要内容,适应新时代产业发展对高素质技工人才的要求。根据乡村振兴的时代特点,充实了发展面向农村的职业教育内容,将职业教育发展与乡村振兴紧密结合,适应新时代乡村发展对高技能人才的需求。新增扶持革命老区职业教育的内容,将扶持范围进一步向有需要的地方扩大,在实现全面脱贫的时代背景下,"贫困地区"更新表述为"欠发达地区"。新增了国家保障妇女平等接受职业教育的权力的内容,将职业教育的覆盖面扩大到所有社会弱势群体并重点扶持。

浙江同济科技职业学院吴敏启认为,职业教育可以在乡村振兴的多个领域发挥作用,一是"产业富农"的经济功能,二是"人才助农"的教育功能,三是"科创兴农"的技术功能,四是"文化强农"的治理功能。

吴敏启同时梳理了职业教育助力乡村振兴的行动逻辑。要把职业教育摆在更加突出的位置,建设具有地方特色的纵向贯通、横向融通的现代职教体系,通过提质培优,完善自身形态结构,提升职业教育在乡村振兴中的作用。深化产教融合,增强职业教育的适应性;完善制度体系,增强职业教育的普惠性;优化办学布局,增强职业教育的协调性;结合科技发展,增强职业教育的创新性。[①]

---

① 吴敏启.以职业教育高质量发展助力乡村振兴[EB/OL]. https://news.hangzhou.com.cn/zjnews/content/2022 - 06/06/content_8272530_0.html,2022 - 06 - 06.

表格 3-12

旧 职 教 法	新 职 教 法
第八条 实施职业教育应当根据实际需要,同国家制定的职业分类和职业等级标准相适应,实行学历证书、培训证书和职业资格证书制度。 国家实行劳动者在就业前或者上岗前接受必要的职业教育的制度。	第十一条 实施职业教育应当根据经济社会发展需要,结合职业分类、职业标准、职业发展需求,制定教育标准或者培训方案,实行学历证书及其他学业证书、培训证书、职业资格证书和职业技能等级证书制度。 国家实行劳动者在就业前或者上岗前接受必要的职业教育的制度。

新职教法在旧职教法的基础上,将"实际需要"明确为"经济社会发展需要"并提出了制定教育标准或者培训方案的新要求,完善了证书制度体系,增加了学业证书、职业技能等级证书等证书内容,更加适应职业教育的特点。

表格 3-13

旧 职 教 法	新 职 教 法
第十条 国家对在职业教育中做出显著成绩的单位和个人给予奖励。	第十二条 国家采取措施,提高技术技能人才的社会地位和待遇,弘扬劳动光荣、技能宝贵、创造伟大的时代风尚。 国家对在职业教育工作中做出显著成绩的单位和个人按照有关规定给予表彰、奖励。 每年5月的第二周为职业教育活动周。

新职教法在旧职教法的基础上,新增提高技术技能人才社会地位和待遇的内容,体现了国家和社会对职业教育以及技术技能人才的重视,从法律上破除"职业教育低人一等"的旧观念。不仅如此,在奖励之外,新职教法还新增了"表彰"的规定,提高了技术技能人才的荣誉感、自豪感和认同感。新增的"职业教育活动周"的规定,也是提高职业教育和职业教育从业者地位的一项举措。这三项改变都围绕提高职业教育和技术技能人才社会地位及待遇展开,且每项都切实可行,具体务实。

"职业教育低人一等""职业学校不是好学校""职校学生找的工作不体面"……有关职业教育的社会认知里,偏见和杂音时有出现。在教育部职业教育发展中心副主任、研究员曾天山看来,受中国传统文化"学而优则仕"等观念的影响,加上职业教育相对普通教育而言兴起较晚,社会大众需要更新观念、破除成见。

对此,新职教法中规定了不少"实招",着力提升职业教育认可度。譬如,明确规定国家采取措施,提高技术技能人才的社会地位和待遇,弘扬劳动光荣、技能宝贵、创造伟大的时代风尚;提出国家通过组织开展职业技能竞赛等活动,为技术技能人才提供展示技能、切磋技艺的平台,持续培养更多高素质技术技能人才、能工巧匠和大国工匠;提出职业学校学生在升学、就业、职业发展等方面与同层次普通学校学生享有平等机会。

北京师范大学国家职业教育研究院院长、职业与成人研究所所长和震认为,"各行各业所需要的技术、技能、人才都是不可替代的。职业教育社会地位的提升,仍需要社会各方面共同努力、主动作为"。社会观念应从重视学历转向重视贡献、重视能力;应建立各行各业平等的职业资格框架制度,人人都能在自己的职业轨道上走到相应的高层次等级。①

实际上,党的二十大报告提出的"优化职业教育类型定位"②,也有提升职业教育认可度,提升职业教育社会地位,提高技术技能人才的社会地位和待遇的内涵,着力减少社会上对职业教育的偏见和区别对待,可以弘扬劳动光荣、技能宝贵、创造伟大的时代风尚。

表格 3‑14

旧 职 教 法	新 职 教 法
	第十三条　国家鼓励职业教育领域的对外交流与合作,支持引进境外优质资源发展职业教育,鼓励有条件的职业教育机构赴境外办学,支持开展多种形式的职业教育学习成果互认。

此条为新增条款,明确国家支持鼓励职业教育的国际交流、合作与发展,为职业教育的国际化、高端化、多元化以及高水平职业教育的输出铺平了道路,让优质职业教育进得来,走得出去。

中共中央办公厅、国务院办公厅《关于深化现代职业教育体系建设改革的意见》,对新职教法的这一条款也做了细致的部署,要求创新国际交流与合作机制,持续办好世界职业技术教育发展大会和世界职业院校技能大赛,推动成立世界

---

① 陈爽.首次明确!职业教育与普通教育具有同等重要地位[N].潇湘晨报,2022‑04‑21.
② 习近平.中国共产党第二十次全国代表大会报告[M].北京:人民出版社,2022.

职业技术教育发展联盟。立足区域优势、发展战略、支柱产业和人才需求,打造职业教育国际合作平台。教随产出、产教同行,建设一批高水平国际化的职业学校,推出一批具有国际影响力的专业标准、课程标准,开发一批教学资源、教学设备。打造职业教育国际品牌,推进专业化、模块化发展,健全标准规范、创新运维机制;推广"中文+职业技能"项目,服务国际产能合作和中国企业走出去,培养国际化人才和中资企业急需的本土技术技能人才,提升中国职业教育的国际影响力。[①] 这是基于新职教法推出的更加具体的职业教育对外交流与合作的举措。

随着我国教育对外开放水平持续提升,"一带一路"倡议不断走深走实,我国企业加快了走出国门的步伐,中国企业广泛参与国际经济贸易活动,职业教育"走出去"呈现出蓬勃发展之势。

《中国教育报》撰文指出,语言是增进国家和个体间相互理解的基本载体,也是新形势下有效开展国际合作不可或缺的重要基础。国际中文教育是我国教育国际交流合作的重要组成部分,是中国融入世界、世界了解中国的重要平台。世界主要发达国家的实践经验表明,语言教育与职业教育融合发展,是有效对接不同国家间教育办学标准和技术标准,提升本国职业教育全球适应性的重要推动力。置身于加速演进的百年变局中,面对新时代新形势提出的新任务新要求,借鉴国内职业教育"1+X"证书制度试点基本做法,通过实施"中文+职业教育",推动国际中文教育与职业教育协同"走出去",对提升国际中文教育和中国职业教育全球适应性,增强中国教育品牌整体国际影响力,助力世界各国经济社会发展,促进中外民心相通、文明互鉴具有重要意义。

在中外双方的共同推动下,目前全球已有 40 多个国家和地区开设了"中文+职业教育"的特色项目,中国—赞比亚职业技术学院、中泰语言与职业教育学院等中外合作办学项目相继落地生根,"鲁班工坊""中文工坊"等职业教育"走出去"品牌不断提质增效、协同发展。在国际中文教育和职业教育融合"走出去"过程中,要积极适应全球大规模、开放式在线教育加速发展这一趋势,依托大数据、云计算、物联网、移动互联等新技术,统筹推进"中文+职业教育"数字资源体系建设,为全球各国学习者提供更加便捷、高效、可持续的中文和职业技术教育服务。

---

① 新华社.中共中央办公厅 国务院办公厅印发《关于深化现代职业教育体系建设改革的意见》[EB/OL].http://www.gov.cn/zhengce/2022-12/21/content_5732986.htm,2022-12-21.

作为国际中文教育和职业教育携手出海的新尝试,大力实施"中文＋职业教育"具有广阔前景。立足新发展阶段,充分发挥中国语言文化的载体功能,推动国际中文教育和职业教育同频共振、同向发力,是有效提升中文使用价值和实用价值,促进我国职业教育高质量国际化发展的重要抓手,对进一步提升我国教育对外开放水平,推动构建人类命运共同体具有重要的实践意义。①

第二节　职业教育体系

第二章的主要内容是职业教育体系。国家根据不同地区的经济发展水平和教育普及程度,将职业教育分为初等、中等、高等职业教育。并根据不同的职业教育,明确了不同的实施机构,其中初等、中等职业教育分别由初等、中等职业学校实施;高等职业教育根据需要和条件由高等职业学校实施,或者由普通高等学校实施。其他学校可以按照教育行政部门的统筹规划,实施不同层次的职业教育。普通中学也可以因地制宜地开设职业教育的课程,或者根据实际需要适当增加职业教育的教学内容。

表格 3 - 15

旧 职 教 法	新 职 教 法
第十二条　国家根据不同地区的经济发展水平和教育普及程度,实施以初中后为重点的不同阶段的教育分流,建立、健全职业学校教育与职业培训并举,并与其他教育相互沟通、协调发展的职业教育体系。	第十四条　国家建立健全适应经济社会发展需要,产教深度融合,职业学校教育和职业培训并重,职业教育与普通教育相互融通,不同层次职业教育有效贯通,服务全民终身学习的现代职业教育体系。 国家优化教育结构,科学配置教育资源,在义务教育后的不同阶段因地制宜、统筹推进职业教育与普通教育协调发展。

新职教法将"建立职业教育体系"更新为"建立现代职业教育体系",新增了"产教深度融合""职业教育与普通教育相互融通""不同层次职业教育有效贯通""服务全民终身学习"等重要表述。

党的二十大报告指出,统筹职业教育、高等教育、继续教育协同创新,推进职

---

① 孟源,商若凡.推动"中文＋职业教育"协同"走出去"[N].中国教育报,2022 - 05 - 17.

普融通、产教融合、科教融汇,优化职业教育类型定位。① 全国人大常委会委员周洪宇认为,原有对职业教育和普通教育相互融通的表述,用"初级、中级、高级职业教育有效贯通",而现在表述为"不同层次职业教育有效贯通"。这样的表述更适应经济社会发展的需要,强调职业教育的适应性,更加精炼准确,更加体现了职业教育的现代性。②

教育部职业教育与成人教育司司长陈子季强调,义务教育后实行"普职协调发展",绝对不是取消中等职业教育,而是要转变发展中等职业教育的思路,实现中等职业教育办学的基础性转向,重点是要放在提升中等职业教育自身质量、拓宽中等职业教育学生成长成才的通道。总的来说,国家要通过加大政策供给,畅通发展通道,提高自身质量,提供多样化的选择,吸引更多的学生理性选择职业教育,形成职业教育与普通教育协调发展、齐头并进的良好局面,努力让每一个人都有人生出彩的机会。与此同时,此次新职教法有四个关键词需要把握:第一个关键词就是"义务教育后",即初中教育以后要实行普职分类教育;第二个关键词是"不同阶段",是指高中教育阶段和高等教育阶段,都有职业教育和普通教育;第三个关键词是"因地制宜",就是说不搞"一刀切",允许各地普职比例在一定范围内存在差异;第四个关键词是"协调发展",就是说职业教育与普通教育同等重要,这两个类型的教育没有高低之分、优劣之别,它只有办学模式的融合、育人方式的异同,有相同也有不同。

中国教育科学研究院储朝晖认为,依据现行招生政策,我们必须存在分流,但对于普职分流的比例,相关立法并未给出刚性的要求。③

党的二十大报告指出,统筹职业教育、高等教育、继续教育协同创新,推进职普融通、产教融合、科教融汇,优化职业教育类型定位。④ 可以说推进职普融通是建设现代职业教育体系的必然要求,因此,在党的二十大召开之后的两个月,国家相关部门出台了《关于深化现代职业教育体系建设改革的意见》⑤,从总体要求、战略任务、重点工作和组织实施四个部分十四个方面,部署了在党的二十大之后对于现代职业教育体系建设的相关工作,并具体到可以落地的措施,拓宽

① 习近平.中国共产党第二十次全国代表大会报告[M].北京:人民出版社,2022.
② 周洪宇.新职业教育法的10个重大突破[N].人民政协报教育在线周刊,2022-04-28.
③ 安徽省教育厅.教育部权威解读新职教法[EB/OL].http://jyt.ah.gov.cn/xwzx/tzgg/40562551.html, 2022-05-24.
④ 习近平.中国共产党第二十次全国代表大会报告[M].北京:人民出版社,2022.
⑤ 新华社.中共中央办公厅　国务院办公厅印发《关于深化现代职业教育体系建设改革的意见》[EB/OL].http://www.gov.cn/zhengce/2022-12/21/content_5732986.htm,2022-12-21.

学生成长成才通道。以中等职业学校为基础、高职专科为主体、职业本科为牵引,建设一批符合经济社会发展和技术技能人才培养需要的高水平职业学校和专业;探索发展综合高中,支持技工学校教育改革发展。支持优质中等职业学校与高等职业学校联合开展五年一贯制办学,开展中等职业教育与职业本科教育衔接培养。完善职教高考制度,健全"文化素质+职业技能"考试招生办法,扩大应用型本科学校在职教高考中的招生规模,招生计划由各地在国家核定的年度招生规模中统筹安排。完善本科学校招收具有工作经历的职业学校毕业生的办法。根据职业学校学生特点,完善专升本考试办法和培养方式,支持高水平本科学校参与职业教育改革,推进职普融通、协调发展。这是从国家战略层面,对于包括普职融通在内的现代职业教育体系建设改革的一次重要安排和部署。

表格 3-16

旧 职 教 法	新 职 教 法
第十三条 职业学校教育分为初等、中等、高等职业学校教育。 初等、中等职业学校教育分别由初等、中等职业学校实施;高等职业学校教育根据需要和条件由高等职业学校实施,或者由普通高等学校实施。其他学校按照教育行政部门的统筹规划,可以实施同层次的职业学校教育。	第十五条 职业学校教育分为中等职业学校教育、高等职业学校教育。 中等职业学校教育由高级中等教育层次的中等职业学校(含技工学校)实施。 高等职业学校教育由专科、本科及以上教育层次的高等职业学校和普通高等学校实施。根据高等职业学校设置制度规定,将符合条件的技师学院纳入高等职业学校序列。 其他学校、教育机构或者符合条件的企业、行业组织按照教育行政部门的统筹规划,可以实施相应层次的职业学校教育或者提供纳入人才培养方案的学分课程。

新职教法直接取消了初等职业学校教育,同时将实施职业教育的学校层次提升到本科以上教育层次,既考虑了职业教育的实际情况,也为其后期发展留足了空间。同时明确除学校外,教育机构、符合条件的企业、行业组织均可实施相应层次的职业教育或提供纳入人才培养方案的学分课程,体现了职业教育多元化办学的理念。

"高等职业学校教育由专科、本科及以上教育层次的高等职业学校和普通高等学校实施。"全国人大常委会委员周洪宇认为,这句话体现了职业教育的办学层次上的突破,为职业教育培养高精尖的技术技能人才预留出了空间,也为更好地建设教育强国和人力资源强国提供了法律支撑。另外需要注意的是,根据职业教育的定位、目标、特色与需要,实施研究生教育的比例不要太大,要体现职业教育高层次人才培养的特点,体现它内在的规律。从国际比较的角度看,研究生职业教育早期一般在 3％—5％,中后期在 10％—15％。本科层次早期在 15％—25％,中后期 30％左右,其他的高等专科和中专层次在 65％—70％。若忽视职业教育的本质与特点进行盲目攀比是不可取的。①

表格 3‑17

旧 职 教 法	新 职 教 法
第十四条 职业培训包括从业前培训、转业培训、学徒培训、在岗培训、转岗培训及其他职业性培训,可以根据实际情况分为初级、中级、高级职业培训。 职业培训分别由相应的职业培训机构、职业学校实施。其他学校或者教育机构可以根据办学能力,开展面向社会的、多种形式的职业培训。	第十六条 职业培训包括就业前培训、在职培训、再就业培训及其他职业性培训,可以根据实际情况分级分类实施。 职业培训可以由相应的职业培训机构、职业学校实施。 其他学校或者教育机构以及企业、社会组织可以根据办学能力、社会需求,依法开展面向社会的、多种形式的职业培训。

新职教法对职业培训进行了重新归类,分级分类不再限于初、中、高三级。同时新增了企业和社会组织办学准入,再一次明确企业在职业教育办学中的主体地位,推进企业办学,深度参与职业教育。

表格 3‑18

旧 职 教 法	新 职 教 法
	第十七条 国家建立健全各级各类学校教育与职业培训学分、资历以及其他学习成果的认证、积累和转换机制,推进职业教育国家学分银行建设,促进职业教育与普通教育的学习成果融通、互认。 军队职业技能等级纳入国家职业资格认证和职业技能等级评价体系。

此法条为新增条款,新增了职业教育与普通教育相互融通的方式方法,打通职业教育和普通教育的壁垒,从实操层面指导了职业教育与普通教育的互相融

---

① 周洪宇.新职业教育法的 10 个重大突破[N].人民政协报教育在线周刊,2022‑04‑28.

通。同时新增了军队职业技能等级融入国家体系的规定,扩充了职业资格认证和职业技能等级评价体系的内容。

全国人大常委会法工委行政法室副主任宋芳表示,新职教法明确职业学校教育和职业培训并重,职业教育与普通教育相互融通,不同层次职业教育有效贯通,服务全民终身学习的现代职业教育体系;高等职业学校教育由专科、本科及以上教育层次的高等职业学校和普通高等学校实施;国家建立健全各级各类学校教育与职业培训学分、资历以及其他学习成果的认证、积累和转换机制。

全国人大常委会委员孙其信认为,在当前中国的国情下,职业教育、普通教育的融通,为不同追求的职业教育学生的多元化发展提供了非常好的保障。教育部职业教育与成人教育司司长陈子季认为,统筹推进职业教育与普通教育协调发展、建立符合职业教育特点的考试招生制度、促进职业教育与普通教育的学习成果融通互认。这些规定将推动职业教育真正成为就业有能力、升学有优势、发展有通道的教育类型。①

表格 3-19

旧 职 教 法	新 职 教 法
第十五条　残疾人职业教育除由残疾人教育机构实施外,各级各类职业学校和职业培训机构及其他教育机构应当按照国家有关规定接纳残疾学生。	第十八条　残疾人职业教育除由残疾人教育机构实施外,各级各类职业学校和职业培训机构及其他教育机构应当按照国家有关规定接纳残疾学生,并加强无障碍环境建设,为残疾学生学习、生活提供必要的帮助和便利。 国家采取措施,支持残疾人教育机构、职业学校、职业培训机构及其他教育机构开展或者联合开展残疾人职业教育。 从事残疾人职业教育的特殊教育教师按照规定享受特殊教育津贴。

新职教法对职业学校等教育机构无障碍环境建设提出要求,体现了对残疾学生的特殊关爱。同时增加了支持残疾人职业教育的具体要求。可以看到,新职教法对残疾人职业教育的规定更加细化,更加注重多方面的具体保障。

促进残疾人就业是我国"十四五"及 2030 远景发展目标下残疾人事业的工作重心和难点。而职业教育是帮助广大残疾青年掌握一技之长和实现就业

---

① 教育部.教育部新闻发布会介绍教育系统学习宣传贯彻落实新修订《中华人民共和国职业教育法》有关情况[EB/OL].http://www.moe.gov.cn/fbh/live/2022/54414/,2022-04-27.

创业的重要途径。保障残疾人接受职业教育也是贯彻落实二十大"办人民满意教育""坚持以人民为中心发展教育""促进教育公平"的具体要求和重要方面。

新职教法有利于将残疾人职业教育的管理纳入国务院领导的职业教育工作协调机制,在顶层设计层面将残疾人职业教育作为一个完整工作体系纳入全国职业教育统筹发展的全局之中,形成教育行政部门统筹管理,教育、人社、民政和残联等部门在各自职责范围内分别负责,构建"一体化统筹、多部门协同"支持的闭环管理体系。①

表格 3－20

旧 职 教 法	新 职 教 法
第十六条　普通中学可以因地制宜地开设职业教育的课程,或者根据实际需要适当增加职业教育的教学内容。	第十九条　县级以上人民政府教育行政部门应当鼓励和支持普通中小学、普通高等学校,根据实际需要增加职业教育相关教学内容,进行职业启蒙、职业认知、职业体验,开展职业规划指导、劳动教育,并组织、引导职业学校、职业培训机构、企业和行业组织等提供条件和支持。

新职教法明确了政府教育行政部门在中小学和普通高等学校开展职业教育的主体责任,并细化了在中小学和普通高等学校中开展职业教育的具体内容,并鼓励职业学校、培训机构、企业和行业等参与其中,体现了国家对中小学和普通高等学校职业教育的重视。

总的来说,第二章亮点在于着力建立健全服务全民终身学习的现代职业教育体系。纵向贯通,形成技术技能人才培养的完整通道,规定高等职业学校教育由专科、本科及以上教育层次的高等职业学校和普通高等学校实施;支持在普通中小学开展职业启蒙、职业认知、职业体验等。横向融通,构建职业教育与普通教育的"立交桥",规定国家建立健全各级各类学校教育与职业培训学分、资历以及其他学习成果的认证、积累和转换机制,促进职业教育与普通教育的学习成果融通、互认;规定职业学校教育与职业培训并重,职业培训机构、职业学校和其他学校等都可以开展职业培训。②

---

① 陈桂林.落实新职教法系列谈|残疾人职业教育亟待加强[N].中国青年报,2022－05－05.
② 安徽省教育厅.教育部权威解读新职教法[EB/OL].http://jyt.ah.gov.cn/xwzx/tzgg/40562551.html,2022－05－24.

第三节　职业教育的实施

第三章主要内容是职业教育的实施。该章对政府、政府主管部门在举办本地职业学校、职业培训机构的组织、协调、指导职责作了原则规定。对于企业,则要求根据本企业的实际,有计划地对本单位的职工和准备录用的人员实施职业教育,如企业未按规定实施职业教育的,县级以上地方人民政府应当责令改正;拒不改正的,可以收取企业应当承担的职业教育经费,用于本地区的职业教育事业。该法鼓励事业单位、社会团体及公民个人按照国家有关规定举办职业学校、职业培训机构。在职业学校、职业培训机构的设立上,法律规定了基本条件。

职业学校:(1)要有组织机构和章程;(2)要有合格的教师;(3)要有符合规定标准的教学场所,与职业教育相适应的设施、设备;(4)要有必备的办学资金和稳定的经费来源。

职业培训机构:(1)有组织机构和管理制度;(2)有与培训任务相适应的教师和管理人员;(3)有与进行培训相适应的场所、设施、设备;(4)有相应的经费。

表格 3 - 21

旧　职　教　法	新　职　教　法
	第二十条　国务院教育行政部门会同有关部门根据经济社会发展需要和职业教育特点,组织制定、修订职业教育专业目录,完善职业教育教学等标准,宏观管理指导职业学校教材建设。

此条为新增条款,明确国务院教育行政部门实施职业教育的职责,明确了在职业教育专业设置、职业教育教学评估、教材建设等细分方向上的顶层设计,对职业教育的长期发展的保障措施更加具体,相关的主体责任更加突出。

教育部政策法规司司长邓传淮介绍,新职教法规定在职业教育上国务院层面应该做到建立职业教育工作协调机制,统筹协调全国职业教育工作。部门层面,规定国务院教育行政部门负责职业教育工作的统筹规划、综合协调、宏观管理;国务院有关部门在国务院规定的职责范围内,分别负责有关的职业教育工作。①

对于职业教育的工作协调机制,在《关于深化现代职业教育体系建设改革的意见》中明确强调要建立组织协调机制,完善国务院职业教育工作部际联席会议制度,建设集聚教育、科技、产业、经济和社会领域知名专家学者及经营管理者的咨询组织,承担职业教育政策咨询、标准研制、项目论证等工作。教育部牵头建立统筹协调推进机制,会同相关部门推动行业企业积极参与。省级党委和政府制定人才需求、产业发展和政策支持"三张清单",健全落实机制。支持地方建立职业教育与培训管理机构,整合相关职能,统筹职业教育改革发展。② 也是对新职教法该条款的具体说明。

表格 3－22

旧 职 教 法	新 职 教 法
第十七条 县级以上地方各级人民政府应当举办发挥骨干和示范作用的职业学校、职业培训机构,对农村、企业、事业组织、社会团体、其他社会组织及公民个人依法举办的职业学校和职业培训机构给予指导和扶持。	第二十一条 县级以上地方人民政府应当举办或者参与举办发挥骨干和示范作用的职业学校、职业培训机构,对社会力量依法举办的职业学校和职业培训机构给予指导和扶持。 国家根据产业布局和行业发展需要,采取措施,大力发展先进制造等产业需要的新兴专业,支持高水平职业学校、专业建设。 国家采取措施,加快培养托育、护理、康养、家政等方面技术技能人才。

新职教法弱化了政府举办职业学校的责任,同时强化了对社会力量举办职业教育的指导和帮扶责任,仍然是强调多元办学。同时明确加快托育、护理、康养、家政等社会急需技术技能人才培养。新职教法把握时代脉搏,根据市场需要大力发展新兴职教专业,培养新兴专业相关技术技能人才,使得新职教法更适应社会、国家和社会需要。

新职教法进一步明确职业教育面向市场、服务发展、促进就业的办学方向。教育规划上,规定发展职业教育应当与促进就业创业、推动发展方式转变和产业结构调整等整体部署、统筹实施。发展重点上,规定大力发展先进制造等产业需要的新兴专业,加快培养托育、护理、康养、家政等方面技术技能人才。

---

① 安徽省教育厅.教育部权威解读新职教法[EB/OL].http://jyt.ah.gov.cn/xwzx/tzgg/40562551.html,2022－05－24.
② 新华社.中共中央办公厅 国务院办公厅印发《关于深化现代职业教育体系建设改革的意见》[EB/OL].http://www.gov.cn/zhengce/2022－12/21/content_5732986.htm,2022－12－21.

表格 3-23

旧 职 教 法	新 职 教 法
第十八条　县级人民政府应当适应农村经济、科学技术、教育统筹发展的需要,举办多种形式的职业教育,开展实用技术的培训,促进农村职业教育的发展。	第二十二条　县级人民政府可以根据县域经济社会发展的需要,设立职业教育中心学校,开展多种形式的职业教育,实施实用技术培训。 教育行政部门可以委托职业教育中心学校承担教育教学指导、教育质量评价、教师培训等职业教育公共管理和服务工作。

新职教法新增县级人民政府可以"设立职业教育中心学校"的表述并对职业教育中心学校功能作用发挥进行描述。地方政府可以依照新职教法,根据地方情况,设立比较有特色有助于地方经济社会发展的职业教育中心学校,如潜江职业教育中心根据地方经济社会发展需要以及地方对淡水养殖人才具有很大的需求、本地养殖业也非常发达的特点,因地制宜地设置了种植、淡水养殖、畜禽养殖等专业和相关课程。

再如潜江作为全国著名的小龙虾之乡,潜江龙虾学院也在这几年成为网红学校。龙虾学校成为"网红"的背后,是日渐红火的龙虾产业。[①]

为满足火爆的市场需求,把餐饮产业做大做强,在政府主导下,2015 年 9 月,潜江市人社局批复同意成立潜江市小龙虾烹饪职业技能培训学校,主要职责是面向社会培训技能型人才。随后,根据龙虾产业发展的需要,2016 年 3 月,潜江市政府专门成立"推进潜江龙虾职业学院建设领导小组",加快推进龙虾学校建设步伐。2017 年 3 月,潜江龙虾学校作为江汉艺术职业学院的二级学院开始招收两年制专科生,2018 年开始招收三年制专科生,其准毕业生很快被预订一空。[②]

第二十、第二十一、第二十二条法条表明,职业教育多头管理一直为人诟病,新职教法理顺了职业教育的管理体制,明确国务院教育行政部门负责职业教育工作的统筹规划、综合协调、宏观管理,省、自治区、直辖市人民政府加强对本行政区域内职业教育工作的领导,明确设区的市、县级人民政府职业教育具体工作职责,夯实了部委统筹、央地联动的法律基础。

---

① 彭梦宁,罗珊珊.绽放高职教育新魅力,潜江龙虾学校成"网红"[N].新华网,2019-05-07.
② 辛识平."小龙虾学院"为何走红? [N].人民日报,2019-03-20.

表格 3‐24

旧 职 教 法	新 职 教 法
第十九条 政府主管部门、行业组织应当举办或者联合举办职业学校、职业培训机构,组织、协调、指导本行业的企业、事业组织举办职业学校、职业培训机构。 国家鼓励运用现代化教学手段,发展职业教育。	第二十三条 行业主管部门按照行业、产业人才需求加强对职业教育的指导,定期发布人才需求信息。 行业主管部门、工会和中华职业教育社等群团组织、行业组织可以根据需要,参与制定职业教育专业目录和相关职业教育标准,开展人才需求预测、职业生涯发展研究及信息咨询,培育供需匹配的产教融合服务组织,举办或者联合举办职业学校、职业培训机构,组织、协调、指导相关企业、事业单位、社会组织举办职业学校、职业培训机构。

新职教法新增行业主管部门的指导和信息发布责任,细化了行业主管部门和有关社会组织参与实施职业教育的方式方法,删除了"运用现代化教学手段,发展职业教育"的过时表述。新规规定了行业主管部门应该根据市场动态发布产业人才需求,会同群团组织和行业组织宏观指导制定职业教育专业和职教标准,使得市场需求与职业教育相匹配。《2020 年中国职业教育质量年度报告》指出,部分企业的用工需求与学校的办学信息还存在沟通不畅的窘状,特别是中小微企业还缺乏对学校的人才培养情况的了解,新职教法的实施可以有效解决这个问题。[①]

表格 3‐25

旧 职 教 法	新 职 教 法
第二十条 企业应当根据本单位的实际,有计划地对本单位的职工和准备录用的人员实施职业教育。 企业可以单独举办或者联合举办职业学校、职业培训机构,也可以委托学校、职业培训机构对本单位的职工和准备录用的人员实施职业教育。 从事技术工种的职工,上岗前必须经过培训;从事特种作业的职工必须经过培训,并取得特种作业资格。	第二十四条 企业应当根据本单位实际,有计划地对本单位的职工和准备招用的人员实施职业教育,并可以设置专职或者兼职实施职业教育的岗位。 企业应当按照国家有关规定实行培训上岗制度。企业招用的从事技术工种的劳动者,上岗前必须进行安全生产教育和技术培训;招用的从事涉及公共安全、人身健康、生命财产安全等特定职业(工种)的劳动者,必须经过培训并依法取得职业资格或者特种作业资格。 企业开展职业教育的情况应当纳入企业社会责任报告。

---

① 《2020 中国职业教育质量年度报告》项目组.《中国职业技术教育》编辑部.我国职业教育发展的成绩、挑战与对策[J].中国职业技术教育,2021 年第 15 期.

新职教法增加了企业"可以设置专职或者兼职实施职业教育的岗位"的规定,新增企业"应当按照国家有关规定实行培训上岗制度"的要求,并更新了部分表述,同时新增"企业开展职业教育的情况应当纳入企业社会责任报告"的要求,将企业参与职业教育的情况当作企业承担社会责任的一个重要方面来对待。这些规定都体现了新职教法明确企业在参与职业教育中主体地位的特点。

表格 3‒26

旧 职 教 法	新 职 教 法
	第二十五条　企业可以利用资本、技术、知识、设施、设备、场地和管理等要素,举办或者联合举办职业学校、职业培训机构。

此法条为新增条款,明确了企业可以用于举办职业教育的要素。新职教法多措并举推进企业办学,落实企业在职业教育中的主体地位,并细化企业参与职业教育的方式方法,政策已经非常明确,职业教育既可以为企业、市场和社会培养人才,又可以成为企业的经营性业务。新职教法拓宽了企业参与职业教育办学的通道和途径,还丰富了企业多样化办学的形式,推动企业整合各项资源举办高质量职业教育。

表格 3‒27

旧 职 教 法	新 职 教 法
第二十一条　国家鼓励事业组织、社会团体、其他社会组织及公民个人按照国家有关规定举办职业学校、职业培训机构。 境外的组织和个人在中国境内举办职业学校、职业培训机构的办法,由国务院规定。	第二十六条　国家鼓励、指导、支持企业和其他社会力量依法举办职业学校、职业培训机构。 地方各级人民政府采取购买服务,向学生提供助学贷款、奖助学金等措施,对企业和其他社会力量依法举办的职业学校和职业培训机构予以扶持;对其中的非营利性职业学校和职业培训机构还可以采取政府补贴、基金奖励、捐资激励等扶持措施,参照同级同类公办学校生均经费等相关经费标准和支持政策给予适当补助。

新职教法新增了"企业"这一举办职业教育的主体,删除了境外组织和个人在境内举办职业教育的特殊规定。新职教法明确了地方各级人民政府支持社会力量举办职业教育可以采取的实际举措,在优惠政策上体现了对非营利性职业教育机构的区别对待。《2020 年中国职业教育质量年度报告》指出,尽管我国已

为职业教育发展营造了良好的政策发展环境,但实际上,行业企业参与职业教育的内生动力还需进一步激发,还缺乏支持企业办学的财税优惠政策实施细则等,国家对于企业支持职业教育的优惠政策及经费补偿政策仍需完善。新职教法的实施预计可以有效改善这个问题。①

新职教法强化了职业教育的政策支持。更加具体的措施可以在《关于深化现代职业教育体系建设改革的意见》中得到体现。如探索地方政府和社会力量支持职业教育发展投入新机制,吸引社会资本、产业资金投入,按照公益性原则,支持职业教育重大建设和改革项目。将符合条件的职业教育项目纳入地方政府专项债券、预算内投资等的支持范围。鼓励金融机构提供金融服务支持发展职业教育。探索建立基于专业大类的职业教育差异化生均拨款制度。地方政府可以参照同级同类公办学校生均经费等相关经费标准和支持政策,对非营利性民办职业学校给予适当补助。完善中等职业学校学生资助办法,建立符合中等职业学校多样化发展要求的成本分担机制。可以说这份意见,从职业教育资金投入、金融保障、生均拨款等更细致的方面,保障了新职教法的落实。

表格 3-28

旧职教法	新职教法
	第二十七条 对深度参与产教融合、校企合作,在提升技术技能人才培养质量、促进就业中发挥重要主体作用的企业,按照规定给予奖励;对符合条件认定为产教融合型企业的,按照规定给予金融、财政、土地等支持,落实教育费附加、地方教育附加减免及其他税费优惠。

此法条为新增条款,明确给予发挥重要主体作用的企业奖励、支持和税费优惠,鼓励企业在产教融合中发挥积极作用。

企业办学主体地位和作用由来已久,曾对推动职业教育发展做出了历史性贡献。在计划经济时代,行业企业曾是举办职业教育最主要的力量之一。职业教育的办学经费、招生、实习就业、师资人员、设施设备曾由行业企业统一调配和管理,职业院校办学具有较强的行政计划性。这一时期,企业办学培养了大量经济建设急需的实践操作技能强的人才,提高了企业的生产效率和社会生产力。

① 《2020中国职业教育质量年度报告》项目组,《中国职业技术教育》编辑部.我国职业教育发展的成绩、挑战与对策[J].中国职业技术教育,2021年第15期.

随着改革开放和市场经济的深入发展,行业企业办学的弊端逐步显现出来。职业教育开始实行"政企分开""校企分离",企业从"直接举办"职业教育转变为"间接参与办学"或"不举办",企业的办学主体地位和作用明显弱化。企业和职业学校的剥离使得校企一体化的合作机制受到冲击,教学过程与生产过程的对接弱化,专业课程内容跟不上职业标准的要求,人才培养供给侧和产业需求侧在结构、质量、水平上不能完全适应,导致以学校为办学主体的职业教育适应性不强、质量不高、吸引力不足。

当前,职业教育发展对高质量产教融合的需求日益强烈。新职教法对产教融合做了系统规范和要求,如对地方政府、行业主管部门、群团组织、行业组织、企业、事业单位等主体的作用和职责进行了明确和规范,强调发挥企业的重要办学主体作用,明确"国家鼓励、指导、支持企业和其他社会力量依法举办职业学校、职业培训机构;企业应当依法履行实施职业教育的义务,参与、支持或者开展职业教育",为市场经济条件下更高层次发挥企业重要办学主体作用提供了法律保障。

新职教法从拓宽企业参与途径、规范企业主体行为、激励企业参与办学等方面夯实了企业参与职业教育办学的法律基础,必将推动校企深度合作、产教纵深发展,加快构建职业教育多元主体办学格局。[①]

总体来看,新职教法第二十四、第二十五、第二十六、第二十七法条破解了职业教育产教融合的难点。教育部职业教育与成人教育司司长陈子季认为,产教融合、校企合作是职业教育办学的基本模式,也是办好职业教育的关键所在。但是,长期以来,产教融而不合、校企合作不深不实是个痛点、堵点。修订后的职业教育法以"产教融合"一词取代了现行法中的"产教结合",用 9 处"鼓励"、23 处"应当"和 4 处"必须",进一步明确诸多举措:国家发挥企业的重要办学主体作用,推动企业深度参与职业教育,鼓励企业举办高质量职业教育;企业可以设置专职或者兼职实施职业教育的岗位;企业开展职业教育的情况应当纳入企业社会责任报告。除此之外,新职教法还包含对深度参与产教融合、校企合作的企业做出奖励、税费优惠等激励政策,真正从法律层面让企业参与不难、参与有利,同时,明确了行业和企业支持职业教育高质量发展的社会责任,鼓励企业举办高质量职业教育。

教育部职业技术教育中心研究所副所长曾天山介绍,职业学校、职业培训机构实施职业教育应当注重产教融合,实行校企合作。其中,"产教融合"一词取代了现行法中的"产教结合",一字之改格外有深意。过去讲的"产教结合"具有滞

---

① 张慧波.落实新职教法系列谈|企业办学主体地位有了坚实的法律保障[N].中国青年报,2022-05-06.

后性,企业的新技术、新工艺、新规范经常不能及时反映到学校中,企业与学校之间类似"朋友帮忙"的关系,这种关系很不稳定。融合就是要成为一体,企业与学校共同投入、共同制定人才方案、共同进行人才培养,达到共建共赢。[①]

党的二十大关于教育的部署专门提到"产教融合",并在《关于深化现代职业教育体系建设改革的意见》中提出了具体的方向和举措。

第一,打造市域产教联合体。省级政府以产业园区为基础,打造兼具人才培养、创新创业、促进产业经济高质量发展功能的市域产教联合体。成立政府、企业、学校、科研机构等多方参与的理事会,实行实体化运作,集聚资金、技术、人才、政策等要素,有效推动各类主体深度参与职业学校专业规划、人才培养规格确定、课程开发、师资队伍建设,共商培养方案、共组教学团队、共建教学资源,共同实施学业考核评价,推进教学改革,提升技术技能人才培养质量;搭建人才供需信息平台,推行产业规划和人才需求发布制度,引导职业学校紧贴市场和就业形势,完善职业教育专业动态调整机制,促进专业布局与当地产业结构紧密对接;建设共性技术服务平台,打通科研开发、技术创新、成果转移链条,为园区企业提供技术咨询与服务,促进中小企业技术创新、产品升级。

第二,打造行业产教融合共同体。优先选择新一代信息技术产业、高档数控机床和机器人、高端仪器、航空航天装备、船舶与海洋工程装备、先进轨道交通装备、能源电子、节能与新能源汽车、电力装备、农机装备、新材料、生物医药及高性能医疗器械等重点行业和重点领域,支持龙头企业和高水平高等学校、职业学校牵头,组建学校、科研机构、上下游企业等共同参与的跨区域产教融合共同体,汇聚产教资源,制定教学评价标准,开发专业核心课程与实践能力项目,研制推广教学装备;依据产业链分工对人才类型、层次、结构的要求,实行校企联合招生,开展委托培养、订单培养和学徒制培养,面向行业企业员工开展岗前培训、岗位培训和继续教育,为行业提供稳定的人力资源;建设技术创新中心,支撑高素质技术技能人才培养,服务行业企业技术改造、工艺改进、产品升级。

第三,建设开放型区域产教融合实践中心。对标产业发展前沿,建设集实践教学、社会培训、真实生产和技术服务功能为一体的开放型区域产教融合实践中心。以政府主导、多渠道筹措资金的方式,新建一批公共实践中心;通过政府购买服务、金融支持等方式,推动企业特别是中小企业、园区提高生产实践资源整

[①] 教育部.教育部新闻发布会介绍教育系统学习宣传贯彻落实新修订《中华人民共和国职业教育法》有关情况[EB/OL].http://www.moe.gov.cn/fbh/live/2022/54414/,2022-04-27.

合能力,支持一批企业实践中心;鼓励学校、企业以"校中厂""厂中校"的方式共建一批实践中心,服务职业学校学生实习实训、企业员工培训、产品中试、工艺改进、技术研发等。政府投入的保持公益属性,建在企业的按规定享受教育用地、公用事业费等优惠。[①]

二十大精神作指引,新职教法作法律保障,以上的改革意见是具体落实的方向,职业教育产教融合的春天正在走来。

表格 3-29

旧 职 教 法	新 职 教 法
第二十二条 联合举办职业学校、职业培训机构,举办者应当签订联合办学合同。 政府主管部门、行业组织、企业、事业组织委托学校、职业培训机构实施职业教育的,应当签订委托合同。	第二十八条 联合举办职业学校、职业培训机构的,举办者应当签订联合办学协议,约定各方权利义务。 地方各级人民政府及行业主管部门支持社会力量依法参与联合办学,举办多种形式的职业学校、职业培训机构。 行业主管部门、工会等群团组织、行业组织、企业、事业单位等委托学校、职业培训机构实施职业教育的,应当签订委托合同。

新职教法新增了地方各级人民政府及行业主管部门支持社会力量联合办学的规定,对合同签订、权利义务的约定、联合办学的方式方法等内容均有关注与涉及。

表格 3-30

旧 职 教 法	新 职 教 法
第二十三条 职业学校、职业培训机构实施职业教育应当实行产教结合,为本地区经济建设服务,与企业密切联系,培养实用人才和熟练劳动者。 职业学校、职业培训机构可以举办与职业教育有关的企业或者实习场所。	第二十九条 县级以上人民政府应当加强职业教育实习实训基地建设,组织行业主管部门、工会等群团组织、行业组织、企业等根据区域或者行业职业教育的需要建设高水平、专业化、开放共享的产教融合实习实训基地,为职业学校、职业培训机构开展实习实训和企业开展培训提供条件和支持。

新职教法明确了县级以上人民政府、组织行业主管部门、工会等群团组织、行业组织、企业等主体加强职业教育实习实训基地建设的责任,这对于进一步支持多元办学,推进职业教育办学主体多元化,整合多方力量推进职业教育实训基地建设起到了积极的作用与影响。

---

① 新华社.中共中央办公厅 国务院办公厅印发《关于深化现代职业教育体系建设改革的意见》[EB/OL].http://www.gov.cn/zhengce/2022-12/21/content_5732986.htm,2022-12-21.

表格 3 - 31

旧 职 教 法	新 职 教 法
	第三十条　国家推行中国特色学徒制,引导企业按照岗位总量的一定比例设立学徒岗位,鼓励和支持有技术技能人才培养能力的企业特别是产教融合型企业与职业学校、职业培训机构开展合作,对新招用职工、在岗职工和转岗职工进行学徒培训,或者与职业学校联合招收学生,以工学结合的方式进行学徒培养。有关企业可以按照规定享受补贴。 　　企业与职业学校联合招收学生,以工学结合的方式进行学徒培养的,应当签订学徒培养协议。

　　此法条为新增条款,创造性地提出了"中国特色学徒制"的概念。

　　广东建设职业技术学院院长赵鹏飞在《中国青年报》撰文指出:新职教法明确提出"国家推行中国特色学徒制",学徒制上升为国家层面的制度,并以法律形式得以确立。可以预见,学徒制将由此迎来大发展,成为职业教育的基本模式之一。

　　2014 年,为解决企业转型升级所引起的人才结构性供需矛盾问题,我国开启了中国特色学徒制的探索,由教育部、人社部分别主导开展现代学徒制试点工作。经过几年的探索,学徒制形成了"校企双元育人、交互训教、岗位培养,学徒双重身份、工学交替、在岗成才"的基本模式。经验表明,学徒制是实现产教融合的最佳方式,能最大限度发挥企业育人主体作用,有效解决企业对高素质技术技能人才的"选、育、用、留"问题。

　　由于学徒制相关法律政策不健全,学徒制"上热下冷、校热企冷"的问题也较为突出,且在推进过程中,出现企业培养主体地位缺失、企业培养能力不足、学生学徒双重身份保障不力、学徒岗位标准不明、工学内容对接不畅、在岗培养技能单一等系列问题。

　　"十四五"以来,我国经济进入提档加速关键期,新经济、新业态、新模式发展迅猛,各类高素质技术技能型人才紧缺问题凸显,深化产教融合、校企合作,充分发挥企业优势和育人主体作用,以高质量学徒制推动产业高质量发展已成为职业教育面临的新课题、新任务。

　　新职教法为中国特色学徒制推行奠定了法律基础,明确了政策支持基本导向。如新职教法提出的"引导企业按照岗位总量的一定比例设立学徒岗位",能够解决学徒岗位不足的问题,也有利于推动完善行业企业学徒岗位标准。"对参与学徒培养的有关企业,可以按照规定享受补贴"等举措,无疑有利于降低企业参与成本,增强企业参与的积极性。而对"企业与职业学校联合招收学生,以工学结合的方式进行学徒培养的,应当签订学徒培养协议"这一条款,则有利于保障学徒的基本权益。另外,发展职业教育本科,也为开展高层次学徒制创造了条件,能大幅增强学徒制的吸引力。[①]

表格 3‑32

旧 职 教 法	新 职 教 法
	第三十一条 国家鼓励行业组织、企业等参与职业教育专业教材开发,将新技术、新工艺、新理念纳入职业学校教材,并可以通过活页式教材等多种方式进行动态更新;支持运用信息技术和其他现代化教学方式,开发职业教育网络课程等学习资源,创新教学方式和学校管理方式,推动职业教育信息化建设与融合应用。

三十一条为新增法条,明确鼓励行业组织、企业参与职业教育专业教材、学习资源、教学方式、管理方式等建设,全方位、多角度地将企业主体融入职业教育发展,使职业教育更加贴近企业的用人实际,让企业深度参与职业教育,培养技术技能人才,可以多方互动,共同成长。

表格 3‑33

旧 职 教 法	新 职 教 法
	第三十二条 国家通过组织开展职业技能竞赛等活动,为技术技能人才提供展示技能、切磋技艺的平台,持续培养更多高素质技术技能人才、能工巧匠和大国工匠。

第三十二条为新增法条,明确国家将通过组织开展职业技能竞赛等活动,促进人才培养。

职业技能竞赛是由职业教育组成的竞赛内容,通过竞赛的方式,引起职业教育对各个行业的关注,促进对职业能力的深度思考,促进学校和企业的相互间合作,进行有效的人才培养,从而提高学校的教学质量。开展职业技能竞赛目的是为了更好地让学生和社会接轨,全面提高学生的专业技能和水平,与以往的教学模式不同,新的教学模式更加注重实践,以及其与社会的接轨,这样方能有效地

---

① 赵鹏飞.落实新职教法系列谈|大突破:国家推行中国特色学徒制[N].中国青年报,2022‑04‑27.

促进高职院校学生的职业技能的提升。

近年来,我国已基本构建起以世界技能大赛为引领、中华人民共和国职业技能大赛为龙头、全国行业职业技能竞赛和地方各级职业技能竞赛以及专项赛为主体、企业和院校职业技能比赛为基础的、具有中国特色的职业技能竞赛体系。职业技能竞赛已经成为培养和选拔技能人才的重要途径,也成为深化职业教育改革、推动高技能人才队伍建设的重要抓手。职业技能大赛对职业教育的影响是多方面的。以赛促学,培养社会化技能人才;以赛促教,加强专业化教师队伍;以赛促评,完善精细化考核体系。[①]

第四节 职业学校和职业培训机构

本章相比于旧职教法,为新增章节,在内容上体现出了对职业教育新发展的适应性。第四章关于职业学校和职业培训机构的内容主要突出了以下几个方面:一是职业教育横向与纵向融通;二是扩大职业学校办学自主权;三是深化产教融合、校企合作;四是明确了学校在保障学生权益方面的责任;五是明确职业教育面向市场、服务发展、促进就业的办学方向。

表格 3－34

旧 职 教 法	新 职 教 法
第二十四条第一款职业学校的设立,必须符合下列基本条件: （一）有组织机构和章程; （二）有合格的教师; （三）有符合规定标准的教学场所、与职业教育相适应的设施、设备; （四）有必备的办学资金和稳定的经费来源。	第三十三条 职业学校的设立,应当符合下列基本条件: （一）有组织机构和章程; （二）有合格的教师和管理人员; （三）有与所实施职业教育相适应、符合规定标准和安全要求的教学及实习实训场所、设施、设备以及课程体系、教育教学资源等; （四）有必备的办学资金与办学规模相适应的稳定经费来源。 设立中等职业学校,由县级以上地方人民政府或者有关部门按照规定的权限审批;设立实施专科层次教育的高等职业学校,由省、自治区、直辖市人民政府审批,报国务院教育行政部门备案;设立实施本科及以上层次教育的高等职业学校,由国务院教育行政部门审批。 专科层次高等职业学校设置的培养高端技术技能人才的部分专业,符合产教深度融合、办学特色鲜明、培养质量较高等条件的,经国务院教育行政部门审批,可以实施本科层次的职业教育。

---

① 黄艳.浅谈职业技能竞赛促进职业教育教学改革[J].枣庄职业学院报,2017 年第 184 期.

在旧职教法的基础上,新职教法新增了多项设立职业学校的条件:在人员配置方面,不仅要求有合格的教师,还要求有合格的管理人员;硬件设施方面,教学及实习实训场所、设施、设备以及课程体系、教育教学资源等不仅要符合规定标准,还要符合安全要求;办学经费来源方面,办学经费来源不仅要稳定,还需要与办学规模相适应。同时,新职教法明确了各类职业学校的设立审批机关,规范了职业学校的审批流程和审批权限。新职教法创新性地新增了专科高职院校符合条件的专业经审批,可实施本科层次职业教育的规定,扩宽了职业教育的向上贯通渠道,为举办高层次高职教育留下足够空间。

教育部职业教育与成人教育司司长陈子季认为,根据新职教法,职业学校的学生不仅可以读大专,还可以上本科,从法律层面畅通了职校学生的发展通道,给中等职业学校的学生上大学提供了可行路径,将大幅提高学生上中等职业学校的积极性。[①]

职业本科教育作为我国教育改革的新生事物,经历了一个从无到有、从试点到全面实践的过程。

2014年,国务院印发《关于加快发展现代职业教育的决定》,首次提及"探索发展本科层次职业教育";2019年,国务院印发《国家职业教育改革实施方案》,明确提出"开展本科层次职业教育试点";2021年,中共中央办公厅、国务院办公厅印发《关于推动现代职业教育高质量发展的意见》,进一步明确,到2025年"职业本科教育招生规模不低于高等职业教育招生规模的10%"。

"发展职业本科教育是适应我国产业转型升级、完善现代职业教育体系、办好人民满意高等职业教育、推进中国职业教育走向国际的现实需要和关键之举。"全国人大代表、浙江金融职业学院院长郑亚莉说。

在稳步发展本科职业教育的总基调下,本科层次职业教育的政策供给力度持续加大。最新版职业教育专业目录设置了247个高职本科专业,《关于做好本科层次职业学校学士学位授权与授予工作的意见》将职业本科纳入现有学士学位工作体系,明确了职业本科证书效用与普通本科价值等同,在就业、考研、考公等方面具有同样效力。可以说,本科层次职业教育在专业设置、学校设置、学位授予等方面都有了国家标准和规范,基本形成了人才培养的"闭环"。

---

① 安徽省教育厅.教育部权威解读新职教法[EB/OL].http://jyt.ah.gov.cn/xwzx/tzgg/40562551.html,2022-05-24.

2021 年 4 月,习近平总书记对全国职业教育大会做出重要指示,强调稳步发展职业本科教育,建设一批高水平职业院校和专业。当前,在国家顶层设计的指引下,部分高职院校通过直接升格、合并转设等途径试办本科层次职业教育。

2021 年全国教育事业统计结果显示,截至 2021 年底,全国共有本科层次职业学校 32 所,职业本科招生 4.14 万人,职业本科在校生 12.93 万人。教育部职业教育与成人教育司司长陈子季在 2022 年教育部召开的第三场教育新春系列发布会上表示,"目前全国专升本比例已经达到 20％。下一步我们将力争让更多的职业学校毕业生接受高质量的职业本科教育"①。

发展职业本科教育首先要廓清其人才培养定位,回答职业教育本科究竟"培养什么人"这一根本性、方向性、基础性问题。在类型定位上,应该坚持职业教育根本属性;在层次定位上,应该坚持培养高层次技术技能人才;在模式定位上,应该坚持产教融合、校企合作;从发展来看,应该科学设置,稳步扩大规模。② 自开展本科层次职业教育试点以来,职业教育领域便进行了多种形式的探索。高职院校和本科院校联合培养,独立学院与职业院校合并为职业大学……多种办学实践在职业教育领域引起了广泛关注与讨论。

职业本科教育由谁来办,是稳步发展职业本科教育首先需要厘清的问题。很多政府官员和专家学者认为,应优先遴选符合条件的"双高计划"高职院校建成职教本科学校,加快推进地方普通本科学校向应用型本科学校转型,积极鼓励独立学院转设、建设一批职教本科学校和应用型本科学校。"双高"学校升格和举办职业本科专业是发展本科层次职业教育的主渠道,这批学校办学基础良好、实力雄厚、类型特色鲜明,能够发挥引领示范作用。

在 2022 年 2 月 23 日教育部新闻发布会上,教育部职业教育与成人教育司司长陈子季表示,支持符合条件的国家"双高计划"建设单位独立升格为职业本科学校,支持符合产教深度融合、办学特色鲜明、培养质量较高的专科层次高等职业学校,升级部分专科专业,试办职业本科教育。另外,还将遴选建设 10 所左右高水平的职业本科教育示范学校。③

① 欧媚,张欣.教育部:让更多职校毕业生接受职业本科教育[N].中国教育报,2022－02－23.
② 周曙.遵循"三个坚持"明确本科层次职业教育人才培养定位[N].湖南日报,2022－03－29.
③ 彭诗韵,欧媚.本科层次职业教育如何稳中有进[N].中国教育报,2022－03－07.

表格 3－35

旧 职 教 法	新 职 教 法
第二十四条第二款　职业培训机构的设立,必须符合下列基本条件: 　(一)有组织机构和管理制度; 　(二)有与培训任务相适应的教师和管理人员; 　(三)有与进行培训相适应的场所、设施、设备; 　(四)有相应的经费。 　职业学校和职业培训机构的设立、变更和终止,应当按照国家有关规定执行。	第三十四条　职业培训机构的设立,应当符合下列基本条件: 　(一)有组织机构和管理制度; 　(二)有与培训任务相适应的课程体系、教师或者其他授课人员、管理人员; 　(三)有与培训任务相适应、符合安全要求的场所、设施、设备; 　(四)有相应的经费。 　职业培训机构的设立、变更和终止,按照国家有关规定执行。

　　新职教法新增、调整多项设立职业培训机构的条件:新增对课程体系的要求,有利于将职业教育学习者的知识系统化成体系,加强了职业教育课程的建设;教师不再是实施授课培训的唯一主体,其他具有专业技能、经验的人员也可以成为授课人员,有利于富有实际工作经验的技术技能人才将更贴近实际的技能知识带到课堂,有利于"双师型"教师的培养;场所、设施、设备符合安全要求成为必备条件,保障了职业教育基本的硬件设施的安全性。

表格 3－36

旧 职 教 法	新 职 教 法
	第三十五条　公办职业学校实行中国共产党职业学校基层组织领导的校长负责制,中国共产党职业学校基层组织按照中国共产党章程和有关规定,全面领导学校工作,支持校长独立负责地行使职权。民办职业学校依法健全决策机制,强化学校的中国共产党基层组织政治功能,保证其在学校重大事项决策、监督、执行各环节有效发挥作用。 　校长全面负责本学校教学、科学研究和其他行政管理工作。校长通过校长办公会或者校务会议行使职权,依法接受监督。 　职业学校可以通过咨询、协商等多种形式,听取行业组织、企业、学校毕业生等方面代表的意见,发挥其参与学校建设、支持学校发展的作用。

这一新增条款,区分公办与民办职业学校,规定了党组织作用发挥的不同要求,要求公办学校实行"党组织领导下的校长负责制",民办学校党组织要"有效发挥作用",加强了职业教育中党的领导。新增校长主要职权,明确行使职权方式及依法接受监督要求。新增职业学校可以通过多种形式听取社会各界意见的规定。

我们看到,新职教法着力把党的领导落实为职业教育改革发展的法律制度规范,把加强党的领导贯彻到办学治校全过程。新职教法不仅在本条中对公办职业学校和民办职业学校如何坚持和加强党的领导做出了明确规定,还在总则第四条中明确规定,职业教育必须坚持中国共产党的领导。理解把握这一根本要求,对于职业院校贯彻习近平总书记提出的"为谁培养人"的根本问题,坚持社会主义办学方向,贯彻党和国家的教育方针,确保职业教育高质量发展具有重要意义。①

目前职业教育的现状是民办职业学校在党建引领方面做得还不够深入,党的二十大要求"引导规范民办教育发展"②,并在《关于深化现代职业教育体系建设改革的意见》中再次强调了职业教育体系建设要加强党的全面领导,具体要求在实施现代职业教育体系建设改革时,坚持把党的领导贯彻到现代职业教育体系建设改革全过程、各方面,全面贯彻党的教育方针,坚持社会主义办学方向,落实立德树人根本任务。各级党委和政府要将发展职业教育纳入本地区国民经济和社会发展规划,与促进就业创业和推动发展方式转变、产业结构调整、技术优化升级等整体部署、统筹实施,并作为考核下一级政府履行教育职责的重要内容。职业学校党组织要把抓好党建工作作为办学治校的基本功,落实公办职业学校党组织领导的校长负责制,增强民办职业学校党组织的政治功能和组织功能。深入推进习近平新时代中国特色社会主义思想进教材、进课堂、进学生头脑,牢牢把握学校意识形态工作领导权,把思想政治工作贯穿学校教育管理全过程,大力培育和践行社会主义核心价值观,健全德技并修、工学结合的育人机制,努力培养德智体美劳全面发展的社会主义建设者和接班人。③

① 刘宝民.学习贯彻新职教法落实立德树人根本任务[N].中国教育报,2022-05-31.
② 习近平.中国共产党第二十次全国代表大会报告[M].北京:人民出版社,2022.
③ 新华社.中共中央办公厅 国务院办公厅印发《关于深化现代职业教育体系建设改革的意见》[EB/OL].http://www.gov.cn/zhengce/2022-12/21/content_5732986.htm,2022-12-21.

表格 3 - 37

旧 职 教 法	新 职 教 法
	第三十六条 职业学校应当依法办学,依据章程自主管理。 职业学校在办学中可以开展下列活动: (一)根据产业需求,依法自主设置专业; (二)基于职业教育标准制定人才培养方案,依法自主选用或者编写专业课程教材; (三)根据培养技术技能人才的需要,自主设置学习制度,安排教学过程; (四)在基本学制基础上,适当调整修业年限,实行弹性学习制度; (五)依法自主选聘专业课教师。

此法条为新增条款,本条明确职业学校依法办学和依据章程自主管理并列举了职业学校可以自主开展的办学活动。新职教法充分尊重各办学主体的独立自主性,职业学校在专业设置、人才培养方案、教材选择编写、教学安排、学制、选聘教师等办学全过程,都有相当大的权限。

办学自主权是指学校为实现其办学目标依法享有的独立自主地进行教育教学管理、实施教学科研等活动的资格和能力。从法律层面看,办学自主权是职业学校面向市场开展办学行为的基本权利,表明了职业学校是一个市场主体。长期以来,职业学校办学自主权不足是制约职业教育发展的一个瓶颈问题,主要表现在四个方面。一是管理体制不适应。长期以来自上而下的管理体制,形成了政府绝对权威与学校话语权式微的"强政府"与"弱学校"的治理模式,政府主导的行政化发展逻辑得以不断延续和强化。既要职业学校面向市场办学,却不能赋予应有的自主权,致使发展目标和管理体制不相适应。二是用人上不适应。学校用人没有自主权,想用的教师招不进来、招进来的没法用;绩效分配没有自主权,干多干少的收入差距不大;干部选拔与使用上自主权小,有些地方高职院校的中层干部都要由上级部门任命。三是学校内部运行机制不适应。由于政府机构简政放权不够,职业学校不能自主设立内设机构、自主设置岗位,有些地方政府按照机关事业单位的考核指标体系对职业院校进行年度绩效考核,严重挫伤了职业学校发展的积极性和主动性。四是育人方式不适应。职业教育是面向人人的教育,由于生源多样化、个性差异化,无法用一把尺子丈量所有学生,而现行的培养方式、教学管理、学制长短等缺少灵活性、过于标准化的特点显然不能适应这一现状。①

北京电子科技职业学院党委书记张启鸿介绍,新职教法扩大和保障了职业学校的办学自主权,主要是三个方面。

一是赋予职业学校在办学过程中的广泛自主权。明确职业学校在办学中可以根据产业的需求,依法自主设置专业、依法自主选用或者编写专业课程教材、自主设置学习制度、依法自主选聘专业课教师等。

二是赋予职业学校在招生考试中的适度自主权。明确国家建立符合职业教育特点的考试招生制度,在有关专业实行中高职贯通招生和培养。高等职业学校可以按照国家有关规定采取文化素质与职业技能相结合的考核方式招收学生,对有突出贡献的技术技能人才,经考核合格,可以破格录取。

三是赋予职业学校在收入分配上的一定自主权。规定职业学校、职业培训机构开展校企合作、提供社会服务或者以实习实训为目的举办企业、开展经营活动取得的收入用于改善办学条件;收入的一定比例可以用于支付教师、企业专家、外聘人员和受教育者的劳动报酬,也可以作为绩效工资来源,符合国家规定的可以不受绩效工资总量限制。这些规定为我们增强办学活力,更好面向市场、促进就业,坚持面向实践、强化能力,坚持面向人人、因材施教提供了制度保障。②

表格 3 - 38

旧 职 教 法	新 职 教 法
	第三十七条　国家建立符合职业教育特点的考试招生制度。 中等职业学校可以按照国家有关规定,在有关专业实行与高等职业学校教育的贯通招生和培养。 高等职业学校可以按照国家有关规定,采取文化素质与职业技能相结合的考核方式招收学生;对有突出贡献的技术技能人才,经考核合格,可以破格录取。 省级以上人民政府教育行政部门会同同级人民政府有关部门建立职业教育统一招生平台,汇总发布实施职业教育的学校及其专业设置、招生情况等信息,提供查询、报考等服务。

---

① 丁文利.依法赋予办学自主权激发职业学校发展活力[EB/OL]. http://www.sdjyxww.com/jysp/46527.html,2022 - 05 - 26.
② 安徽省教育厅.教育部权威解读新职教法[EB/OL]. http://jyt.ah.gov.cn/xwzx/tzgg/40562551.html,2022 - 05 - 24.

　　此法条为新增条款,明确要求建立符合职业教育特点的招生考试制度,将职业教育的招生考试与普通教育的招生考试相区分。明确中职学校可以与高职学校在部分专业进行贯通招生和培养,更好解决职业学校学生的升学问题。明确高职学校的招生考核方式及破格录取的规则,突出职业技能在人才选拔中的重要地位。要求教育行政部门建立职业教育统一招生平台,提供更加完善的招考服务。

　　为此,教育部职业教育和成人教育司副司长林宇指出,为推进不同层次职业教育的有效贯通,教育部将在以下几个方面采取措施,比如一体化设计职业教育人才培养体系,贯彻执行一体化设计的职业教育专业目录,推动各层次职业教育专业设置、培养目标、课程体系、培养方案衔接等。同时,研究建立符合职业教育特点的考试招生制度。建立职教高考制度一直以来呼声很高,本次职教法修订将进一步加快落实这一举措。高职专科的分类考试招生目前已经成为高职招生的主渠道,很多地方都组织了春季高考。接下来,加快建立"职教高考"制度,加强省级统筹,确保公平公正,完善"文化素质＋职业技能"考试招生办法,按照专业大致对口原则,支持高等职业学校和实施职业教育的普通高等学校招收更多职业学校毕业生,建立适合职业学校学生升学的通道,推动不同层次职业教育有效贯通。①

表格 3－39

旧 职 教 法	新 职 教 法
	第三十八条　职业学校应当加强校风学风、师德师风建设,营造良好学习环境,保证教育教学质量。

　　此法条为新增条款,新增对校风学风、师德师风等方面提出要求。
　　校风学风建设和师德师风建设是营造良好学习环境的关键,是提高教育教学质量的保障。
　　条款强调,一要加强校风、学风建设。校风、学风是学校精神文化的集中体现,它体现了学校的办学观念和理念,是一所学校在长期办学实践中积淀形成的精神风貌和行为倾向。校风、学风是教育质量的重要内涵,直接反映学校的办学

---

① 每日经济新闻.新职业教育法让职业教育"香起来""热起来"　教育部:接下来加快建立"职教高考"制度[EB/OL].https://finance.sina.cn/2022－04－28/detail-imcwiwst4586711.d.html,2022－04－28.

和管理水平,是职业教育高质量发展落实落细的关键抓手,具有重要的育人作用。职业院校要做好文化育人的顶层设计,加强思想引领,坚持正确的政治方向和育人导向,弘扬劳动光荣、技能宝贵、创造伟大的时代风尚。要凝练校训、校风、教风、学风,构建具有时代特征和职教特色、凸显地域文化和专业办学特点、体现学校特质的育人文化体系,提升职业学校的管理水平,为学生健康成长营造良好的学习成长环境。要在加强学生专业知识和技术技能学习的同时,更加注重科学文化和综合素质的教育,强化职业生涯规划和职业指导,增强学习的内驱力,更好地服务学生可持续发展。

二要加强师德师风建设。党的二十大报告指出,加强师德师风建设,培养高素质教师队伍,弘扬尊师重教社会风尚。[①] 教师是学生身边最直接的榜样和示范,教师的关爱关心关注是学生健康成长的营养剂。要扎实推进师德师风建设,完善教师职业道德规范,进一步强化教师的岗位责任意识和育人意识,牢固树立每门课程都有育人功能和每位教师都有育人职责的观念。让广大教师模范践行社会主义核心价值观,真正做到身教胜于言教。教育引导教师真正把为学、为事、为人统一起来,饱含仁爱之心,做到以心育心、以德育德、以人格育人格,努力成为塑造学生品格、品行、品位的新时代育人"大先生"。[②]

表格 3-40

旧 职 教 法	新 职 教 法
	第三十九条 职业学校应当建立健全就业创业促进机制,采取多种形式为学生提供职业规划、职业体验、求职指导等就业创业服务,增强学生就业创业能力。

此法条为新增条款,新增对职业学校在促进学生就业创业方面的要求,体现了职业教育的就业导向。

党中央、国务院高度重视技术技能人才培养和培训工作。推动职业院校敞开校门,面向城乡全体劳动者广泛开展培训,既有利于支持和促进就业创业,也有利于学校提升人才培养质量和办学能力,是深化职业教育改革发展的重要内容,必须给予高度重视、加快实施。

---

① 习近平.中国共产党第二十次全国代表大会报告[M].北京:人民出版社,2022.
② 刘宝民.学习贯彻新职教法落实立德树人根本任务[N].中国教育报,2022-05-31.

以此为背景,教育部办公厅等十四部门曾联合印发了《职业院校全面开展职业培训促进就业创业行动计划(2019—2022年)》。

《行动计划》从十个方面提出了具体的行动措施。一是广泛开展企业职工技能培训。推动职业院校联合行业企业面向重点领域,大力开展新技术技能培训。支持职业院校与企业合作共建企业大学、职工培训中心、继续教育基地。加大对困难企业职工转岗转业培训力度。

二是积极开展面向重点人群的就业创业培训。鼓励职业院校积极开发面向重点人群的就业创业培训项目,开展人才紧缺领域的技术技能培训。加强适应残疾人特点的培训。鼓励涉农职业院校送教下乡,深入开展技能扶贫。

三是大力开展失业人员再就业培训。支持职业院校面向失业人员,开发周期短、需求大、易就业的培训项目,使失业人员掌握一技之长。突出帮、教、扶等特点,努力实现培训即招工、培训即就业。

四是做好职业指导和就业服务。加强就业有关法律法规、职业道德、职业素养、求职技巧、基本技能等方面内容的培训。推动职业院校与人力资源服务机构、行业企业共同开展多样化就业服务。

五是推进培训资源建设和模式改革。引导职业院校提升培训项目设计开发能力,增强培训项目设计的针对性。开发分级分类的培训课程资源包、数字化培训资源。开展碎片化、灵活性、实时性培训,把培训送到车间和群众家门口。

六是加强培训师资队伍建设。对专业教师进行针对性培训,培养一大批适应"双岗"需要的教师,使教师能驾驭学校、企业"两个讲台"。将培训服务课时量和培训成效等作为教师工作绩效考核的重要内容。

七是支持多方合作共建培训实训基地。支持职业院校在现有实训基地基础上,建设一批标准化培训实训基地。支持校企合作建设一批高水平就业创业实训基地。

八是完善职业院校开展培训的激励政策。支持职业院校开展补贴性培训。对承担任务较重的职业院校,在原总量基础上及时核增所需绩效工资总量。在内部分配时向承担培训任务的一线教师倾斜。允许职业院校将一定比例的培训收入纳入学校公用经费。

九是健全参训人员的支持鼓励政策。全面落实职业培训补贴、生活费补贴政策。加快推进1+X证书制度试点,鼓励参训人员获取职业技能等级证书和职业资格证书。鼓励符合条件的参训人员接受学历教育,培训成果按规定兑换学分。

十是建立培训评价与考核机制。将面向社会开展培训情况作为职业院校办学能力考核评价的重要指标和职业教育项目安排的重要依据。对职业院校开展培训工作进行评估和督导。①

表格 3－41

旧 职 教 法	新 职 教 法
	第四十条　职业学校、职业培训机构实施职业教育应当注重产教融合,实行校企合作。 职业学校、职业培训机构可以通过与行业组织、企业、事业单位等共同举办职业教育机构、组建职业教育集团、开展订单培养等多种形式进行合作。 国家鼓励职业学校在招生就业、人才培养方案制定、师资队伍建设、专业规划、课程设置、教材开发、教学设计、教学实施、质量评价、科学研究、技术服务、科技成果转化以及技术技能创新平台、专业化技术转移机构、实习实训基地建设等方面,与相关行业组织、企业、事业单位等建立合作机制。开展合作的,应当签订协议,明确双方权利义务。

此法条为新增条款,对产教融合、校企合作做出专门规定,列举了方式方法和注意事项。

教育部政策法规司司长邓传淮认为,深化产教融合、校企合作是保障职业教育高质量发展的关键举措,能推动职业院校和行业企业形成命运共同体。②

产教融合、校企合作是职业教育办学的基本模式,也是办好职业教育的关键所在。但长期以来,产教融而不合、校企合作不深不实、缺乏高端职业技术人才和高质量企业合作的产教融合是痛点,也是堵点。

推进产教融合和校企合作需要怎样的准入门槛?学校要评价企业有无参加职业教育的相应资质,职业学校实行现代治理。如成立教师委员会,确定办学标准、推进课程建设、教材改革,对合作企业进行评审。而实习作为学生的一个教学环节,应精心设计实习内容、对实习质量进行有效评估,按照达到高质量培养的标准来遴选企业。

---

① 教育部.推动职业院校全面开展职业培训,服务和促进就业创业——教育部职业教育与成人教育司负责人就《职业院校全面开展职业培训促进就业创业行动计划》答记者问[EB/OL].http://www.moe.gov.cn/jyb_xwfb/s271/201911/t20191118_408697.html,2019－11－18.
② 安徽省教育厅.教育部权威解读新职教法[EB/OL].http://jyt.ah.gov.cn/xwzx/tzgg/40562551.html,2022－05－24.

产教融合需符合企业的用人目标,以往的订单式培养即这一类型。但随着社会的发展,不是所有职业教育都是订单式培养,学生应有多元化选择。因此,企业参与产教融合,还应树立社会责任感,为整个行业培养高素质技能人才,由此改善整个行业的人力资源建设,这也是现代企业所需的胸怀。需警惕的是,引入社会力量举办职业教育,出发点一定是兴办高质量的职业教育,而不是把它作为投资风口,或作为阻力,偏离提升职业教育人才培养质量的目标。①

党的二十大报告强调"产教融合"。中共中央办公厅、国务院办公厅《关于深化现代职业教育体系建设改革的意见》,也有和新职教法该条款相呼应的表述:"有效推动各类主体深度参与职业学校专业规划、人才培养规格确定、课程开发、师资队伍建设,共商培养方案、共组教学团队、共建教学资源,共同实施学业考核评价,推进教学改革,提升技术技能人才培养质量"②,表明了深度校企合作和产教融合在职业教育中的重要作用。

表格 3 - 42

旧 职 教 法	新 职 教 法
	第四十一条 职业学校、职业培训机构开展校企合作、提供社会服务或者以实习实训为目的举办企业、开展经营活动取得的收入用于改善办学条件;收入的一定比例可以用于支付教师、企业专家、外聘人员和受教育者的劳动报酬,也可以作为绩效工资来源,符合国家规定的可以不受绩效工资总量限制。 职业学校、职业培训机构实施前款规定的活动,符合国家有关规定的,享受相关税费优惠政策。

此法条为新增条款,规定了职业学校、职业培训机构开展校企合作等活动取得收入的用途,防止被不当使用或转移,同时明确活动收入可以享受相关税费优惠政策。新职教法在多方面扩大了职业学校的自主办学权,并在多方面对职业学校的收入和经费方面进行税费优惠。

---

① 央广网.新职业教育法今起施行!"产教融合、校企合作"如何深入,发展短板怎么补?[EB/OL].https://baijiahao.baidu.com/s?id=1731690194296986542&wfr=spider&for=pc,2022 - 05 - 02.

② 新华社.中共中央办公厅 国务院办公厅印发《关于深化现代职业教育体系建设改革的意见》[EB/OL].http://www.gov.cn/zhengce/2022 - 12/21/content_5732986.htm,2022 - 12 - 21.

表格 3－43

旧 职 教 法	新 职 教 法
第三十二条 职业学校、职业培训机构可以对接受中等、高等职业学校教育和职业培训的学生适当收取学费,对经济困难的学生和残疾学生应当酌情减免。收费办法由省、自治区、直辖市人民政府规定。	第四十二条 职业学校按照规定的收费标准和办法,收取学费和其他必要费用;符合国家规定条件的,应当予以减免;不得以介绍工作、安排实习实训等名义违法收取费用。 职业培训机构、职业学校面向社会开展培训的,按照国家有关规定收取费用。

新职教法对该法条作了较大调整,将原本的"可以适当收取学费"调整为"按照规定的收费标准和办法,收取学费和其他必要费用"。将经济困难学校与残疾学生的酌情减免规定改为符合国家规定条件的予以减免,实质上扩大了可减免的范围,体现了国家对经济困难和残疾学生的关怀。明确禁止以介绍工作、实习实训等名义收取学生的学费。新增面向社会开展培训活动收取费用的规定,使培训收费具有了合法性。

表格 3－44

旧 职 教 法	新 职 教 法
	第四十三条 职业学校、职业培训机构应当建立健全教育质量评价制度,吸纳行业组织、企业等参与评价,并及时公开相关信息,接受教育督导和社会监督。 县级以上人民政府教育行政部门应当会同有关部门、行业组织建立符合职业教育特点的质量评价体系,组织或者委托行业组织、企业和第三方专业机构,对职业学校的办学质量进行评估,并将评估结果及时公开。 职业教育质量评价应当突出就业导向,把受教育者的职业道德、技术技能水平、就业质量作为重要指标,引导职业学校培养高素质技术技能人才。 有关部门应当按照各自职责,加强对职业学校、职业培训机构的监督管理。

此法条为新增条款,要求职业学校、职业培训机构建立自身的教育质量评价制度,公开评价信息并接受监督,对职业学校、职业培训机构办学提出了更高要求。法条要求以政府部门为主导建立评价体系,对职业学校的办学质量进行评估并公开结果,同时要求有关部门加强监督管理,在"厚爱"的同时体现了"严管"

的要求。明确职业教育的质量评价应当突出就业导向,建立符合职业教育特点的质量评价体系。

第五节 职业教育的教师与受教育者

"职业教育的教师与受教育者"是修订后的职业教育法新增加的一章,这对于推动职业教育高质量发展,提高劳动者素质和技术技能水平,促进就业创业,建设教育强国、人力资源强国和技能型社会,推进社会主义现代化建设具有重要意义。

表格 3-45

旧 职 教 法	新 职 教 法
第三十六条第一款 县级以上各级人民政府和有关部门应当将职业教育教师的培养和培训工作纳入教师队伍建设规划,保证职业教育教师队伍适应职业教育发展的需要。	第四十四条 国家保障职业教育教师的权利,提高其专业素质与社会地位。 县级以上人民政府及其有关部门应将职业教育教师的培养培训工作纳入教师队伍建设规划,保证职业教育教师队伍适应职业教育发展的需要。

新职教法新增了国家要保障职业教育教师权力的相关规定,"提高其专业素质与社会地位",这是吸引更多人才投身职业教育教学事业的关键所在。

教育部教师工作司司长任友群指出:"党的十八大以来,党中央对包括职教教师队伍建设在内的职业教育做出一系列重大部署,职教教师队伍建设取得长足进步。"2022年新职教法施行,对职教教师队伍建设做出规定,为发展中国特色现代职业教育、建设高质量职教教师队伍夯实了法治基础。

任友群介绍,全国职业学校专任教师规模从2012年的111万人,增加到2021年的129万人,增幅达到17%,为职业教育高质量发展提供了有力支撑。从年龄结构看,中职学校50岁以下的专任教师占比将近80%,高职院校此项占比达到83%,中青年正成为职教教师队伍骨干力量。从"双师型"教师在专业课教师中的占比来看,中职和高职均超过55%,达到了占比过半的要求。从学历结构看,中职学校本科及以上学历的专任教师占比到94%,高职学校本科及以上学历的专任教师占比达到99%,研究生及以上学历专任教师占比达到41%。长期以来职业学校专任教师学历偏低的情况得到了有效解决。

任友群介绍:"十年来,职业教育教师队伍建设取得了显著成效,但总体来看,由于历史欠账多,发展底子薄,还存在不少薄弱环节。"教育部将开展职业教育教师队伍能力提升行动,着力提升职教教师队伍的能力素质。将健全培训体系,实施"职教国培"示范项目,调整国家级职业院校校长培训基地布局,打造高水平职业院校教师培训基地,严格落实职业院校教师素质提高计划,加强教师发展中心建设,推动职业教育教师数字化学习平台建设。同时,将创新培训模式,推进全国职业院校教师教学创新团队建设,实施职业院校名师(名匠)名校长培育计划,通过点状布局,实现全面引领。此外,还会推动产教融合,推动教师企业实践,实施兼职教师特聘岗位计划,建设兼职教师资源库,在全国智慧教育平台布局校企合作板块,畅通校企双向流通渠道。①

表格 3-46

旧 职 教 法	新 职 教 法
	第四十五条 国家建立健全职业教育教师培养培训体系。 各级人民政府应当采取措施,加强职业教育教师专业化培养培训,鼓励设立专门的职业教育师范院校,支持高等学校设立相关专业,培养职业教育教师;鼓励行业组织、企业共同参与职业教育教师培养培训。 产教融合型企业、规模以上企业应当安排一定比例的岗位,接纳职业学校、职业培训机构教师实践。

此法条为新增条款,该新增条款为上一条"提高其专业素质"的具体举措与保障。明确要求建立职业教育的教师培养体系,并鼓励社会力量参与职业教育教师培养体系,为职业教育教师提高专业素质提供了必要条件。

高素质的职业教育教师从何而来? 主要有两种,一种是引进,一种是培养培训。职业教育需要从企业引进一定数量的兼职教师,但比例不宜过大,否则会影响教师队伍的稳定性。长远来看,关键在于建立完善的职业教育教师培养培训体系。

改革开放后,我国开始独立设置一批职业技术师范院校,对职业教育教师进行不同于普通中小学教师的专门培养,逐渐建立定向型的职业教育师资培养模式。

---

① 赵晨熙.新修订职业教育法为建设高质量职教教师队伍夯实法治基础——今年将开展职业教育教师队伍能力提升行动[N].法制日报,2022-05-26.

鉴于独立设置的职业技术师范院校培养的职业教育师资在数量上和质量上都不能完全满足职业学校对"双师型"教师的需求,从 20 世纪 80 年代中期开始,原国家教委开始支持在普通本科院校设立二级学院(职业技术教育学院),参与培养职教师资。从此,职业教育教师培养逐渐从定向型培养模式转为非定向型培养模式,职业技术师范院校的师范功能逐渐淡化。

为了破解职业教育教师继续教育与培训未能有效开展的难题,1999 年,国务院提出依托普通高等学校和高等职业技术学院,重点建设 50 个职业教育专业教师和实习指导教师培养培训基地。

随着形势的发展,这样的职业教育教师培养培训体系逐渐暴露出诸多不足。重理论、轻实践;重专业,轻教学;行业、企业参与积极性不高;职前培养与职后培训脱节。为解决这些不足,必须从源头上改革已有的职教教师培养培训体系,构建具有鲜明职业教育特点的新型职业教育教师培养培训体系。主要举措为,发挥职业技术(科技)师范大学(学院)的龙头带动作用,巩固有资质培养职业教育教师的普通本科院校的主体作用,突出企业生产实习基地和职业学校教学实习基地的两翼作用,加强职业教育教师培养职前阶段与职后阶段的衔接。[①]

表格 3 - 47

旧 职 教 法	新 职 教 法
第三十六条第二款 职业学校和职业培训机构可以聘请专业技术人员、有特殊技能的人员和其他教育机构的教师担任兼职教师。有关部门和单位应当提供方便。	第四十六条 国家建立健全符合职业教育特点和发展要求的职业学校教师岗位设置和职务(职称)评聘制度。 职业学校的专业课教师(含实习指导教师)应当具有一定年限的相应工作经历或者实践经验,达到相应的技术技能水平。 具备条件的企业、事业单位经营管理和专业技术人员,以及其他有专业知识或者特殊技能的人员,经教育教学能力培训合格的,可以担任职业学校的专职或者兼职专业课教师;取得教师资格的,可以根据其技术职称聘任为相应的教师职务。取得职业学校专业课教师资格可以视情况降低学历要求。

新职教法对原有法条作了较大删改,新增建立健全职业学校教师的职务(职称)评聘制度的要求,要求职业学校的专业课教师应当具备专业实践经验,并放宽了在教师资格和学历方面的限制,体现了职业教育的就业导向,同时删除了可以聘请其他教育机构的教师担任兼职教师的相关规定。

① 庄西真.构建新型职教教师培养培训体系[N].中国教育报,2018 - 11 - 20.

表格 3 - 48

旧 职 教 法	新 职 教 法
	第四十七条　国家鼓励职业学校聘请技能大师、劳动模范、能工巧匠、非物质文化遗产代表性传承人等高技能人才，通过担任专职或者兼职专业课教师、设立工作室等方式，参与人才培养、技术开发、技能传承等工作。

此法条为新增条款，新增了鼓励职业学校聘请高技能人才参与人才培养、技术开发、技能传承等工作的规定。

职业教育强调"双师型"教师，但实践中企业的技术人员、能工巧匠进入职业学校担任教师还面临一些现实障碍。比如，可能因为学历问题而难以取得教师资格证等。新职教法对这一问题的解决提出了新举措，教育部政策法规司副司长王大泉在教育部新闻发布会上进行了介绍。

一是设置灵活的资格准入机制。法律规定，具备条件的技术技能人才经教育教学能力培训合格的，可以担任职业学校的专职或兼职专业课教师。对其中取得教师资格的，还可以根据其技术职称，聘任为相应的教师职务。同时，适当地降低学历门槛，明确职业学校专业课教师资格可以视具体情况降低学历要求。

二是明确专业课教师的能力要求。法律明确规定，职业学校的专业课教师除了具有良好的道德和文化与专业知识之外，还应当具有一定年限的相关工作经历或者实践经验，并达到相应的技术技能水平。

三是完善技术技能人才聘任机制。新职教法明确规定，鼓励职业学校聘请技能大师、劳动模范、能工巧匠、非物质文化遗产代表性传承人等高技能人才，通过担任专职或兼职专业课教师、设立工作室等方式，参与到职业学校人才培养工作中来。新职教法还规定，公办职业学校招聘教职工时，一定比例可用于面向社会公开招聘专业技术人员、技能人才担任专职或者兼职老师。①

对于"双师型"教师队伍的建设，中共中央办公厅、国务院办公厅《关于深化现代职业教育体系建设改革的意见》中提出了具体的举措，即加强师德师风建设，切实提升教师思想政治素质和职业道德水平。依托龙头企业和高水平高等学校建设一批国家级职业教育"双师型"教师培养培训基地，开发职业教育师资

---

① 教育部.教育部新闻发布会介绍教育系统学习宣传贯彻落实新修订《中华人民共和国职业教育法》有关情况［EB/OL］.http://www.moe.gov.cn/fbh/live/2022/54414/,2022 - 04 - 27.

培养课程体系,开展定制化、个性化培养培训。实施职业学校教师学历提升行动,开展职业学校教师专业学位研究生定向培养。实施职业学校名师(名匠)名校长培养计划。设置灵活的用人机制,采取固定岗与流动岗相结合的方式,支持职业学校公开招聘行业企业业务骨干、优秀技术和管理人才任教;设立一批产业导师特聘岗,按规定聘请企业工程技术人员、高技能人才、管理人员、能工巧匠等,采取兼职任教、合作研究、参与项目等方式到校工作。① 这是对新职教法的具体补充,能有效地保障新职教法中对于"双师型"教师要求的落地。

表格 3-49

旧 职 教 法	新 职 教 法
	第四十八条　国家制定职业学校教职工配备基本标准。省、自治区、直辖市应当根据基本标准,制定本地区职业学校教职工配备标准。 　　县级以上地方人民政府应当根据教职工配备标准、办学规模等,确定公办职业学校教职工人员规模,其中一定比例可以用于支持职业学校面向社会公开招聘专业技术人员、技能人才担任专职或者兼职教师。

　　此法条为新增条款,新增由国家制定职业学校教职工配备基本标准的规定,并明确各省、自治区、直辖市须制定本地区的标准,明确公办职业学校一定比例的教职工可以面向社会公开招聘专业技术人员或技能人才。

表格 3-50

旧 职 教 法	新 职 教 法
	第四十九条　职业学校学生应当遵守法律、法规和学生行为规范,养成良好的职业道德、职业精神和行为习惯,努力学习,完成规定的学习任务,按照要求参加实习实训,掌握技术技能。 　　职业学校学生的合法权益,受法律保护。

　　此法条为新增条款,新增对职业学校学生的行为规范要求,并明确保护学生

① 新华社.中共中央办公厅　国务院办公厅印发《关于深化现代职业教育体系建设改革的意见》[EB/OL].http://www.gov.cn/zhengce/2022-12/21/content_5732986.htm,2022-12.

的合法权益。

教育部政策法规司司长邓传淮认为,新职教法强调实施职业教育应当弘扬社会主义核心价值观,对受教育者进行思想政治教育和职业道德教育,传授科学文化与专业知识,培养技术技能。对学生,规定高等职业学校可以采取文化素质与职业技能相结合的考核方式招收学生;学生应当养成良好职业道德、职业精神和行为习惯,按要求参加实习实训,掌握技术技能等。①

表格 3 - 51

旧 职 教 法	新 职 教 法
第三十七条 企业、事业组织应当接纳职业学校和职业培训机构的学生和教师实习;对上岗实习的,应当给予适当的劳动报酬。	第五十条 国家鼓励企业、事业单位安排实习岗位,接纳职业学校和职业培训机构的学生实习。接纳实习的单位应当保障学生在实习期间按照规定享受休息休假、获得劳动安全卫生保护、参加相关保险、接受职业技能指导等权利;对上岗实习的,应当签订实习协议,给予适当的劳动报酬。 职业学校和职业培训机构应当加强对实习实训学生的指导,加强安全生产教育,协商实习单位安排与学生所学专业相匹配的岗位,明确实习实训内容和标准,不得安排学生从事与所学专业无关的实习实训,不得违反相关规定通过人力资源服务机构、劳务派遣单位,或者通过非法从事人力资源服务、劳务派遣业务的单位或个人组织、安排、管理学生实习实训。

新职教法对旧法进行了较大的删改,对企业、事业单位接纳实习学生的规定由"应当接纳"改为"鼓励接纳",减轻了企业、事业单位的强制义务。新增了对实习学生权力的具体保障条款,规定接纳实习单位有义务保障学生在实习期间的休息休假、获得劳动安全卫生保护、参加相关保险、接受职业技能指导等权利;对于上岗实习的,要求接纳实习单位与实习学生签订实习协议。新增关于学生实习的一些禁止性规定,防止职业学校、培训机构、实习单位借实习实训名义侵害学生利益。这些条款有利于更好保障实习学生的合法权益。

全国人大常委会法工委行政法室处长张涛介绍,针对实践中存在的侵害职业学校实习学生权益等问题,新职教法在教育法规定的受教育者权利基础上,进一步明确规定,职业学校学生的合法权益受法律保护,并对保障职业学校学生合

---

① 教育部.教育部新闻发布会介绍教育系统学习宣传贯彻落实新修订《中华人民共和国职业教育法》有关情况[EB/OL].http://www.moe.gov.cn/fbh/live/2022/54414/,2022 - 04 - 27.

法权益作了针对性的规定。①

表格 3 - 52

旧 职 教 法	新 职 教 法
第二十五条　接受职业学校教育的学生,经学校考核合格,按照国家有关规定,发给学历证书。 接受职业培训的学生,经培训的职业学校或者职业培训机构考核合格,按照国家有关规定,发给培训证书。 学历证书、培训证书按照国家有关规定,作为职业学校、职业培训机构的毕业生、结业生从业的凭证。	第五十一条　接受职业学校教育,达到相应学业要求,经学校考核合格的,取得相应的学业证书;接受职业培训,经职业培训机构或者职业学校考核合格的,取得相应的培训证书;经符合国家规定的专门机构考核合格的,取得相应的职业资格证书或者职业技能等级证书。 学业证书、培训证书、职业资格证书和职业技能等级证书,按照国家有关规定,作为受教育者从业的凭证。 接受职业培训取得的职业技能等级证书、培训证书等学习成果,经职业学校认定,可以转化为相应的学历教育学分;达到相应职业学校学业要求的,可以取得相应的学业证书。 接受高等职业学校教育,学业水平达到国家规定的学位标准的,可以依法申请相应学位。

　　新职教法对旧法进行了较大的删改,将职业学校学生经过学习考核合格后取得的"学历证书"调整为"学业证书"。学生取得学业证书的条件新增"达到相应学业要求"这一条件。新增取得职业资格证书或者职业技能等级证书相关规定。证书一项中,增加职业资格证书和职业技能等级证书,作为受教育者从业的凭证。新增职业培训的相关学习成果可以转换为学历教育学分的规定,突出了职业学校的就业导向。明确职业学校学生学业水平达到国家规定标准可以申请相应学位,有利于提升高职院校学生的社会竞争力,也有利于鼓励学生选择高职院校就读。

　　全国人大常委会委员周洪宇认为,健全的证书制度是影响职业教育长期发展的一个关键环节。"过去,职业技术教育只有学业证书,没有学位证书。但学业证书和学位证书不是一个概念。学业证书是文凭,学位证书是学历。"现在,证书制度有了新的突破,既有学历证书又有学位证书。新职教法第五十一条有很多新的表述,周洪宇表示,这是一审二审稿中未曾涉及的,既能将现代职业教育体系各个层次有机地衔接起来,又符合扎根中国大地办职业教育的文化特色,同

---

① 教育部.教育部新闻发布会介绍教育系统学习宣传贯彻落实新修订《中华人民共和国职业教育法》有关
　情况[EB/OL].http://www.moe.gov.cn/fbh/live/2022/54414/,2022 - 04 - 27.

时也缓解了家长的教育焦虑。①

表格 3 - 53

旧 职 教 法	新 职 教 法
	第五十二条　国家建立对职业学校学生的奖励和资助制度,对特别优秀的学生进行奖励,对经济困难的学生提供资助,并向艰苦、特殊行业等专业学生适当倾斜。国家根据经济社会发展情况适时调整奖励和资助标准。 　国家支持企业、事业单位、社会组织及公民个人按照国家有关规定设立职业教育奖学金、助学金,奖励优秀学生,资助经济困难的学生。 　职业学校应当按照国家有关规定从事业收入或者学费收入中提取一定比例资金,用于奖励和资助学生。 　省、自治区、直辖市人民政府有关部门应当完善职业学校资助资金管理制度,规范资助资金管理使用。

　　此法条为新增条款,新增鼓励奖励和资助制度,与《教育法》《民促法》《民促法实施条例》等有关规定一脉相承,激励优秀学生勤学奋进,保障经济困难学生的求学机会。

表格 3 - 54

旧 职 教 法	新 职 教 法
	第五十三条　职业学校学生在升学、就业、职业发展等方面与同层次普通学校学生享有平等机会。 　高等职业学校和实施职业教育的普通高等学校应当在招生计划中确定相应比例或者采取单独考试办法,专门招收职业学校毕业生。 　各级人民政府应当创造公平就业环境。用人单位不得设置妨碍职业学校毕业生平等就业、公平竞争的报考、录用、聘用条件。机关、事业单位、国有企业在招录、招聘技术技能岗位人员时,应当明确技术技能要求,将技术技能水平作为录用、聘用的重要条件。事业单位公开招聘中有职业技能等级要求的岗位,可以适当降低学历要求。

　　此法条为新增条款,拓宽了职业学校学生的发展路径,保障职业学校学生在

---

① 周洪宇.新职业教育法的 10 个重大突破[N].人民政协报教育在线周刊,2022 - 04 - 28.

升学、就业、职业发展等方面与同层次普通学校学生享有平等机会,将大幅提升职业教育的吸引力,有利于构建"职业教育与普通教育相互融通,不同层次职业教育有效贯通"的职业教育体系。

该法条回应了职业教育的人才培养、毕业生的证书颁发及如何为职业院校毕业生就业创造平等的机会等民众关切的问题,其实施将有助于消除对职业教育的社会歧视。该法条规定,职业学校学生在升学、就业、职业发展等方面与同层次普通学校学生享有平等机会,禁止企业或机构设置歧视政策,明确将职业教育与普通教育作为两种不同教育类型来定位,是构建职业教育法律制度的基础。

谈到如何保障职业学校学生在事业单位、企业公开招聘中不受学历门槛约束,人力资源和社会保障部职业能力建设司副司长、一级巡视员王晓君承诺,人力资源和社会保障部将加强对各地公共就业服务机构指导,严格落实有关规定,加强对招聘活动中用人单位的管理,确保发布的招聘信息不含有歧视性条件,保障职业学校学生享有公平就业机会和平等权利。下一步,人力资源和社会保障部将深入学习贯彻职业教育法,大力发展技工教育,大规模开展职业技能培训,指导企事业单位创造公平就业环境,在公开招聘时不得设置妨碍职业院校毕业生平等就业、公平竞争的报考、聘用条件。

"国家高度重视保障劳动者平等就业权益,反对各种就业歧视和不合理限制。"王晓君强调,职业教育与普通教育是两种不同的教育类型,具有同等重要地位,两种教育类型都为我国经济社会发展提供了有力的人才和智力支撑。[1]

中共中央办公厅、国务院办公厅《关于深化现代职业教育体系建设改革的意见》明确指出,加强对于职业教育的政策扶持,用人单位不得设置妨碍职业学校毕业生平等就业、公平竞争的报考、录用、聘用条件。[2] 保障职业学校学生在升学、就业、职业发展中享有公平的机会。

第六节 职业教育的保障

新职教法明确职业教育经费投入应与职业发展需求相适应。

---

[1] 教育部.教育部新闻发布会介绍教育系统学习宣传贯彻落实新修订《中华人民共和国职业教育法》有关情况[EB/OL].http://www.moe.gov.cn/fbh/live/2022/54414/,2022-04-27.

[2] 新华社.中共中央办公厅 国务院办公厅印发《关于深化现代职业教育体系建设改革的意见》[EB/OL].http://www.gov.cn/zhengce/2022-12/21/content_5732986.htm,2022-12.

表格 3 - 55

旧 职 教 法	新 职 教 法
第二十六条 国家鼓励通过多种渠道依法筹集发展职业教育的资金。	第五十四条 国家优化教育经费支出结构,使职业教育经费投入与职业教育发展需求相适应,鼓励通过多种渠道依法筹集发展职业教育的资金。

　　教育部办公厅关于学习宣传和贯彻实施新职教法的通知强调,要强化职业教育支持和保障。各地要依法制定职业学校生均经费标准或者公用经费标准,职业学校举办者要按标准按时、足额拨付经费。

　　全国人大常委会委员周洪宇表示,"我们关注一部法律,除了关注管理体制及责任分工以外,还要关注是否拿出'真金白银'"。只有在投入上有保障,在实际中才能有发展。新职教法从第五十四条到第六十二条,9 条的篇幅都是关于投入保障的条款。比如,第五十四条:"国家优化教育经费支出结构,使职业教育经费投入与职业教育发展需求相适应,鼓励通过多种渠道依法筹集发展职业教育的资金。"第五十五条:"各级人民政府应当按照事权和支出责任相适应的原则,根据职业教育办学规模、培养成本和办学质量等落实职业教育经费,并加强预算绩效管理,提高资金使用效益……"并提出"省、自治区、直辖市人民政府应当制定本地区职业学校生均经费标准或者公用经费标准"。周洪宇还表示,虽然新职教法中没有具体写职业教育投入占教育经费总投入的比例,但"相适应"三个字以及规定"应当制定"生均经费标准或者公用经费标准的表述还是弥补了过去对投入保障相对含糊的表述。[①]

　　教育部职业教育与成人教育司长陈子季表示,新职教法明确了重点支持、地方为主的投入机制。举办职业教育本身就是一项高投入的事业。根据联合国教科文组织的统计,职业教育办学成本是普通教育的 3 倍左右。针对这一现状,新职教法增加规定:国家优化教育经费支出结构,使职业教育经费投入与职业教育发展需求相适应,鼓励通过多种渠道依法筹集发展职业教育的资金;省级人民政府制定本地区职业学校生均经费标准,职业学校举办者按照生均经费标准按时、足额地拨付经费,不断改善办学条件。[②]

---

① 周洪宇.新职业教育法的 10 个重大突破[N].人民政协报教育在线周刊,2022 - 04 - 28.
② 安徽省教育厅.教育部权威解读新职教法[EB/OL].http://jyt.ah.gov.cn/xwzx/tzgg/40562551.html,2022 - 05 - 24.

在资金保障和政策扶持方面,中共中央办公厅、国务院办公厅《关于深化现代职业教育体系建设改革的意见》提出了一系列的具体举措:探索地方政府和社会力量支持职业教育发展投入新机制,吸引社会资本、产业资金投入,按照公益性原则,支持职业教育重大建设和改革项目;将符合条件的职业教育项目纳入地方政府专项债券、预算内投资等支持范围。鼓励金融机构提供金融服务支持发展职业教育。探索建立基于专业大类的职业教育差异化生均拨款制度。地方政府可以参照同级同类公办学校生均经费等相关经费标准和支持政策,对非营利性民办职业学校给予适当补助。完善中等职业学校学生资助办法,建立符合中等职业学校多样化发展要求的成本分担机制。① 这些举措使得新职教法的相关条款能够得以施行。

表格 3－56

旧 职 教 法	新 职 教 法
第二十七条　省、自治区、直辖市人民政府应当制定本地区职业学校学生人数平均经费标准;国务院有关部门应当会同国务院财政部门制定本部门职业学校学生人数平均经费标准。 　职业学校举办者应当按照学生人数平均经费标准足额拨付职业教育经费。 　各级人民政府、国务院有关部门用于举办职业学校和职业培训机构的财政性经费应当逐步增长。 　任何组织和个人不得挪用、克扣职业教育的经费。	第五十五条　各级人民政府应当按照事权和支出责任相适应的原则,根据职业教育办学规模、培养成本和办学质量等落实职业教育经费,并加强预算绩效管理,提高资金使用效益。 　省、自治区、直辖市人民政府应当制定本地区职业学校生均经费标准或者公用经费标准。职业学校举办者应当按照生均经费标准或者公用经费标准按时、足额拨付经费,不断改善办学条件。不得以学费、社会服务收入冲抵生均拨款。 　民办职业学校举办者应当参照同层次职业学校生均经费标准,通过多种渠道筹措经费。 　财政专项安排、社会捐赠指定用于职业教育的经费,任何组织和个人不得挪用、克扣。

新职教法明确各级人民政府落实职业教育经费以及加强管理使用的职责。明确政府和职业学校落实生均拨款的责任,对职业学校举办者增加了不断改善办学条件的要求。新职教法要求民办职业学校举办者参照同层次职业学校生均经费标准筹措保障办学经费,突出强调了"财政专项安排、社会捐赠指定用于职业教育的经费"不得改变用途。

---

① 新华社.中共中央办公厅　国务院办公厅印发《关于深化现代职业教育体系建设改革的意见》[EB/OL].http://www.gov.cn/zhengce/2022－12/21/content_5732986.htm,2022.

表格 3 - 57

旧 职 教 法	新 职 教 法
第三十条 省、自治区、直辖市人民政府按照教育法的有关规定决定开征的用于教育的地方附加费,可以专项或者安排一定比例用于职业教育。	第五十六条 地方各级人民政府安排地方教育附加等方面的经费,应当将其中可用于职业教育的资金统筹使用;发挥失业保险基金作用,支持职工提升职业技能。

新职教法中对于教育费附加的使用,从"可以"用于职业教育调整为"应当"将其中可以用于职业教育的统筹使用,并提出"发挥失业保险基金作用",保障了职业教育经费来源。

表格 3 - 58

旧 职 教 法	新 职 教 法
第三十一条 各级人民政府可以将农村科学技术开发、技术推广的经费,适当用于农村职业培训。	第五十七条 各级人民政府加大面向农村的职业教育投入,可以将农村科学技术开发、技术推广的经费适当用于农村职业培训。

新职教法新增"加大面向农村的职业教育投入"的规定。

表格 3 - 59

旧 职 教 法	新 职 教 法
第二十八条 企业应当承担对本单位的职工和准备录用的人员进行职业教育的费用,具体办法由国务院有关部门会同国务院财政部门或者由省、自治区、直辖市人民政府依法规定。	第五十八条 企业应当根据国务院规定的标准,按照职工工资总额一定比例提取和使用职工教育经费。职工教育经费可以用于举办职业教育机构、对本单位的职工和准备招用人员进行职业教育等合理用途,其中用于企业一线职工职业教育的经费应当达到国家规定的比例。用人单位安排职工到职业学校或者职业培训机构接受职业教育的,应当在其接受职业教育期间依法支付工资,保障相关待遇。 企业设立具备生产与教学功能的产教融合实习实训基地所发生的费用,可以参照职业学校享受相应的用地、公用事业费等优惠。

新职教法将应当由企业承担的职工教育经费具体规定为"按照职工工资总额一定比例提取和使用"。新增职工教育经费具体用途的规定。规定了用人单位安排职工接受职业教育的工资待遇保障。明确企业设立产教融合基地等发生的费用可以参照职业学校享受用地、公用事业费等优惠。新职教法多措并举推进企业

办学,落实了企业在职业教育中的主体地位。突出鲜明导向,规定发挥企业的重要办学主体作用,推动企业深度参与职业教育,鼓励企业举办高质量职业教育。①

表格 3-60

旧 职 教 法	新 职 教 法
第三十四条 国家鼓励金融机构运用信贷手段,扶持发展职业教育。	第五十九条 国家鼓励金融机构通过提供金融服务支持发展职业教育。

新职教法将"信贷手段"调整为"金融服务支持",路径更加广阔。

表格 3-61

旧 职 教 法	新 职 教 法
第三十二条第二款 国家支持企业、事业组织、社会团体、其他社会组织及公民个人按照国家有关规定设立职业教育奖学金、贷学金,奖励学习成绩优秀的学生或者资助经济困难的学生。	第六十条 国家鼓励企业、事业单位、社会组织及公民个人对职业教育捐资助学,鼓励境外的组织和个人对职业教育提供资助和捐赠。提供的资助和捐赠,必须用于职业教育。

新职教法鼓励捐资助学,新增"鼓励境外的组织和个人对职业教育提供资助和捐赠",有利于吸引境外华人华侨的资金,用于发展职业教育。同时明确规定,资助和捐赠的用途"必须用于职业教育"。

表格 3-62

旧 职 教 法	新 职 教 法
第三十八条 县级以上各级人民政府和有关部门应当建立、健全职业教育服务体系,加强职业教育教材的编辑、出版和发行工作。	第六十一条 国家鼓励和支持开展职业教育的科学技术研究、教材和教学资源开发,推进职业教育资源跨区域、跨行业、跨部门共建共享。 国家逐步建立反映职业教育特点和功能的信息统计和管理体系。 县级以上人民政府及其有关部门应当建立健全职业教育服务和保障体系,组织、引导工会等群团组织、行业组织、企业、学校等开展职业教育研究、宣传推广、人才供需对接等活动。

---

① 安徽省教育厅.教育部权威解读新职教法[EB/OL].http://jyt.ah.gov.cn/xwzx/tzgg/40562551.html,
2022-05-24.

新职教法除教材编写之外,增加了对职业教育的科学技术研究、教学资源开发的鼓励和支持。明确国家逐步建立反映职业教育特点和功能的信息统计和管理体系,有利于推动职业教育的全面发展。细化了政府及其有关部门的具体职责。

新职教法直接删除了旧职教法中第九条"国家鼓励并组织职业教育的科学研究",删除了职业教育的科学研究职责,但是在新职教法第六十一条中增加了科学技术研究的表述,更加适应职业教育的特点。

中华职业教育社党组书记、总干事方乃纯认为,新职教法更加明确了政府、群团组织、行业组织、企业、教育机构等各方面在发展职业教育中的义务与责任,有效体现了职业教育的多元跨界特征,相信将更好地推动政府整合各方面资源、同向发力、共创新局。为此,要统一思想、凝聚共识,做好职业教育法的学习宣传,发挥群众团体的政治作用;做好团结引领工作,发挥职教团体的专业优势;做好各项业务工作,发挥民间组织的灵活机制;做好对外交流工作。①

表格 3 - 63

旧 职 教 法	新 职 教 法
	第六十二条 新闻媒体和职业教育有关方面应当积极开展职业教育公益宣传,弘扬技术技能人才成长成才典型事迹,营造人人努力成才、人人皆可成才、人人尽展其才的良好社会氛围。

此法条为新增条款,新增从舆论层面推广职业教育的规定,有利于提升职业院校、教师、学生的自我认同感及社会认同感,吸引更多的人员参与职业教育、选择职业教育。

对于该条款的具体实施,《关于深化现代职业教育体系建设改革的意见》指出,要营造良好氛围,在舆论层面上加以引导,具体措施有:及时总结各地推进现代职业教育体系建设改革的典型经验,做好有关宣传报道,营造全社会充分了解、积极支持、主动参与职业教育的良好氛围。办好职业教育活动周,利用"五一"国际劳动节、教师节等重要节日加大对职业教育的宣传力度,挖掘和宣传基

---

① 吴为.新职业教育法下月实施,我们梳理了 6 个焦点问题[N].新京报,2022 - 04 - 29.

层一线技术技能人才成长成才的典型事迹。树立结果导向的评价方向,对优秀的职业学校、校长、教师、学生和技术技能人才按照国家有关规定给予表彰奖励,弘扬劳动光荣、技能宝贵、创造伟大的时代风尚。[①]

第七节　法　律　责　任

第七章是新职教法增加的章节,旧职教法没有"法律责任"相关章节。

表格 3‐64

旧 职 教 法	新 职 教 法
第三十九条　在职业教育活动中违反教育法规定的,应当依照教育法的有关规定给予处罚。	第六十三条　在职业教育活动中违反《中华人民共和国教育法》《中华人民共和国劳动法》等有关法律规定的,依照有关法律的规定给予处罚。

新职教法明确了具体的处罚依据。

表格 3‐65

旧 职 教 法	新 职 教 法
	第六十四条　企业未依照本法规定对本单位的职工和准备招用的人员实施职业教育、提取和使用职工教育经费的,由有关部门责令改正;拒不改正的,由县级以上人民政府收取其应当承担的职工教育经费,用于职业教育。

此法条为新增条款,明确企业未依法实施职业教育、提取和使用职工教育经费的处罚措施。

[①] 新华社.中共中央办公厅　国务院办公厅印发《关于深化现代职业教育体系建设改革的意见》[EB/OL].http://www.gov.cn/zhengce/2022‐12/21/content_5732986.htm,2022‐12‐21.

表格 3 - 66

旧 职 教 法	新 职 教 法
	第六十五条 职业学校、职业培训机构在职业教育活动中违反本法规定的,由教育行政部门或者其他有关部门责令改正;教育教学质量低下或者管理混乱,造成严重后果的,责令暂停招生、限期整顿;逾期不整顿或者经整顿仍达不到要求的,吊销办学许可证或者责令停止办学。

此法条为新增条款,明确了职业学校、职业培训机构违法违规和办学不力的处罚措施。

表格 3 - 67

旧 职 教 法	新 职 教 法
	第六十六条 接纳职业学校和职业培训机构学生实习的单位违反本法规定,侵害学生休息休假、获得劳动安全卫生保护、参加相关保险、接受职业技能指导等权利的,依法承担相应的法律责任。 职业学校、职业培训机构违反本法规定,通过人力资源服务机构、劳务派遣单位或者非法从事人力资源服务、劳务派遣业务的单位或个人组织、安排、管理学生实习实训的,由教育行政部门、人力资源社会保障行政部门或者其他有关部门责令改正,没收违法所得,并处违法所得一倍以上五倍以下的罚款;违法所得不足一万元的,按一万元计算。 对前款规定的人力资源服务机构、劳务派遣单位或者非法从事人力资源服务、劳务派遣业务的单位或个人,由人力资源社会保障行政部门或者其他有关部门责令改正,没收违法所得,并处违法所得一倍以上五倍以下的罚款;违法所得不足一万元的,按一万元计算。

此法条为新增条款,明确了接纳学生实习单位侵害学生权利的法律责任。明确了职业学校、职业培训机构违法组织学生实习实训时需要承担的法律责任,以及相关参与单位或者个人需要承担的法律责任。

表格 3 - 68

旧 职 教 法	新 职 教 法
	第六十七条 教育行政部门、人力资源社会保障行政部门或者其他有关部门的工作人员违反本法规定,滥用职权、玩忽职守、徇私舞弊的,依法给予处分;构成犯罪的,依法追究刑事责任。

此法条为新增条款,明确了对教育行政部门、人力资源社会保障部门以及其他有关部门工作人员违法行为的处罚。

全国人大常委会委员周洪宇认为,职业教育法的修订也体现了法律责任的新突破,即明确了责任和惩罚措施。一部新法有没有新突破,关键的一点就要看法律责任的规定是不是足够硬。新职教法明确规定:"教育行政部门、人力资源社会保障行政部门或者其他有关部门的工作人员违反本法规定,滥用职权、玩忽职守、徇私舞弊的,依法给予处分;构成犯罪的,依法追究刑事责任。"周洪宇认为这个表述是刚性的。因为新职教法中还特别写到了罚款,如:"……没收违法所得,并处违法所得一倍以上五倍以下的罚款;违法所得不足一万元的,按一万元计算。"在周洪宇看来,法律责任明确有力的就是"带钢牙"的法律。①

第八节 附 则

此法条为新增条款,明确了境外的组织和个人可以在境内举办职业学校和职业培训机构。

表格 3 - 69

旧 职 教 法	新 职 教 法
	第六十八条 境外的组织和个人在境内举办职业学校、职业培训机构,适用本法;法律、行政法规另有规定的,从其规定。

---

① 周洪宇.新职业教育法的 10 个重大突破[N].人民政协报教育在线周刊,2022 - 04 - 28.

表格 3 - 70

旧 职 教 法	新 职 教 法
第四十条 本法自一九九六年九月一日起施行。	第六十九条 本法自 2022 年 5 月 1 日起施行。

明确了新职教法具体开始实施的时间。

第四章
职业教育法修订的重大突破

2022 年 5 月 1 日,新职教法正式实施,标志着中国进入职业教育高质量发展和建设技能型社会的新阶段,体现了国家办好职业教育的决心和愿望。与旧职教法相比,新职教法在职业教育的概念内涵、定位地位、管理体制、体系框架、办学层次、办学力量、证书制度、保障体系、回应民众关切、法律责任等十大方面有重大突破。这些新的突破比较有效地扫除了当代职业教育发展在法治上、政策上、社会地位上、思想观念上的一些主要障碍,其修订出台恰逢其时、意义重大。

第一节 概念内涵的新突破

一、新旧职教法关于概念内涵的对比

旧职教法未对职业教育的概念作明确表述,仅仅阐明了制定职业教育法的目的是"为了实施科教兴国战略,发展职业教育,提高劳动者素质,促进社会主义现代化建设",发展职业教育的意义在于"职业教育是国家教育事业的重要组成部分,是促进经济、社会发展和劳动就业的重要途径。国家发展职业教育,推进职业教育改革,提高职业教育质量,建立、健全适应社会主义市场经济和社会进步需要的职业教育制度"。

新职教法的第二条对于什么是职业教育作了明确的阐述:"本法所称职业教育,是指为了培养高素质技术技能人才,使受教育者具备从事某种职业或者实现职业发展所需的职业道德、科学文化与专业知识、技术技能等职业综合素质和行动能力而实施的教育,包括职业学校教育和职业培训。"

表格 4-1

旧 职 教 法	新 职 教 法
为了实施科教兴国战略,发展职业教育,提高劳动者素质,促进社会主义现代化建设,根据教育法和劳动法,制定本法。 　职业教育是国家教育事业的重要组成部分,是促进经济、社会发展和劳动就业的重要途径。国家发展职业教育,推进职业教育改革,提高职业教育质量,建立、健全适应社会主义市场经济和社会进步需要的职业教育制度。	本法所称职业教育,是指为了培养高素质技术技能人才,使受教育者具备从事某种职业或者实现职业发展所需要的职业道德、科学文化与专业知识、技术技能等职业综合素质和行动能力而实施的教育,包括职业学校教育和职业培训。

　　与旧职教法相比,新职教法对职业教育的概念作了明确表述,强调了一个"培养"、三个"具备"、一个"包括",即培养"高素质技术技能人才",具备"实现职业发展所需要的职业道德"、具备"科学文化与专业知识"、具备"技术技能等职业综合素质和行动能力",包括"职业学校教育和职业培训"。

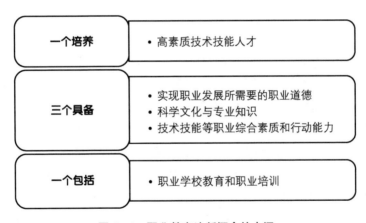

图 4-1　职业教育法新概念的内涵

二、职业教育内涵与外延突破的意义

　　新职教法对职业教育概念的提出,向社会传递一个明确的信号:职业教育的培养目的更加明确,这也给教育工作者指出了育人的方向。

　　(一)职业教育内涵与外延的突破回应了新技术革命对职业教育的新挑战

　　伴随着以大数据、物联网、人工智能、区块链、5G 等为核心的新一代信息技术的快速发展,当代技术的泛在性、共时性得到了更为深刻的展示。技术在职业领域的广泛应用和有机渗透,不仅推动了产业的持续升级和迭代更新,促进了生产方式的转变和生产力的提高,而且营造了新的社会文化氛围,影响着生产关系和社会治理方式的变革。这对职场人员的质量和规格提出了全新的要求,对职业教育的改革与发展提出了新挑战,其核心是加快职业教育的现代性发展,培养更多的高素质技术技能人才,以适应由当代新技术引发的职场变化。新职教法"培养高素质技术技能人才"的提法,很好地适应了新技术革命对人才的需求。

(二)职业教育内涵与外延的突破呼应了现代化建设对职业教育的诉求

截至2021年,我国已拥有1.13万所职业院校、3 088万名在校生[①],形成了世界上最大规模的职业教育体系,有力地支撑了中国的快速崛起。全面建设社会主义现代化国家的战略目标对面广量大、使命崇高的职业教育提出了更高的要求,这就是不仅要关注规模的增长、体系的完备,还要注重质量的提升;不仅要提高适应未来职业发展的职业能力,还要提高作为社会主义建设者和接班人的整体素质,包括社会责任感、创新精神、实践能力、道德水平、文明程度等。[②] 新职教法在原有的基础上加入"高素质"三个字,很好地满足了现代化建设对人才素质的需求。

(三)职业教育内涵与外延的突破顺应了现代职业教育体系建设的新趋势

"努力培养造就更多大师、战略科学家、一流科技领军人才和创新团队、青年科技人才、卓越工程师、大国工匠、高技能人才"[③],是党的二十大提出的明确要求,其中高技能人才是对职业教育的要求。同时,对于现代职业教育体系建设,《关于深化现代职业教育体系建设改革的意见》也有相关要求:以提升职业学校关键能力为基础,以深化产教融合为重点,以推动职普融通为关键,以科教融汇为新方向,充分调动各方面积极性,统筹职业教育、高等教育、继续教育协同创新,有序有效推进现代职业教育体系建设改革,切实提高职业教育的质量、适应性和吸引力,培养更多高素质技术技能人才、能工巧匠、大国工匠,为加快建设教育强国、科技强国、人才强国奠定坚实基础。[④] 近10年来,教育部职业教育与成人教育司坚持引导和鼓励职业院校将社会培训和技术服务作为重要办学内容之

---

① 光明日报.职业教育这十年:建设技能型社会培养更多大国工匠[EB/OL].https://m.gmw.cn/baijia/2022-04/27/35692075.html,2022-04-27.

② 顾建军.高素质技术技能人才培养的现代意蕴与职业教育调适[J].国家教育行政学院学报,2021年第5期.

③ 习近平.中国共产党第二十次全国代表大会报告[M].北京:人民出版社,2022.

④ 新华社.中共中央办公厅 国务院办公厅印发《关于深化现代职业教育体系建设改革的意见》[EB/OL].http://www.gov.cn/zhengce/2022-12/21/content_5732986.htm,2022-12-21.

一,推动"学历教育与培训并举"的法定职责落地,完善学历教育与培训并重的现代职业教育体系,不断加大技术技能人才供给。职业教育每年输出约1 000万左右的高素质技术技能人才,为经济社会发展提供了强大的技术技能人才支持。职业学校培养能力不断增强,学历教育与培训并举并重的职业教育办学格局基本形成。新职教法将职业培训也纳入现代职业教育体系中,有利于职业教育的体系的完善。

第二节　定位地位的新突破

一、新旧职教法关于定位地位的对比

旧职教法第三条对职业教育的定位地位表述为:"职业教育是国家教育事业的重要组成部分,是促进经济、社会发展和劳动就业的重要途径。国家发展职业教育,推进职业教育改革,提高职业教育质量,建立、健全适应社会主义市场经济和社会进步需要的职业教育制度。"

新职教法第三条对职业教育的定位地位表述为:"职业教育是与普通教育具有同等重要地位的教育类型,是国民教育体系和人力资源开发的重要组成部分,是培养多样化人才、传承技术技能、促进就业创业的重要途径。国家大力发展职业教育,推进职业教育改革,提高职业教育质量,增强职业教育适应性,建立健全适应社会主义市场经济和社会发展需要、符合技术技能人才成长规律的职业教育制度体系,为全面建设社会主义现代化国家提供有力人才和技能支撑。"

表格 4-2

旧 职 教 法	新 职 教 法
第三条　职业教育是国家教育事业的重要组成部分,是促进经济、社会发展和劳动就业的重要途径。国家发展职业教育,推进职业教育改革,提高职业教育质量,建立、健全适应社会主义市场经济和社会进步需要的职业教育制度。	第三条　职业教育是与普通教育具有同等重要地位的教育类型,是国民教育体系和人力资源开发的重要组成部分,是培养多样化人才、传承技术技能、促进就业创业的重要途径。国家大力发展职业教育,推进职业教育改革,提高职业教育质量,增强职业教育适应性,建立健全适应社会主义市场经济和社会发展需要、符合技术技能人才成长规律的职业教育制度体系,为全面建设社会主义现代化国家提供有力人才和技能支撑。

新职教法在人才培养定位上首次明确地表述为:"职业教育是与普通教育具有同等重要地位的教育类型"。"同等重要地位"和"教育类型"这两个关键词使职业教育的定位和地位发生了翻天覆地的变化,甚至是革命性的变化。值得注意的是,职业教育不是都往研究生的方向发展,但是职业教育体系里,一定也不能少了创新型的技能大师。①

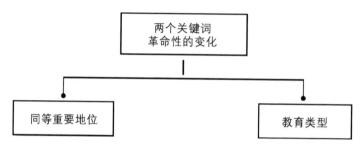

图 4 - 2　新职教法人才培养定位的变化

二、职业教育新定位的意义

（一）职业教育新定位是对职业教育的重大理论贡献

明确职业教育是一种教育类型,而不是教育层次,对于摆正职业教育的地位,发挥职业教育服务社会和个体发展的能力,以及推进职业教育治理体系和治理能力现代化,具有重要的战略意义,极大地丰富了中国特色职业教育理论。

（二）职业教育新定位具有重要的政策指导和实践意义

明晰了职业教育和普通教育的联系与区别,指明了职业教育的发展方向,有利于职业教育系统更明晰自己的功能和作用,进一步探索和完善职业教育独特的办学模式和人才培养模式,更好地服务、支撑国家现代化建设。以类型教育为基点,我们牢固确立职业教育在国家人才培养体系中的重要位置,围绕建设现代职业教育体系,强化类型特色,坚定服务发展、促进就业的办学方向,不断深化产教融合、校企合作、工学结合、知行合一,走出了一条中国特色的职业教育发展道路。②

---

① 周洪宇.新职业教育法的 10 个重大突破[N].人民政协报教育在线周刊,2022 - 04 - 28.

② 中国教育新闻网.教育部职业教育与成人教育司:从"层次"到"类型"职业教育进入高质量发展新阶段[EB/OL].https://baijiahao.baidu.com/s?id=1685474145391484698&wfr=spider&for=pc,2020 - 12 - 08.

（三）在法律层面规定职业教育与普通教育地位同等重要

此举有利于塑造社会共识，推进职业教育高质量发展。长久以来，社会对职业教育有个普遍的认知——职业教育是种低层次的教育，学生上升通道不畅、不宽。新职教法对此作了有针对性的规定，明确国家建立、健全适应经济社会发展需要、产教深度融合、职业学校教育和职业培训并重、职业教育与普通教育相互融通、不同层次职业教育有效贯通、服务全民终身学习的现代职业教育体系。新职教法明确职业学校教育分为中等职业学校教育、高等职业学校教育，明确中等职业学校可以按照国家有关规定，在有关专业实行与高等职业学校教育贯通的招生和培养，还明确凡接受高等职业学校教育、学业水平达到国家规定的学位标准的学生，可以依法申请相应学位。

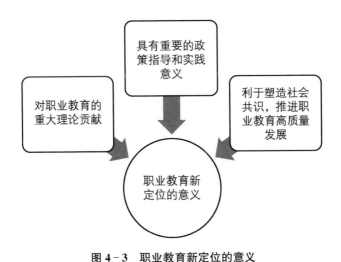

图 4-3　职业教育新定位的意义

第三节　管理体制的新突破

一、新旧职教法关于管理体制的对比

旧职教法第十一条对职业教育的管理体制表述为："国务院教育行政部门负责职业教育工作的统筹规划、综合协调、宏观管理。国务院教育行政部门、劳动行政部门和其他有关部门在国务院规定的职责范围内，分别负责有关的职业教育工作。县级以上地方各级人民政府应当加强对本行政区域内职业教育工作的领导、统筹协调和督导评估。"

新职教法第八条对职业教育的管理体制表述为:"国务院建立职业教育工作协调机制,统筹协调全国职业教育工作。国务院教育行政部门负责职业教育工作的统筹规划、综合协调、宏观管理。国务院教育行政部门、人力资源社会保障行政部门和其他有关部门在国务院规定的职责范围内,分别负责有关的职业教育工作。省、自治区、直辖市人民政府应当加强对本行政区域内职业教育工作的领导,明确设区的市、县级人民政府职业教育具体工作职责,统筹协调职业教育发展,组织开展督导评估。县级以上地方人民政府有关部门应当加强沟通配合,共同推进职业教育工作。"

新职教法规定"国务院建立职业教育工作协调机制,统筹协调全国职业教育工作",这一规定突破了之前"管理体制"顶层协调机制的不足,解决了最大的短板难题,即以往职业教育分属教育行政部门及人力资源社会保障部门管理,在国家和地方两级缺乏统筹协调、工作无法有效衔接的问题。新职教法对国务院教育行政部门,省、自治区、直辖市人民政府和县级以上地方人民政府有关部门三个层面,如何牵头、如何协调等方面的职责作了清晰的说明,这样整个管理体制理顺了,顶层设计到位了。①

表格 4 - 3

旧 职 教 法	新 职 教 法
第十一条 国务院教育行政部门负责职业教育工作的统筹规划、综合协调、宏观管理。国务院教育行政部门、劳动行政部门和其他有关部门在国务院规定的职责范围内,分别负责有关的职业教育工作。县级以上地方各级人民政府应当加强对本行政区域内职业教育工作的领导、统筹协调和督导评估。	第八条 国务院建立职业教育工作协调机制,统筹协调全国职业教育工作。国务院教育行政部门负责职业教育工作的统筹规划、综合协调、宏观管理。国务院教育行政部门、人力资源社会保障行政部门和其他有关部门在国务院规定的职责范围内,分别负责有关的职业教育工作。省、自治区、直辖市人民政府应当加强对本行政区域内职业教育工作的领导,明确设区的市、县级人民政府职业教育具体工作职责,统筹协调职业教育发展,组织开展督导评估。县级以上地方人民政府有关部门应当加强沟通配合,共同推进职业教育工作。

---

① 周洪宇.新职业教育法的10个重大突破[N].人民政协报教育在线周刊,2022-04-28.

二、管理体制突破的意义

职业教育办学类型多样、举办主体多元、涉及群体广泛,需要加强统筹协调。政府是职业教育管理的核心主体,通过依法行政,让多元主体实现各自定位,各司其职、各尽其责,形成宏观有序、微观合力的体制机制,才能提高治理效能,为职业教育发展注入不竭的动力。

（一）国家层面加强工作协调

发展职业教育是一个复杂的社会系统工程,需要强化统筹协调,避免各部门各自为政、政策割裂、多头管理。2018 年,经国务院批复同意,国务院职业教育工作部际联席会议制度成功建立,国家层面的职业教育工作统筹协调机制建立起来,一定程度上发挥了汇聚各部门推动职业教育发展的工作合力的作用。新职教法明确"国务院建立职业教育工作协调机制,统筹协调全国职业教育工作",将国务院职业教育工作部际联席会议制度法定化。同时,明确教育部负责职业教育工作的统筹规划、综合协调、宏观管理,人力资源和社会保障部及其他有关部门在国务院规定的职责范围内,分别负责有关的职业教育工作。

（二）省级层面强化统筹管理

我国幅员辽阔,区域间发展不平衡不充分,不同地区之间产业结构和劳动力市场结构差异较大。因此,改革开放以来,我国逐渐形成中央地方分级管理、以地方为主统筹的职业教育治理机制。新职教法进一步强化了省级政府的统筹权,规定省级人民政府可以依法整合、优化设区的市、县人民政府职业教育工作职责,统一管理部门,统筹区域内职业教育发展。此外,发展高质量的职业教育不能仅停留在口头上、纸面上,新职教法明确职业教育经费投入要与职业教育发展需求相适应,要求省级人民政府制定本地区职业学校生均经费标准或者公用经费标准,职业学校举办者按照生均经费标准或者公用经费标准按时、足额拨付经费,不断改善办学条件,形成重点支持、地方主责的保障机制。

（三）社会层面厚植发展土壤

在法治政府建设过程中,把握好行政立法的价值导向尤为重要。新职教法围绕构建技能型社会,厚植职业教育改革发展的土壤,明确提出国家建立健全各级各类学校教育与职业培训学分、资历以及其他学习成果的认证、积累和转换机制,推进职业教育国家学分银行建设,促进职业教育与普通教育的学习成果融通、互认,把学业证书、培训证书、职业资格证书和职业技能等级证书作为受教育者从业的重要凭证,强调提高技术技能人才的社会地位和待遇,营造人人努力成才、人人皆可成才、人人尽展其才的良好社会氛围。①

第四节　体系框架的新突破

一、新旧职教法关于体系框架的对比

旧职教法第十二条对职业教育的体系框架表述为"国家根据不同地区的经济发展水平和教育普及程度,实施以初中后为重点的不同阶段的教育分流,建立、健全职业学校教育与职业培训并举,并与其他教育相互沟通、协调发展的职业教育体系"。

新职教法第十四条对职业教育的体系框架表述为"国家建立健全适应经济社会发展需要,产教深度融合,职业学校教育和职业培训并重,职业教育与普通教育相互融通,不同层次职业教育有效贯通,服务全民终身学习的现代职业教育体系"。

表格 4 - 4

旧　职　教　法	新　职　教　法
第十二条　国家根据不同地区的经济发展水平和教育普及程度,实施以初中后为重点的不同阶段的教育分流,建立、健全职业学校教育与职业培训并举,并与其他教育相互沟通、协调发展的职业教育体系。	第十四条　国家建立健全适应经济社会发展需要,产教深度融合,职业学校教育和职业培训并重,职业教育与普通教育相互融通,不同层次职业教育有效贯通,服务全民终身学习的现代职业教育体系。

新职教法突破 5 个体系框架。第一个——"需要":国家建立健全适应经济社会发展需要;第二个——"融合":产教深度融合;第三个——"并重":职业学校教育和职业培训并重;第四个——"融通":职业教育与普通教育相互融通;第五个——"贯通":不同层次职业教育有效贯通。②

---

① 陈子季.深入贯彻落实《职业教育法》依法推动职业教育高质量发展[J].中国职业技术教育,2022 年第 16 期.

② 周洪宇.新职业教育法的 10 个重大突破[N].人民政协报教育在线周刊,2022 - 04 - 28.

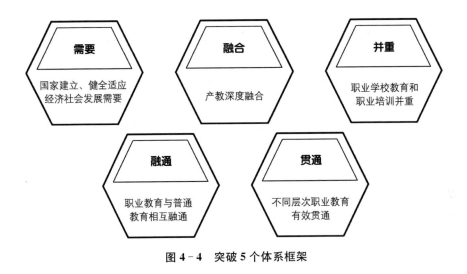

图 4-4　突破 5 个体系框架

二、体系框架突破的意义

（一）更加适应社会经济发展的需要

社会经济新发展格局对现代职业教育提出了多层次多类型的人力资源需求：一方面，教育发展进入全面普及阶段，人民群众对多样化、高质量教育的需求更为迫切；另一方面，教育的发展与经济社会的联系越发紧密，经济社会发展对各类人才的需求更为迫切，必须大力开发人力资本、人才资源。新的职业教育体系，以深化供给侧结构性改革为主线，不断提升与经济社会发展的契合度，以人民为中心，提升国民素质，促进人的全面发展。

（二）强调了职业教育的适应性

增强适应性是促进职业教育高质量发展的关键所在。职业教育属于普惠性、基础性、兜底性民生建设，增强适应性就是要瞄准技术变革和产业优化升级的方向，推进产教融合、校企合作，促进教育链、人才链与产业链、创新链有效衔接，吸引更多青年接受职业技能教育，拓展人口质量红利，提升人力资本水平和人的全面发展能力，切实促进产业转型升级，加快建设制造业强国，切实增进民生福祉，实现更加充分更高质量就业，扩大中等收入群体，促进共同富裕。新职教法提出大量"产教融合""校企合作"机制建设的内容，既体现了国家对提高"职业教育适应性"的追求，也是为实现我国人力资源结构升级，在法律意义上的路径设计。

（三）更加体现了职业教育的现代性

职业教育的现代性从功能的价值取向体现为 4 个方面：提供高质量的人力资源，满足个体全面的、可持续的发展需求，促进社会公平正义，服务于终身学习与学习型社会。从结构上共同的典型特征体现为：与经济体系联系紧密，与普通教育体系等值融通，内部层次完整、衔接顺畅，体系充分开放。①

新职教法强调职业学校教育和职业培训并举有效地解决了我国现存不同种类职业教育的融通问题。国家采取措施大力发展技工教育，有利于充分发挥教育行政部门管理的、职业学校之外的技工学校和职业培训机构在职业教育中的作用，真正满足已离开学校、正处于不同职业生涯阶段的劳动者终身对职业技术技能提升的需要。同时，有效解决了职业教育与普通教育融通的问题，将大大提高劳动者参加各种职业教育的积极性。这种纵向贯通、横向融通、兼顾职业学校教育和职业培训、推进职业教育和普通教育协调发展、服务全民终身学习的现代职业教育的体系，为义务教育后的劳动者提供接受不同种类和层次的职业教育和普通教育打开了通道。因此很好地体现了职业教育的现代性。

第五节　办学层次的新突破

一、新旧职教法关于办学层次的对比

旧职教法第十三条将职业教育的办学层次表述为："职业学校教育分为初等、中等、高等职业学校教育。初等、中等职业学校教育分别由初等、中等职业学校实施；高等职业学校教育根据需要和条件由高等职业学校实施，或者由普通高等学校实施。其他学校按照教育行政部门的统筹规划，可以实施同层次的职业学校教育。"

新职教法第十五条将职业教育的办学层次表述为："职业学校教育分为中等职业学校教育、高等职业学校教育。中等职业学校教育由高级中等教育层次的中等职业学校(含技工学校)实施。高等职业学校教育由专科、本科及以上教育层次的高等职业学校和普通高等学校实施。根据高等职业学校设置制度规定，将符合条件的技师学院纳入高等职业学校序列。其他学校、教育机构或者符合

---

① 柳靖.职业教育的现代性探析——一个历史的角度[J].职业技术教育,2012 年第 1 期.

条件的企业、行业组织按照教育行政部门的统筹规划,可以实施相应层次的职业学校教育或者提供纳入人才培养方案的学分课程。"

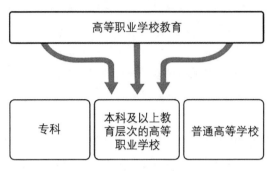

图 4‑5　新职教法的办学层次表述

新职教法在办学层次上取消了初等职业学校教育,明确指出"高等职业学校教育由专科、本科及以上教育层次的高等职业学校和普通高等学校实施"。明确了除学校外,教育机构、符合条件的企业、行业组织均可实施相应层次的职业教育或提供纳入人才培养方案的学分课程。

表格 4‑5

旧　职　教　法	新　职　教　法
第十三条　职业学校教育分为初等、中等、高等职业学校教育。初等、中等职业学校教育分别由初等、中等职业学校实施;高等职业学校教育根据需要和条件由高等职业学校实施,或者由普通高等学校实施。其他学校按照教育行政部门的统筹规划,可以实施同层次的职业学校教育。	第十五条　职业学校教育分为中等职业学校教育、高等职业学校教育。中等职业学校教育由高级中等教育层次的中等职业学校(含技工学校)实施。高等职业学校教育由专科、本科及以上教育层次的高等职业学校和普通高等学校实施。根据高等职业学校设置制度规定,将符合条件的技师学院纳入高等职业学校序列。其他学校、教育机构或者符合条件的企业、行业组织按照教育行政部门的统筹规划,可以实施相应层次的职业学校教育或者提供纳入人才培养方案的学分课程。

二、办学层次突破的意义

(一)更符合社会对人才培养的需求和职业教育发展的规律

"本科及以上教育层次"的提出,体现了职业教育的办学层次上的突破。职业教育是一个类型,这个类型自成体系,既有本科,又有研究生教育。目前已经有多所职业技术大学在尝试开展培养研究生层次的职业教育。新职教法写明"本科以上的教育",既满足新时代经济社会发展和人才培养的客观需要,又符合职业教育发展的内在规律和世界职业教育发展的趋势。

(二)为职业教育培养高精尖的技术技能人才预留出了空间

新职教法打通了职业教育学生上升的通道。长久以来,社会对职业教育有个普遍的认知,那就是职业教育是低层次的教育,因而学生上升通道往往不畅通。

除了设立本科层次职业学校,新职教法还为两个方面的探索预留了空间:在普通高等学校设置本科职业教育专业、在专科层次职业学校设置本科职业教育专业。这表明,职业学校的学生不仅可以读大专,还可以上本科,从法律层面打通了职校学生的发展通道,给中等职业学校的学生上大学提供了可能性,这将大幅提高学生上中等职业学校的积极性。

(三)更好地建设教育强国

党的十九大报告指出:"建设教育强国是中华民族伟大复兴的基础工程,必须把教育事业放在优先位置,深化教育改革,加快教育现代化,办好人民满意的教育。"新职教法明确了职业教育的办学层次,从中职到高职专科,再到本科层次职业教育,职业教育止步于专科层次的"天花板"被打破。职业教育培养了一大批支撑经济社会发展的技术技能人才,在服务国家战略、服务区域发展、服务脱贫攻坚、促进教育公平等方面发挥了重要作用。纵向贯通、横向融通的现代职业教育体系已经构建起来,标志着我国职业教育发展迈入了提质培优、增值赋能的高质量发展新阶段。职业教育是我国教育体系中不可缺少的一环,提升职业教育的办学层次,可以更好地建设教育强国。

(四)为人力资源强国提供了法律支撑

我国人才发展总体水平与世界先进水平相比还有较大差距,特别是高层次创新型人才匮乏,人才创新创业能力不强,人才资源开发投入不足,人才竞争力在全球范围依然处于弱势地位。我国是人才大国,但还不是人才强国。优先发展教育,建设人力资源强国,是加快推进现代化建设、实现中华民族伟大复兴的迫切需要。新职教法从法律层面规定了"高等职业学校教育由专科、本科及以上教育层次的高等职业学校和普通高等学校实施"保证了人才的培养质量,有利于提升人才的技术水平。

另外,需要注意的是:根据职业教育的定位、目标、特色与需要,实施研究生教育的比例不需要太大,要体现职业教育高层次人才培养的特点,体现它内在的规律。从国际比较的角度看,研究生层次的职业教育在早期一般占 3%—5%,中后期占 10%—15%。本科层次的职业教育早期占 15%—25%,中后期占 30%左右,其他的高等专科和中专层次占 65%—70%。① 不应该忽视职业教育的本质与特点搞盲目攀比,设置过高的研究生教育比例。

第六节　办学力量的新突破

一、新旧职教法关于办学力量的对比

旧职教法关于办学力量的第十七条表述为:"县级以上地方各级人民政府应当举办发挥骨干和示范作用的职业学校、职业培训机构,对农村、企业、事业组织、社会团体、其他社会组织及公民个人依法举办的职业学校和职业培训机构给予指导和扶持。"第二十一条表述为:"国家鼓励事业组织、社会团体、其他社会组织及公民个人按照国家有关规定举办职业学校、职业培训机构。境外的组织和个人在中国境内举办职业学校、职业培训机构的办法,由国务院规定。"

新职教法在多个条款中对办学力量作了规定。第九条的相关表述是:"国家鼓励发展多种层次和形式的职业教育,推进多元办学,支持社会力量广泛、平等参与职业教育。国家发挥企业的重要办学主体作用,推动企业深度参与职业教育,鼓励企业举办高质量职业教育。有关行业主管部门、工会和中华职业教育社等群团组织、行业组织、企业、事业单位等应当依法履行实施职业教育的义务,参与、支持或者开展职业教育。"第二十一条的表述为:"县级以上地方人民政府应当举办或者参与举办发挥骨干和示范作用的职业学校、职业培训机构,对社会力量依法举办的职业学校和职业培训机构给予指导和扶持。国家根据产业布局和行业发展需要,采取措施,大力发展先进制造等产业需要的新兴专业,支持高水平职业学校、专业建设。国家采取措施,加快培养托育、护理、康养、家政等方面技术技能人才。"第二十二条表述为:"县级人民政府可以根据县域经济社会发展的需要,设立职业教育中心学校,开展多种形式的职业教育,实施实用技术培

---

① 周洪宇.新职业教育法的 10 个重大突破[N].人民政协报教育在线周刊,2022 - 04 - 28.

训。"第二十六条表述为:"国家鼓励、指导、支持企业和其他社会力量依法举办职业学校、职业培训机构。"

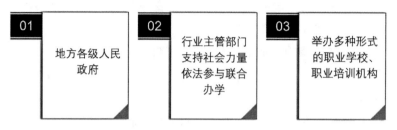

图 4-6 新职教法关于职业教育办学主体的要求

新职教法在办学力量上实现了重大突破。过去的职业教育主要由政府来办,鼓励"校企合作"。而现在,办学主体的范围进一步扩大,新职教法明确提出由"地方各级人民政府及行业主管部门支持社会力量依法参与联合办学,举办多种形式的职业学校、职业培训机构"。周洪宇表示,这意味着,政府支持社会力量举办职业教育。

表格 4-6

旧 职 教 法	新 职 教 法
第十七条 县级以上地方各级人民政府应当举办发挥骨干和示范作用的职业学校、职业培训机构,对农村、企业、事业组织、社会团体、其他社会组织及公民个人依法举办的职业学校和职业培训机构给予指导和扶持。 第二十一条 国家鼓励事业组织、社会团体、其他社会组织及公民个人按照国家有关规定举办职业学校、职业培训机构。境外的组织和个人在中国境内举办职业学校、职业培训机构的办法,由国务院规定。	第九条 国家鼓励发展多种层次和形式的职业教育,推进多元办学,支持社会力量广泛、平等参与职业教育。国家发挥企业的重要办学主体作用,推动企业深度参与职业教育,鼓励企业举办高质量职业教育。有关行业主管部门、工会和中华职业教育社等群团组织、行业组织、企业、事业单位等应当依法履行实施职业教育的义务,参与、支持或者开展职业教育。 第二十一条 县级以上地方人民政府应当举办或者参与举办发挥骨干和示范作用的职业学校、职业培训机构,对社会力量依法举办的职业学校和职业培训机构给予指导和扶持。国家根据产业布局和行业发展需要,采取措施,大力发展先进制造等产业需要的新兴专业,支持高水平职业学校、专业建设。国家采取措施,加快培养托育、护理、康养、家政等方面技术技能人才。 第二十二条 县级人民政府可以根据县域经济社会发展的需要,设立职业教育中心学校,开展多种形式的职业教育,实施实用技术培训。 第二十六条 国家鼓励、指导、支持企业和其他社会力量依法举办职业学校、职业培训机构。

二、办学力量突破的意义

长期以来,社会力量兴办的职业教育一直是中国现代职业教育的重要组成部分。据统计,2021年,全国共有中等职业学校7 294所,高职(专科)学校1 486所,本科层次职业学校32所。截至2021年9月,民办中职学校1 953所,占中职学校总数27%;民办专科学校353所,占全国高职(专科)院校总数的24%。①

社会力量办学能以最优势的资源弥补公办职业院校的局限。职业院校因为以就业、专业、实操、技术进步为导向,拥有其他教育院校不具备的特点,因此,它与社会、时代、企业、产业的联系尤其紧密,不论是国家级的产业集群建设,还是企业级的技术升级与更新迭代,都需要职业院校快速做出反应。

新职教法多措并举推进企业办学,落实企业在职业教育中的主体地位,推动企业深度参与职业教育,鼓励企业举办高质量职业教育,这不仅丰富了举办方式,而且完善了支持政策。

新职教法释放出一个重要的信号,即行业、企业甚至社会团体均可以参与职业教育,允许多形式、多形态的办学。可以动员更多企业力量和多方社会资源参与到人才培养的队伍建设中,聚焦社会经济发展中真正需要的高素质技术技能人才。企业如果真正发挥主体作用,将有利于改变"千校一面"的局面,让职业教育成为各行各业汇聚技术技能人才的蓄水池。

新职教法从顶层设计、政策红利、法律保障、资金支持、舆论导向等角度,给予社会力量办学更加强大的法律保障和政策支持,这将使社会力量在中国制造向中国智造、中国创造的产业转型中,发挥更加重要的作用;在"人人皆要成才、人人皆可成才",以及"劳动光荣、技能宝贵、创造伟大"②的时代背景中,为实现国家战略雄心和人民福祉发挥更大的作用。

新职教法的公布,给职业教育高速发展注入了无限生机,在这个前所未有的职业教育时代大变局中,社会力量办学机构,应该放眼未来、拥抱变化、服务社会,更好投身职教。

---

① 中国新闻网.发挥社会力量促进职教发展[EB/OL]. http://edu.cnwest.com/jyzx/a/2022/03/04/20353538.html,2022-03-04.

② 人民网.习近平的"劳动观":尊重劳动"实干""创造"并重[EB/OL]http://politics.people.com.cn/n/2015/0429/c1001-26927050.html,2015-04-29.

第七节 证书制度的新突破

一、新旧职教法关于证书制度的对比

旧职教法第二十五条表述为:"接受职业学校教育的学生,经学校考核合格,按照国家有关规定,发给学历证书。接受职业培训的学生,经培训的职业学校或者职业培训机构考核合格,按照国家有关规定,发给培训证书。学历证书、培训证书按照国家有关规定,作为职业学校、职业培训机构的毕业生、结业生从业的凭证。"

新职教法第五十一条表述为:"接受职业学校教育,达到相应学业要求,经学校考核合格的,取得相应的学业证书;接受职业培训,经职业培训机构或者职业学校考核合格的,取得相应的培训证书;经符合国家规定的专门机构考核合格的,取得相应的职业资格证书或者职业技能等级证书。"它还进一步规定:"接受职业培训取得的职业技能等级证书、培训证书等学习成果,经职业学校认定,可以转化为相应的学历教育学分;达到相应职业学校学业要求的,可以取得相应的学业证书。接受高等职业学校教育,学业水平达到国家规定的学位标准的,可以依法申请相应学位。"

表格4-7

旧 职 教 法	新 职 教 法
第二十五条 接受职业学校教育的学生,经学校考核合格,按照国家有关规定,发给学历证书。接受职业培训的学生,经培训的职业学校或者职业培训机构考核合格,按照国家有关规定,发给培训证书。学历证书、培训证书按照国家有关规定,作为职业学校、职业培训机构的毕业生、结业生从业的凭证。	第五十一条 接受职业学校教育,达到相应学业要求,经学校考核合格的,取得相应的学业证书;接受职业培训,经职业培训机构或者职业学校考核合格的,取得相应的培训证书;经符合国家规定的专门机构考核合格的,取得相应的职业资格证书或者职业技能等级证书……接受职业培训取得的职业技能等级证书、培训证书等学习成果,经职业学校认定,可以转化为相应的学历教育学分;达到相应职业学校学业要求的,可以取得相应的学业证书。接受高等职业学校教育,学业水平达到国家规定的学位标准的,可以依法申请相应学位。

新职教法在证书制度上主要实现以下突破:将职业学校学生经过学习考核

合格后取得的学历证书调整为学业证书。学生取得学业证书的条件增加"达到相应学业要求"这一条件。新增取得职业资格证书或者职业技能等级证书相关规定。证书一项中,增加职业资格证书和职业技能等级证书作为受教育者从业的凭证。增加的"接受职业培训取得的职业技能等级证书、培训证书等学习成果,经职业学校认定,可以转化为相应的学历教育学分"的规定突出了职业学校的就业导向。明确职业学校学生学业水平达到国家规定标准可以申请相应学位,这既有利于提升高职院校学生的社会竞争力,也有利于鼓励学生选择高职院校就读。

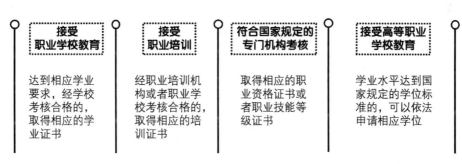

图 4‒7　健全的证书制度

二、证书制度突破的意义

职业教育作为一种跨界的教育,在办学制度层面跨越了企业与学校;在人才培养层面跨越了工作与学习;在社会功能层面跨越了职业与教育的疆域。健全的证书制度是影响职业教育长期发展的关键一环。

新职教法颁布实施以前,我国的职业资格证书与教育学历证书是分离的,职业教育证书制度长期存在两套体系。

一是作为教育属性的学历证书结构,它起始于初中层次的初等职业教育,经过高中层次的中等职业教育,止于专科层次的高等职业教育,其证书为学历证书,由教育部门颁发。

二是作为职业属性的职业资格证书结构,它建构于初级技能、中级技能、高级技能、技师、高级技师五个等级,其证书为职业资格证书,由人社部门颁发。并且这两者之间不存在对应关系。新职教法颁布的新证书制度构建了两套体系之间的桥梁,有利于进一步提高职业教育的吸引力,实现教育公平、社会公平,实现"人人皆可成才,人人尽展其才"的教育目标。

在过去,职业技术教育只有学业证书,没有学位证书。而学业证书和学位证书在概念上并不等同。学业证书是文凭,学位证书是学历。由于缺乏清晰合理的分类标准,学历的"天花板"一直存在,职业教育一直被视为普通教育的"附属品"。在一些人的心目中,职业教育总是"低人一等"。

新的证书制度既能将现代职业教育体系各个层次有机地衔接起来,又符合扎根中国大地办职业教育的文化特色,因此缓解了家长的教育焦虑,能促进职业教育提速发展。这就给更多青年提供了接受教育的机会,而且能切实促进更多青年实现更好地就业,推动国家走向依托技能人才实现高质量发展的轨道。

第八节　保障体系的新突破

一、新旧职教法关于保障体系的对比

旧职教法关于保障体系中国家投入的法律条款主要体现在第二十六条、第二十七条、第三十条、第三十一条。其中第二十七条表述为:"省、自治区、直辖市人民政府应当制定本地区职业学校学生人数平均经费标准;国务院有关部门应当会同国务院财政部门制定本部门职业学校学生人数平均经费标准。职业学校举办者应当按照学生人数平均经费标准足额拨付职业教育经费。各级人民政府、国务院有关部门用于举办职业学校和职业培训机构的财政性经费应当逐步增长。任何组织和个人不得挪用、克扣职业教育的经费。"

新职教法从第五十四条到第六十二条,9条的篇幅都是关于投入保障的条款。比如,第五十四条为:"国家优化教育经费支出结构,使职业教育经费投入与职业教育发展需求相适应,鼓励通过多种渠道依法筹集发展职业教育的资金。"第五十五条表述为:"各级人民政府应当按照事权和支出责任相适应的原则,根据职业教育办学规模、培养成本和办学质量等落实职业教育经费,并加强预算绩效管理,提高资金使用效益。省、自治区、直辖市人民政府应当制定本地区职业学校生均经费标准或者公用经费标准。职业学校举办者应当按照生均经费标准或者公用经费标准按时、足额拨付经费,不断改善办学条件。不得以学费、社会服务收入冲抵生均拨款。民办职业学校举办者应当参照同层次职业学校生均经费标准,通过多种渠道筹措经费。财政专项安排、社会捐赠指定用于职业教育的经费,任何组织和个人不得挪用、克扣。"

表格 4-8

旧 职 教 法	新 职 教 法
第二十七条 省、自治区、直辖市人民政府应当制定本地区职业学校学生人数平均经费标准;国务院有关部门应当会同国务院财政部门制定本部门职业学校学生人数平均经费标准。职业学校举办者应当按照学生人数平均经费标准足额拨付职业教育经费。各级人民政府、国务院有关部门用于举办职业学校和职业培训机构的财政性经费应当逐步增长。任何组织和个人不得挪用、克扣职业教育的经费。	第五十四条 国家优化教育经费支出结构,使职业教育经费投入与职业教育发展需求相适应,鼓励通过多种渠道依法筹集发展职业教育的资金。 第五十五条 各级人民政府应当按照事权和支出责任相适应的原则,根据职业教育办学规模、培养成本和办学质量等落实职业教育经费,并加强预算绩效管理,提高资金使用效益。省、自治区、直辖市人民政府应当制定本地区职业学校生均经费标准或者公用经费标准。职业学校举办者应当按照生均经费标准或者公用经费标准按时、足额拨付经费,不断改善办学条件。不得以学费、社会服务收入冲抵生均拨款。民办职业学校举办者应当参照同层次职业学校生均经费标准,通过多种渠道筹措经费。财政专项安排、社会捐赠指定用于职业教育的经费,任何组织和个人不得挪用、克扣。

　　新职教法在保障体系上,明确各级人民政府落实职业教育经费以及加强管理使用的职责。明确政府和职业学校应落实生均拨款的责任,对职业学校举办者增加了不断改善办学条件的要求。要求民办职业学校举办者参照同层次职业学校生均经费标准筹措保障办学经费。并强调财政专项安排、社会捐赠指定用于职业教育的经费不得改变用途。

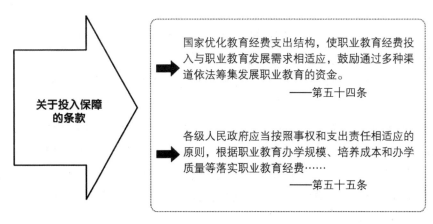

图 4-8 既有责任分工又投入"真金白银"

二、保障体系突破的意义

纵观世界各国,无论是发达国家,还是发展中国家,一个国家职业教育的健康发展,都离不开强有力的职业教育经费保障。广义的职业教育经费,是指在一定时期内投入职业教育事业的财力的总和。它包括国家拨付的职业教育经费、征收的教育费附加,以及单位、集体和个人捐资助学的经费等。狭义的职业教育经费,则指在一定时期内国家用于发展各种类型职业教育事业的总支出。职业教育经费投入的多少,直接影响着职业技术学校的办学和职业技术教育活动的开展、职业技术教育教学的管理、职业技术教育设施的建立和运转、职业技术师资的培养、任用和师资队伍的建设等。职业教育经费投入是职业教育事业发展的物质基础,是衡量一个国家职业教育重要性及其发展水平的基本指标。职业教育经费投入不仅关系到一个国家的职业教育在教育结构中的地位和发展质量,还会对一个国家的产业发展及整个经济社会发展产生深远影响。新职教法,既有责任分工又投入"真金白银",这确保了我国职业教育经费投入的稳定性、充足性和可持续性。[①]

第九节　回应民众关切的新突破

一、新旧职教法关于回应民众关切的对比

普职分流并不是一个陌生的概念,它指的是初中毕业后,有的学生会进入普通高中,而有的学生会进入中等职业学校就读。

旧职教法对于普职分流在第十二条表述为:"国家根据不同地区的经济发展水平和教育普及程度,实施以初中后为重点的不同阶段的教育分流。"新职教法在第十四条中回应普职分流的表述为:"国家建立健全适应经济社会发展需要,产教深度融合,职业学校教育和职业培训并重,职业教育与普通教育相互融通,不同层次职业教育有效贯通,服务全民终身学习的现代职业教育体系。国家优化教育结构,科学配置教育资源,在义务教育后的不同阶段因地制宜、统筹推进

袁旖旎.浅析澳德美三国职业教育经费筹措保障体制及其启示[J].科技视界,2016年第4期.

职业教育与普通教育协调发展。"

表格 4‑9

旧 职 教 法	新 职 教 法
第十二条　国家根据不同地区的经济发展水平和教育普及程度,实施以初中后为重点的不同阶段的教育分流。	第十四条　国家建立健全适应经济社会发展需要,产教深度融合,职业学校教育和职业培训并重,职业教育与普通教育相互融通,不同层次职业教育有效贯通,服务全民终身学习的现代职业教育体系。国家优化教育结构,科学配置教育资源,在义务教育后的不同阶段因地制宜、统筹推进职业教育与普通教育协调发展。

　　新职教法中取消了"普职分流"的提法,改成了"在义务教育阶段后的不同阶段因地制宜、统筹推进职业教育与普通教育协调发展"。新职教法提出职业教育与普通教育"协调发展",这是对我国基于"双轨"教育基础上的义务教育后普职分类发展,做出的与时俱进的和更加科学及规范的表述。它体现了我们各级各类教育优质均衡发展的理念,也为我国高质量教育的多样化发展提供了法律依据。

二、回应民众关切突破的意义

　　旧职教法规定,"国家根据不同地区的经济发展水平和教育普及程度,实施以初中后为重点的不同阶段的教育分流"。中考后分流政策规定与各地教育发展情况常常并不符合,且容易导致"一刀切"式的僵化执行,特别在职业教育发展质量和就业前景与普通教育存在较大差距的现实下,进一步引发了中小学生家长和学生的焦虑,甚至产生"中考变高考"的后果,与"双减"政策的导向性产生了抵减效应。

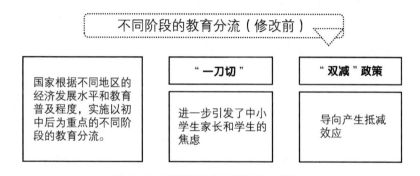

图 4‑9　旧职教法关于普职分流的规定

　　新职教法将此表述进一步修改为"在义务教育后的不同阶段因地制宜、统筹推进职业教育与普通教育协调发展"。从中可以看出,"强制"的意味越来越弱。鉴于每个学生的情况不同,发展的需要也不一样,教育本身也具有分流分层的作用,特别是基于职业教育对经济社会发展的巨大支撑作用,和国家对发展职业教育的总体考虑,相关政策仍然会继续执行,只不过执行时会更加注重符合实际、注重方式方法、注重协调发展。

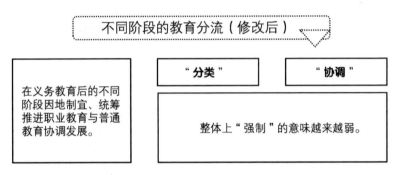

图4-10　新职教法关于普职分流的规定

　　此外,新职教法在职业教育的人才培养、毕业生的证书颁发及如何为职业院校毕业生的就业创造平等的机会等方面都回应了民众的关切。新职教法第五十三条明确规定"职业学校学生在升学、就业、职业发展等方面与同层次普通学校学生享有平等机会""各级人民政府应当创造公平就业环境。用人单位不得设置妨碍职业学校毕业生平等就业、公平竞争的报考、录用、聘用条件"等,这些条款的实施将有助于消除对职业教育的社会歧视。

第十节　法律责任的新突破

一、新旧职教法关于法律责任的对比

　　旧职教法关于实施职业教育主体的法律责任的规定仅仅在第三十九条有所表述,即"在职业教育活动中违反教育法规定的,应当依照教育法的有关规定给予处罚"。

　　新职教法从第六十三条到第六十七条详细表述了实施职业教育有关主体的法律责任。其中,第六十三条"在职业教育活动中违反《中华人民共和国教育法》

《中华人民共和国劳动法》等有关法律规定的,依照有关法律的规定给予处罚",明确了具体处罚的依据;第六十四条明确了企业未依照本法规定对本单位的职工和准备招用的人员实施职业教育、提取和使用职工教育经费的处罚措施;第六十五条明确了职业学校、职业培训机构违法违规和办学不力的处罚措施;第六十六条明确了接纳职业学校和职业培训机构学生实习的单位侵害学生权利的法律责任,明确了职业学校、职业培训机构违法组织学生实习实训的法律责任,以及相关单位或个人需要承担的相应法律责任;第六十七条明确了教育行政部门、人力资源社会保障行政部门或者其他有关部门的工作人员违法行为的处罚。

表格 4 - 10

旧 职 教 法	新 职 教 法
第三十九条　在职业教育活动中违反教育法规定的,应当依照教育法的有关规定给予处罚。	第六十三条　在职业教育活动中违反《中华人民共和国教育法》《中华人民共和国劳动法》等有关法律规定的,依照有关法律的规定给予处罚。 第六十四条　企业未依照本法规定对本单位的职工和准备招用的人员实施职业教育、提取和使用职工教育经费的,由有关部门责令改正;拒不改正的,由县级以上人民政府收取其应当承担的职工教育经费,用于职业教育。 第六十五条　职业学校、职业培训机构在职业教育活动中违反本法规定的,由教育行政部门或者其他有关部门责令改正;教育教学质量低下或者管理混乱,造成严重后果的,责令暂停招生、限期整顿;逾期不整顿或者经整顿仍达不到要求的,吊销办学许可证或者责令停止办学。 第六十六条　接纳职业学校和职业培训机构学生实习的单位违反本法规定,侵害学生休息休假、获得劳动安全卫生保护、参加相关保险、接受职业技能指导等权利的,依法承担相应的法律责任。 职业学校、职业培训机构违反本法规定,通过人力资源服务机构、劳务派遣单位或者非法从事人力资源服务、劳务派遣业务的单位或个人组织、安排、管理学生实习实训的,由教育行政部门、人力资源社会保障行政部门或者其他有关部门责令改正,没收违法所得,并处违法所得一倍以上五倍以下的罚款;违法所得不足一万元的,按一万元计算。 对前款规定的人力资源服务机构、劳务派遣单位或者非法从事人力资源服务、劳务派遣业务的单位或个人,由人力资源社会保障行政部门或者其他有关部门责令改正,没收违法所得,并处违法所得一倍以上五倍以下的罚款;违法所得不足一万元的,按一万元计算。

二、法律责任突破的意义

职业教育法律责任是指职业教育过程中所产生的法律责任,由于教育主体的特殊性、教师力量和教育内容的独特性,职业教育的法律责任与一般法律责任有很大的不同。

任何法律都需要明确写入法律责任。旧职教法有一个很明显的疏漏,就是没有"长钢牙",是一个"软法"。① 如果不规定明确的法律责任,在违法行为出现的时候就无法追责,立法就会失去意义。新职教法中新增法律责任部分。其中的条款表述都是刚性的、明确有力的,是"长钢牙"的法律。如新职教法明确规定:"教育行政部门、人力资源社会保障行政部门或者其他有关部门的工作人员违反本法规定,滥用职权、玩忽职守、徇私舞弊的,依法给予处分;构成犯罪的,依法追究刑事责任。"新职教法中还明确写明了罚款,如:"……没收违法所得,并处违法所得一倍以上五倍以下的罚款;违法所得不足一万元的,按一万元计算。"

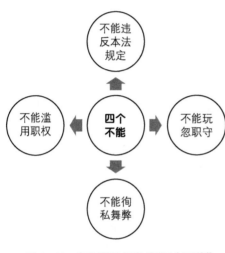

图 4-11　新职教法规定的"四个不能"

新职教法分别规定的关于企业用人单位、职业学校、职业培训机构、教育行政部门、人力资源社会保障行政部门和其他有关部门的法律责任,这些条款不仅保证了教育教学工作的顺利开展,而且维护了广大教师和受教育者的权利,亦能有效监督和约束行政管理机关、教育机构及其相关人员、其他社会组织及个人,这是在新时期保证我国职业教育活动顺利开展以及高质量发展的有力保障。

任何一部法律出台后,随着社会的发展还会有更大的提升空间。而这十大方面的突破,涵盖了各个方面的关键问题,既符合中央精神,又符合实际需要,还努力回应了人民群众的关切。期待新职教法能在实际生活中得以有效地推进落地,从而让职业教育发展迎来真正的春天。

① 周洪宇.新职业教育法的 10 个重大突破[N].人民政协报教育在线周刊,2022-04-28.

第五章

职业教育法规的国际比较

本章介绍美、德、日这三个典型的职业教育发展强国的职业教育法规发展状况,分析其优势及特点,以期为我国职业教育法规发展与完善提供宝贵的参考与借鉴。

第一节　美国职业教育法规发展概况

一、美国职业教育法规发展简史

美国最早的职业教育可以追溯到殖民地时期的学徒制。当时的学徒制沿用英国 1562 年制定的《工匠·徒弟法》及 1662 年制定的《济贫法》,在具体实施上,一般是由父母通过订阅合同,将孩子交给有一定技术的匠师,或由地方当局分配给匠师分别照管。这种合同可以视为美国职业教育法制化的萌芽。在殖民地时期和整个 18 世纪,学徒制都是美国职业教育发展的保障。

19 世纪 20 年代以后,美国由于经济的发展,原有的学徒制早已不能适应社会的变化,工业革命促发的机器大生产使学徒制培养的手工技艺工人无法跟上时代发展的步伐,在这种情况下职业学校应运而生。1814 年,波士顿开始设置农工学校,1820 年纽约出现技工学校,1851 年费城出现了专门讲授工业制图、制造工艺的学校,1859 年纽约出现了职业夜校,等等,这些学校比较学徒制来说是更为正规的实施职业教育的场所,它的出现加速了职业教育的发展,同时也极大地促进了美国经济的发展。但是,由于美国各州独立治教的传统,职业教育因各州财力的不同而导致发展水平不同,从而影响了美国经济的整体发展。鉴于这种形势,联邦政府于 1862 年颁布了《莫雷尔法案》,这可以看作是美国第一个职业教育法。该法案规定,美国按各州在国会中参议院和众议院人数的多少分配给各州不同数量的国有土地,各州应当将这类土地的出售或投资所得收入,在 5年内至少建设一所"讲授与农业和机械工业有关的知识"的学院。后来这类学院被称为"农工学院"或"赠地学院",这些学院是《莫雷尔法案》结出的果实。当时将联邦拨地用于独立设置农工学院的就有 28 个州,宾夕法尼亚等州是把拨地转给原有的农业学校,有的州是在州立大学增添农工学院。农工学院的发展为美国职业技术,尤其是农工业职业技术的发展培养了不少人才。《莫雷尔法案》以法律的形式确定了联邦政府通过资助推动职业教育发展的责任与义务,对于美国以后职业教育稳步发展起到了奠基作用。

到南北战争以后,美国已经发展成为工业强国,农业机械化体系已于 1890年左右大体完成,工农业的发展迫切需要学校输送大量合格的科技人才,这使社会对中等教育提出了新的更高的要求,促进了中等教育的大众化。在中等教育大众化的同时,中等学校的职能也趋于多样化,出现了许多单一的以培养职业技能为主的职业中学和开设职业技能选修课的综合中学,这些中学为社会提供了许多职业技术基础性人才,但是受欧洲传统教育观的影响,美国中学在本质上仍是以升学作为主要培养目的,学生进入社会所应具备的生活技能在中学得不到应有的重视,因此对相当一部分由于家庭经济困难而无力继续上学的学生来说,无论是在职业中学还是在综合中学,都很难学到能够胜任以后工作的知识技能。这就造成了学校难以满足美国社会对具有一定文化知识和熟练技能的劳动力的需求,引起了改革中等教育的呼声。1913 年全国教育协会成立了"中等教育改组委员会"(Commission on the Reorganization of Second Education),该委员会的指导思想是进一步强调教育的社会功能,教育应该有助于社会生活的改善。经过几年的考察,1918 年美国颁布《中等教育基本原则》,其中明确规定中等教育应"发展职业技能"。与此同时,单纯的关于职业教育的报告也被不断提出,全国教育协会也专门成立了"关于职业在公共教育中的地位委员会"(Committee on the Place of the Industries in the Public Education),主要研究职业教育问题。在这一时期,高等职业技术教育也逐渐发展起来。19 世纪末 20 世纪初兴起和发展的初级学院运动(Junior College Movement)促进了高等职业技术教育的普及并推动了高等职业技术教育的发展,因此在美国职业教育发展的历史上占有一席之地。20 世纪 20—30 年代,美国初级学院协会召开的全国性会议上,职业教育始终被列入议事日程。1939 年该协会成立了"初级学院终结性教育委员会"(Commission on Junior College Terminal Education)对终结性教育进行研究,把职业教育看作是初级学院终结性教育的主要部分。到 1940 年,美国各州有关初级学院的法案几乎有一半都明确规定,初级学院必须提供终结性教育,其中主要是职业教育。第二次世界大战后,美国高等教育委员会于 1947 年建议使用"社区学院"(Community College)的名称代替"初级学院"。"社区学院"一般指公立的两年制学院,"初级学院"指私立的或教会开办的两年制学院,同时初级学院(社区学院)的职能也更加完善。

全国教育协会还成立了"全国职业教育促进会"(National Society for the Promotion of Industrial Education),该协会的主要目的是推动制定相关法律,使财政能够对职业教育进行补助。1908 年,该协会提交了《职业训练与普通教育体制的关系》的报告,建议联邦政府对有关职业教育问题进行调查,并多次提交职业教育立法的方案。全国职业教育促进协会的努力得到了社会的广泛支持,到 1910 年,美国大约半数以上的州发展了各类的职业教育。但即使如此,在就业前受过职业训练的人仍不足百分之一,整个美国的职业学校教育还不如德国的一个巴伐利亚州。

为适应社会和经济的快速发展需要,1914 年美国国会任命了"职业教育国家补助委员会"(Commission on National Aid to Vocational Education),专门用来研究联邦政府对职业教育的补助问题。该委员会认为,"就国家的昌盛和幸福以及保持在世界市场上的地位来说,对职业教育的补助是一种明智的事业投资",同时该委员会也认为,由于州的权力和资金所限,没有联邦政府的资助,单凭州政府是不能够及时对职业教育的发展做出保证性措施的。因此他们认为,联邦政府应该与州政府合作,共同实施职业教育,并于 1914 年由职业教育国家补助委员会主席史密斯和休士为代表向国会提交了一份职业教育提案,主要内容包括:① 美国必须发展不同种类和不同等级的职业教育;② 美国的每个地区均应迫切需要发展职业教育;③ 发展职业教育是国家的一项明智的商业投资;④ 发展职业教育对社会和教育同等重要;⑤ 各州、各阶层一直确认发展职业教育对民族未来的福利绝对必要;⑥ 各州需要国家资助,才能发展职业教育。

这项法案明确提出了职业教育需要联邦政府的资助,强调发展职业教育的重大意义,但却被束之高阁好几年。直到 1917 年,国会才通过了由该委员会主席史密斯(Hoke Smith)和休士(Dudley M. Hughes)又一次提交的职业教育法案,称《史密斯—休士法案》,1914 年提交的报告内容几乎都囊括在 1917 年的法案中。这项法案在美国教育史、美国职业教育史、美国职业教育法规发展史上都具有深远的意义,它代表了美国联邦政府第一次以立法的形式为中等教育程度的职业教育体制提供牢固的财政补助打下了基础。据统计,由于该法案的实施,1917—1918年,仅联邦政府在农业、工业、商业和家政职业教育与师资训练以及职业教育研究上,拨款补助总数达到170万美元;1921—1922年度,拨款总数增加到420万美元;1932—1933年度,拨款总数增加到980万美元。《史密斯—休士法案》中还规定联邦拨款要在中学建立职业教育课程,在法案中第一次为中等教育程度的职业教育体制提供了财政基础,这标志着职业教育体系开始形成。

《史密斯—休士法案》通过后,美国职业教育迅速稳步发展,1917—1921年,接受联邦政府资助的职业学校的入学人数由164 186人增到323 028人。1936年,美国国会又通过《乔治—迪恩法案》,在这项法案中增加了联邦资助的金额,并扩大了资助范围;1940年,国会又通过《国防职业教育法案》再次追加联邦政府对职业教育的拨款并扩充了资助范围;1946年国会通过《乔治—巴登法案》;1963年国会通过了《职业教育法》,《职业教育法》就传统职业教育的弊病提出修正意见。

职业教育经过几十年的发展,虽然也在不断地努力适应社会和经济的变化,但是由于美国职业教育法案基本上一直是沿用1917年《史密斯—休士法案》的思想,当初制定法案的思想和现实已经有了不小的差距。随着各种社会条件的不断更新,过去几十年传统职业教育越来越暴露出一些消极方面,最大的失败之处是它的不灵活性:缺乏对市场需求变化的迅捷反应,缺乏对各种人才需求的迅捷反应。因此1963年法案体现了职业教育发展在观念和决策上的变化,法案把职业教育发展的重点从职业教育的分类转到职业教育的接受对象,它促使所有社区、所有年龄的公民都有平等的机会接受高质量的训练和再训练,更注重了针对性和实用性。该法案还规定拨款总金额的至少三分之一必须用于中等以上职业教育及设备。经过1963年法案的实施,以及以后《1968年职业教育法修正案》和《1976年职业教育法修正案》的实施,美国接受职业教育的人数迅猛增加,据统计,1978—1979年度,接受职业教育的人数达到1 956万人。职业教育体系也日趋完备,仅1978—1979年度,美国提供职业教育的学校数达到27 753所,既有中初等职业教育机构,又有高等职业教育机构,既有普通职业教育机构,又有成人职业教育机构。可是当时的学校职业教育主要着眼于谋生和就业,教育观比较狭隘,不能满足社会理念变化和科技发展对人才提出的要求,特别是19世纪70年代初"终身教育"观的形成,促使职业教育的发展方向要建立在终身教育的理论之上,并由此引发了声势浩大的"生计教育运动"。

生计教育(Career Education)是一种主张以职业和劳动为中心的教育。其倡导者马兰(Marland S.P.)认为,由于在新的社会条件下,人们不再是为了一个终身的职业接受职业训练,一个人若想找到不同的职业和再就业,就得学会新的不同的技能,因此需要彻底改革美国的教育制度。1972年尼克松在国情咨文中曾称生计教育是由政府创办的一个最有前途的教育事业。1974年,美国国会通过了《生计教育法》,当时就有9个州通过了必须实施生计教育的专门法令,42个州采取措施推行生计教育,到19世纪70年代中期,生计教育运动已经在全国相当普遍,美元的大量投入,课程的重新设置,项目的广泛进行,一切旨在达到"能使公民适应变化所需要的技术、知识和态度,从而使我们的社会不仅能够继续生存,而且能够繁荣昌盛"。当然每一次运动都有它的优劣之处,生计运动也不例外。美国各界对生计运动的褒贬不一,但不影响它在提高职业教育的地位、改变职业教育的理念、引导职业教育发展的方向、促进职业教育的深化上所做出的贡献。

1982年美国在总结以前经验教训的基础上通过了《职业训练协作法》。该法按规定联邦政府资助职业训练,对象扩展到有特殊就业障碍的人群。从1989年7月到1990年6月,大约76.46万人接受了"对经济地位低下的青年和成人的训练"这一项目的资助,10.06万人接受了"对不能返回原工作岗位的下岗工人的就业训练"这一项目的资助。政府对成人中初级职业教育的资助是较为广泛的,1984年约有260万人登记接受中初级职业教育。1990年,美国国会通过了《伯金斯职业应用技术教育法》,这是为了适应经济的全球化、高科技化、高效能化培养职业人员的一项法案,它提出了新的发展重点为:学术与职业教育的集成、技术准备项目、建立按经济不同发达程度实行资助的新模式等。

2018年7月31日,特朗普签署了《加强21世纪的职业与技术教育法》。这是特朗普在任期总统内所签署的第一项对美联邦教育产生深刻影响的教育法案。这项法案取得了共和党和民主党的一致认可,将为各州每年提供总计10亿美元的拨款用于职业教育。并且,各州可以不经过美联邦教育行政部门审批,即可制定本州的职业与技术教育(CTE)绩效目标,对于近年来权力逐渐有所加大的联邦教育部而言,算是一种逆向放权。

《加强21世纪的职业与技术教育法》的前身,是2006年国会授权通过的《卡尔·D.柏金斯职业技术教育法》,又称《卡尔·D.柏金斯法》。在访问佛罗里达州坦帕湾技术高中期间,特朗普重新授权《卡尔·D.柏金斯法》,签署生效了《加强21世纪的职业与技术教育法》。他强调,该项法案的签署,有助于培养劳动力市场所需的合格人才,也有助于用人单位获得所需的劳动力。该项法案所主张和提倡的教育计划,意在填补将来用人单位对雇员的期待与雇员实际技能素养之间的鸿沟。

二、美国职业教育法规的特点

美国职业教育发展早,体系较为完备,在很多方面也具有适应美国国情的特点,尤其在立法程序和规律、校企合作、普职融合、经费保障等方面,具有一些重要特点。

(一)美国职业教育法案的针对性

美国职业教育法案的确定都是在一定的现实要求下,以解决一定的社会问题为目的。每一次法案的确立都不奢求解决所有的问题,而是尽力解决最迫切的问题,所以每次教育立法都极有针对性。这样不仅没有因小失大,反而更集中、更有效。如《莫雷尔法案》是在各州职业教育发展不平衡的背景下,为了促进整个国家的经济发展,以法律的形式通过联邦资助的手段,对职业教育进行扶持,通过《莫雷尔法案》的实施,美国建立了68所"赠地学院",通过这些"赠地学院"的发展,到1926年在校人数已达到40万人,客观上促进了职业教育的兴盛和提高了国家的经济实力。

(二)美国职业教育法案的客观性

每一次职业教育的立法都不是凭空杜撰出来的,而是由专家学者,经过几年的调查研究、分析考证才最终确立的。因此,法规具有很强的客观性或者说科学性。这样就保证了职业教育发展方向的正确、实施的明确,可以避免盲目性,增强法规的有效性。

(三)美国职业教育法案的连续性

每一次美国职业教育法案的确定都是建立在上一次职业教育法案的基础之上。前后法案有继承关系,后一次法案往往是前一次法案的补充和修正,前一次法案又是后一次法案的前提和基础。法案由于其确立时的针对性,在集中解决了某些问题之后,随着社会条件、经济条件的不断变化,难免就会显示出滞后性来,法案暴露出的问题就成为下一次法案着力解决的重点。如1963年国会通过了《职业教育法》,之后在1968年和1976年又分别制定了《1968年职业教育法修正案》《1976年职业教育法修正案》。后来随着整个社会教育观念向终身化发展,《生计教育法》在以前职业教育法规的基础上,改变了教育观念,扩大了教育范围,重新确定了教育目的和任务,促进了职业教育由教育到职业的转变,适应了社会对人才的需求。美国职业教育法案的连续性还表现在前后法案所体现的教育规律上,即教育的发展层次是由低到高、由浅入深。法案的内容尤其反映与社会的经济发展水平相一致的对教育所提的要求。《莫雷尔法案》引发的农工学院运动,主要扶持初等职业技术教育;《史密斯一休士法案》为中等程度的职业技术教育的发展提供了财政补助;随后的初级学院运动促进了高等职业技术教育的发展。由此可以看出,美国职业教育法案具有连续性或称渐进性,它是一个相互联系又前后照应的立法过程。

　　我国于 1996 年由全国人大常务委员会第十九次会议通过了《中华人民共和国职业教育法》,规定自 1996 年 9 月起实行。我国职业教育法涵盖了职业教育的体系、职业教育的实施、职业教育的保障条件等内容,是较为全面的职业教育法,为我国职业教育的发展提供了法律依据和法律保障。正如美国的职业教育法案不停地修正一样,我国的教育法案也在实践的基础上,立足实际,面向长远,为适应社会的变化,也在不断地修正补充,于 2022 年 5 月颁布实施新的职业教育法,从而加快我国职业教育立法的发展力度,推动我国职业教育的发展。

　　(四)美国政府对职业教育的财政支持力度很大

　　美国政府对职业教育资金上的大力支持是美国职业教育发展迅速的一个主要原因。第二次世界大战结束后,为适应美国经济社会高速发展,美国政府颁布并不断修正了一系列对职业教育具有深远影响的法律,为职业教育发展提供坚实法律保障和充分资金支持。从《莫雷尔法案》的第一次确认联邦政府给予经济支持,到 1990 年国会通过的《伯金斯职业应用技术教育法》,每一次法规联邦政府都给予财政支持,并且力度逐次增加,资助的范围也逐次扩大。财政的支持极大地促进了职业教育的发展,反过来职业教育的极大发展又促进了整个国家经济实力的增强。美国的职业教育不属于义务教育,但各类职业技术教育与培训机构不以营利为目的。其经费来源主要有:当地财产税约占学校收入的 45%;州政府拨款占学校收入的 18% 至 20%;联邦政府资助约占 10%;学生学费占8% 至 10%。这些经费主要用于增设新的急需专业课程和培训计划,以及向残疾学生和低收入家庭学生等提供资助。

　　(五)美国职业教育基础深厚,并高度重视普职融合的体制机制建设

　　美国的职业教育基础始于小学,利用科学、艺术与手工艺术、计算机等课程训练动手能力;初中阶段开设汽车、电子、木工、制图等课程;高中阶段再予强化,教学过程中强调创造发明和问题解决方式,同时通过组织专题性的制作竞赛激

励学习。高中阶段与技术有关的科目大多为选修课,目的是培养中学生具有初步的专业技能,以利于中学毕业后学生的分流。

普通教育与职业教育融合是美国职业教育一大特色。普职融合体系将职业教育贯穿于各级学校,采用综合中学、专业技术教育学校与培训班、社区学院、综合大学的职业技术课程相结合的灵活多样方式,形成一个层次分明、纵横交错的职业技术教育网络。普职融合通过强大的学分认可和转移系统实现。不同层次、不同教育机构的课程学分可以互认。

(六)美国的职业教育法强调和保障紧密的校企合作

美国职业技术教育机构为保证毕业生"产销对路"且满足企业需要,实行校企紧密合作。校方除聘用企业的优秀工程师到学校作兼职教师外,还会和工商企业界联手制定教学计划、撰写教学大纲、设计课程,并派教师到企业进修锻炼,以使教师随时掌握本专业生产第一线的实际情况,有能力对学生进行职业教育。企业则向校方提供人才需求信息,选派人员担任学校咨询委员会成员,参与各级教育委员会组织的职业学校的教学评价检查活动。企业也定期把员工送到职业学校进行再培训。

工商企业界与职业技术教育机构合作的另一种形式是直接购买培训,即给予经费补偿或开展特定培训项目。校企之间的直接合作为学生创造了理论结合实际的良好学习条件,企业雇主和学校确定合作项目,把职教学生安排在实际工作岗位上,学生半日在校学习,半日参与生产实践,有利于学生职业能力的锻炼和上岗的适应性。

(七)美国职业教育法体系庞大而复杂

美国宪法没有具体谈到教育问题,因此,美国教育一直被认为是各州的责任,致使美国50个州形成了不同的教育系统,确立了分权的教育模式,但是联邦政府通过财政拨款和税收政策对各州职业教育的发展起着合理的引导和调控作用。美国职业教育法的体系主要由各州制定的州宪法、立法机构制定的相关法规(如美国国会就制定了一些联邦法规,包括了职业教育的内容)、政府机关或职能部门制定的规章(如美国教育部、州教育部门制定的规范性文件)、由法院通过的判例法。这些不同层级的法律法规相互配合,有机统一,共同构成了美国完整的职业教育法律体系。

(八)重视大力发展农业职业教育

由职业教育协会农业教育处(领导协调农业职业教育相关各方)、国家农业科学及技术教育中心(负责课程开发及师资培训)、美国农业教育协会(开展农业职业教育研究,推动农业教学改革)、国家农业职业教育师资协会(提高教育教学水平)、国家农业职业教育监管协会(提高农业职业教育质量,促进农业职业教育在整个社会中的地位)等机构在全美国广泛开展农业职业教育,成功承担了 80 多万学生接受农业职业教育。学员通过学校、实验室进行理论科研学习、再结合实训基地的实践,来完成学业。资金来源主要在于农业领域的企业、社会机构以及个人的捐助。

三、美国职业教育法规的借鉴意义

由于美国职业教育发展较早,体系成熟,关于职业教育法的一些核心重点问题,美国职业教育法体系中的规定,很具参考价值。在新职教法的内容中,可以看到非常多的有代表性的规定,已经与国际上职业教育发达的国家对标,如普职融通、学分银行、职业本科及职业教育的经费保障等,甚至在一些地方,进行了适应我国国情的创新,是一部适应中国新时代职业教育发展的法律。但是因为历史原因,美国职业教育法,仍然有一些地方,值得我们借鉴:

(一)提倡加强经费投入,保障职业教育的发展

美国职业教育虽然不属于义务教育,但是经费主要来自各级政府的拨款,且不以营利为目的。纵观世界各国,无论是发达国家,还是发展中国家,一个国家职业教育的健康发展,都离不开强有力的职业教育经费保障。职业教育经费投入的多少,直接影响着职业技术学校的办学和职业技术教育活动的开展、职业技术教育教学的管理、职业技术教育设施的建立和运转、职业技术师资的培养、任用和师资队伍的建设等。职业教育经费投入是职业教育事业发展的物质基础,是衡量一个国家职业教育重要性及其发展水平的基本指标。职业教育经费投入不仅关系到一个国家的职业教育在教育结构中的地位和发展质量,还会对一个国家的产业发展及整个经济社会发展产生深远影响。当然,我国的新职教法既有责任分工,又投入了"真金白银",这也在一定程度上确保了我国职业教育经费投入的稳定性、充足性和可持续性。[①]

(二)重视完善普职融合的体制机制建设

美国职教法体系非常注重普职融合的体制机制建设。美国普职融合通过强

---

① 袁旖旎.浅析澳德美三国职业教育经费筹措保障体制及其启示[J].科技视界,2016 年第 4 期.

大的学分认可和转移系统实现。不同层次、不同教育机构的课程学分可以互认。我们惊喜地看到,新职教法在普职融合上已经作了重大部署和突破,新职教法在第十四条中表述为"国家建立健全适应经济社会发展需要,产教深度融合,职业学校教育和职业培训并重,职业教育与普通教育相互融通,不同层次职业教育有效贯通,服务全民终身学习的现代职业教育体系。国家优化教育结构,科学配置教育资源,在义务教育后的不同阶段因地制宜、统筹推进职业教育与普通教育协调发展"。另外,新职教法还增加了关于学分银行等建设的规定,只是离具体落实,还有待时间的推移和法律法规的进一步细化与完善。

(三)注重推进职业教育多元办学和校企深度合作

美国职业教育参与主体多,企业、政府机构、社会团体、行业协会等都深度参与职业教育的发展,甚至是职业教育法律体系的搭建者,尤其企业深入参与职业教育办学,校企合作广泛而深入,形式多样。在我国新职教法中,也有多个法条涉及多元办学和校企合作。但是目前我国办学主体还是以政府为主,其他主体参与度较低,甚至在一定时期,多元办学还出现了倒退现象。校企合作不深入、不全面、停于表面的问题,仍然非常突出。新职教法对多元办学和校企合作作了较以往更细致的规定,希望随着新职教法的进一步实施,能较好解决这些问题。

(四)大力发展农业职业教育

美国的农业职业教育,是其职业教育的一大特色,受众广泛,影响深远。我国农业人口基数庞大,国家非常重视"三农"问题,解决好"农业、农村、农民"问题,是我国实现现代化的重大任务和挑战,但是我国农业现代化程度不高,从业者素质较低,具备很强的职业教育发展潜力。通过在农村开展广泛的职业教育,培养一大批新农民,培育一大批新的农业产业,建设一大批新农村,提高农民收入水平,达到共同富裕的目的。我国新职教法中关于农业职业教育的规定虽然有,但是不多,需要更多的配套法律法规加以完善。

第二节 德国职业教育法规发展概况

一、德国职业教育法规发展简史

一直以来,德国就以其良好的职业教育在世界范围内广受好评。截至2021年7月,德国青年失业率仅为7.5%,远低于欧盟17%的平均水平,英国教育大臣加文·威廉姆森(Gavin Williamson)曾经宣布,要"以德国模式为基础,建立一个世界级的教育系统"。

德国是一个有着悠久手工业生产史的国家,这使德国形成了重视职业教育培训的传统。早在中世纪,市场的狭小促使城市手工业者和商人建立了行会,限制竞争,但行会同时也具有监督产品质量、维护整个行业声誉的重要作用。为了成为一个独立的手工业者,一个年轻人必须去做学徒,经受长时间的训练和严格的考核。由于手工业者在历史上地位比较高,因而德国形成了对职业教育的认可,很多人希望孩子接受培训,获得一份独立的工作。

18世纪,伴随工商业的兴起,德国的教育取得了很大发展。强迫入学制的实行,使初等教育在德国得到了普及。在初等教育基础上,德国一些地区还开办了星期日学校或夜校,进行初等教育的继续教育,传授的主要内容是宗教,但是成效甚微。不过,随着以化工、钢铁等为代表的重化工业在18世纪中期的迅速崛起,这些继续教育学校逐渐转变为技术学校,教授学生未来所需要的知识和技能,吸引了大量年轻人前来就读。18世纪德国教育的另一个特点是实科中学的兴起。这种中学的目的是使成年人能够继续学习数学、机械学、自然知识和手工工艺,这个时期的实科中学实际上部分承担了职业教育的职能。

19世纪,德国颁布了一系列有关工商业发展的法规条例。1871年颁布《工商业管理法》,1897年颁布《手工业保护法》,对手工业从业人员做出了相应的要求,提出了相应的标准。19世纪中期,随着德国经济的迅速崛起,对职业教育的要求也继续提高,业余性质的技术学校很难满足产业对工人素质的要求。这种背景下,德国职业教育学家凯施恩斯特建议建立按照专业划分、以职业为导向的义务职业进修学校,并在1906年率先在慕尼黑建立了"职业进修学校",凯施恩斯特建立的学校取得了良好的效果,德国其他地区纷纷效仿。

1919年德国通过并颁布《学徒培养规则》,这是德国现行《联邦职业教育法》的最早草案,该法案的颁布使学徒的培养更加规范化,并主要依赖工厂师傅带徒弟的方式,使德国的职业教育发展有了质的突破。1937年颁布的《职业学校和专科学校法定的统一名称》公告,明确把职业教育学校划分为三个部分:职业学校、职业专科学校和专科学校,同年这一标准学校名称被普遍使用。凯施恩斯特的思想得到了国家认可,1938年,纳粹德国颁布《帝国义务教育法》,将学生参加职业学校的学习纳入全国性的义务教育范畴,规定了职业教育为义务教育,由国家出资施行职业教育,奠定了德国职业技术教育的发展基础。

第二次世界大战之后,德国产业的迅速升级,也促进了德国职业教育的升级。初等学校毕业后的学生不再直接进入技术学校,而是首先进入中等学校完成中等教育,然后再选择进入高等学校或者职业技术学校。但在中等教育中,学生就已经开始通过进入不同类型的中学为不同的后续教育作准备,准备进入高等学校的学生主要进入文理中学学习,而准备进入职业技术学校的学生则进入实科中学学习。正是在这个时期,德国独特的、备受称赞的"双元制"职业教育逐渐成形,并在1969年以《职业教育法》的形式规定了在职业教育中企业和学校双方的权利与义务关系。

1948年,德国教育委员会在《对历史和现今的职业培训和职业学校教育的鉴定》中首次使用"双元制"一词,这也标志着"双元制"职业教育形式在语言上正式得以确立。1953年颁布了《手工业条例》并在随后的几十年经过多次修订,主要内容是对手工业职业教育进行全方位的规定,尤其是规定了学徒和师傅的考试考核办法。1960年德国颁布了《青年劳动保护法》,保护了青年人接受职业学校教育的义务,并且要求企业承担部分青年在职业学校学习期间的学徒报酬,维护了青年人的利益。1969年德国政府颁布了《联邦职业教育法》,该法首次统合了各种有关企业培训的分散法规,将职业教育定义为初始职业教育、职业继续教育和职业改行培训三部分,内容涵盖全面,涉及职业教育的培训、管理等方面,此外,该法还强调企业培训的公共责任、公民协议自由和国家直接管理的原则,是全联邦企业培训的规范化框架,适用于州教育法及州法范围外的职业教育。该法的颁布也标志着"双元制"开始有了法律上的确定意义,也就意味着德国"双元制"职业教育制度法律地位的确立并宣告直接由私人企业控制的职业训练制度结束。

为进一步提高企业参与办学的积极性,1972年联邦政府颁布实施了《企业基本法》,明确了企业在发展职业教育中的权利和义务。1976年修订后颁发的《青少年劳动保护法》,在保护青少年享有的基本权利,主要涉及青少年接受职业教育和职业培训权力的基础之上,进一步为青少年接受更好的教育提供了选择的机会。1981年12月,德国联邦政府又颁布了《职业教育促进法》,该法从内容上来讲主要是对《联邦职业教育法》的补充和完善,进一步规定、明确了从联邦到州、乡镇政府、各企业及团体的管理权限和任务。

20世纪70年代以后,德国职业教育理念受到了一定程度的冲击,主要是产业结构的不断高级化使产业工人必须掌握更多的知识,传统职业教育已难以满足该要求。这促成了新的教育体系的形成。这种体系主要是通过将职业教育并入高等教育体系实现的。由于双元制教育的存在,德国在第二次世界大战后高等教育发展缓慢,大学生入学率低于其他发达国家,使德国的高等教育受到了诸多批评。在此背景下,德国改革了高等教育。改革的主要内容是增加大学的数量以及增加大学招生数量。随着改革的进行,德国大学生数量迅速增加,使德国的高等教育迅速由精英型转变成为大众型。高等教育的迅速扩张也不可避免地带来了诸如师资力量不足、学生质量下降等一系列问题,更主要的问题是带来了对洪堡理念的挑战。1976年制定的《德国高等教育大纲法》规定,高等教育的目的首先是"为各种职业做准备,传授必要的专业知识、技能和方法"。但是德国并没有丢弃洪堡传统。实际上在80年代,德国的大学已经明显分为了两种类型:一种类型是20世纪60年代以前建立的大学,仍然以研究为主,并不直接提供就业所需的各种技能;另一种类型是在高等教育改革后新建立以及由各类职业、专业技术学校升级的大学、高等职业技术学院,这些院校主要面向职业,提供各种实用性课程,学生仍然通过传统的"双元制"体系前往工厂或生产一线实习。

1990年10月两德正式统一,联邦政府从促进区域经济协调发展的角度,颁布实施了一系列有针对性的政策,如1996年提出的"东部学徒岗位行动计划1996",从而缩小了东西部发展的差距。1999年颁布并于2003年实施了"青年应急计划",有效减少青年失业现象。

进入21世纪,职业教育在德国经济社会发展中的地位更加突出,受到政府的青睐。2001年,德国联邦教育与研究部提出的《2001年职业教育报告》指出,德国在接下来的职业教育发展中要致力于建立一个专业化、个性化、面向未来、机会均等、体制灵活且相互协调的高质量职业教育体系。该报告的颁布标志着德国政府对职业教育未来的发展更加明晰,给予职业教育发展高度肯定。2004年6月,德国联邦政府与德国私营企业协会签订了《德国职业培训与技能型人才资源开发协定》,认为政府应该与私营企业共同开展并承担职业教育与培训。2006年以来,德国联邦教育与研究部通过"就业起步支持计划"支持德国职业教育与培训的发展,该计划意在通过具体的项目来资助那些缺乏培训经验或培训负担过重的企业。

面对新时期职业教育的发展,德国政府除了做出有关职业教育发展的重要政策部署以外,继续强化立法对德国职业教育制度建设的重要意义,相继颁布了一系列促进职业教育健康发展的法律文件。2004年德国政府出台了《联邦职业教育保障法》,其主要内容是从立法层面来保障职业教育的实施,调控、保障并要求企业提供培训岗位。2005年前半年,经过德国联邦议会、联邦参院的共同努力,德国于4月1日颁布新的《职业教育法》。新《职业教育法》是德国从本国经济社会发展的全方位角度出发,对职业教育法律法规不断做出调整的体现。其第一条就明确规定职业教育有四种形式:职业准备教育、职业初级教育、职业进修教育和职业改行教育。此外,该法还强调要加快职业教育改革与创新以适应德国现代化发展的需要,加快实现职业教育的现代化,加强职业教育的国际合作与交流,打造职业教育的现代品牌,同时要更加明确企业在职业教育发展中的地位和作用。

二、德国职业教育法规的特点

德国职业教育发展走在世界前列,其职业教育在全世界范围内享有盛誉,源于其较早开展职业教育探索和立法,形成了一套德国体系,具备鲜明特点。

(一)支持形成全面互通式的教育形式

各类教育形式的互通性可以说是德国教育体制的整体性特征。而在这个四通八达的教育体制之中职业教育历来都受到人们的青睐,已经成为学生升学与就业的最优选择。德国历史上也曾不断地对职业学校教育的类型做出划分,由原来发展不健全、体系不完备的职业学校、职业专科学校和专科学校到伴随着现阶段经济社会的快速发展,对职业学校的划分逐渐清晰化、条理化、明目化,主要包括职业准备教育、职业初级教育、职业进修教育和职业改行教育四大类,职业教育的办学形式不断丰富化,充分满足了人们对职业教育的需求。在德国,实施教育贯彻两个重要原则:一是职业教育与普通教育不仅地位平等,而且实施原则是相等的,无所谓优先级;二是整个教育体系的渗透性较强,普职教育可以充分地融通。正是因为此,在德国不管是什么类型学校的毕业生,都可根据学生本人的兴趣爱好、家庭收入水平、父母意愿等选择进入高等院校接受高等教育。同样,在德国通过读大学预科班也可以进入普通高等学校深造,形成了职业教育与普通教育之间四通八达、相互沟通、彼此连接、纵横交错的网络体系。除此之外,从德国的学历和资格体系来看,实施"双元制"的职业学校毕业生就学历水平而言相当于具有普通高中第一阶段的学历。所以无论是从整个教育体制的建设来看,还是从学历互认体系来看,在德国职业教育制度下,已经形成了一种四通八达、全面互通式的教育形式。全面互通式的教育形式不仅为德国输送了源源不断的技术与管理人才,而且有力地说明了在德国职业教育并不是一种终结教育,相反是一种迎合现代学习型社会建设的终身教育,能为学习者提供更大的选择机会,有利于可持续能力的培养。

（二）发展以企业为核心的运作模式

德国历来都重视企业在职业教育中的参与作用,从最初的学徒训练到早期职业学校的建立,再到"双元制"职业教育的确立与发展,企业一直以来都被视为影响职业教育发展的重要因素,可谓是形成了职业教育以企业为核心、以企业培训为主、以学校教育为辅的运作模式。而企业的参与主要体现在:企业引导着校内外的实践教学、企业负责着实践教学的经费筹措、企业担负着青年的实践培训责任、企业是实践教学的评价主体等等。在德国,职业院校的学生在进行理论知识学习之前,一般每位学生都会有至少3—6个月的企业预实习经历,以便学生在积累实践经验的基础上,更加明确学习目标,而学生在校期间实际的学习内容也主要由企业根据本行业或市场岗位要求提出,紧紧抓住市场的最新前沿,并反映到学生的在校学习与实习中。在经费方面,公立职业学校的经费主要由政府的基金负担,但除此之外还需要企业负担一部分,学生在企业的职业培训则完全由企业来负担,企业会为学生提供培训津贴、生活补助等。在教学评价方面,学生在培训或学习期间的表现完全由企业按照相关规定给予学生一份成绩报告单或评定表。这样一来,在双元制的制度背景之下,企业的参与就显得格外重要。德国企业与国家之间协调办学的方式可谓是享誉世界各国,企业的积极参与增加了德国职业教育办学的活力,丰富了职业教育的专业设置,为青年人提供了更多就业与培训的机会。

（三）确立了以实践技能为核心的职业能力本位训练制度

优秀的职业教育必然离不开对实践技能的训练,实践技能也是衡量一个人职业教育水平的重要标准。德国历来都重视对学生实践技能的培养,早期的实科学校和地方工业学校就常开设以实践操作技能为核心的课程,比如裁缝、制图、研磨、经济、数学等,注重劳动能力的培养。这种传统也被一直延续下来,"双元制"职业教育制度下德国政府重视以职业能力为核心的课程设置。在德国,有关职业学校的课程门类设置主要包括文化课、专业课和实训课。在其中理论与实训之比达到了1∶2,职业院校尤其注重学生实际操作能力的训练,学校在实际办学中也一直贯彻这样的理念:理论知识是企业实训的补充,要留给每位学生充分参与企业培训的时间,具体而言,受训者每周在职业学校学习1—1.5天,其余时间在企业接受实训,或采用大时块制,学校要保障每月集中一周或每学期集中几个月在职校学习,其余时间在企业实训。由此可见,德国职业教育制度尤其注重学生适应能力、可持续发展能力以及问题解决能力的培养,最终形成了以实践技能为核心的职业能力本位训练制度。以实践技能为核心的职业能力本位训练制度与以企业为核心的运作模式可谓是一脉相承,学生实践技能的培养正是在企业内实现的,通过企业有计划的教学培训与实践实习,可以提高学生自身的操作技能,提升综合发展素质。

(四)强调以市场和社会需求为导向

德国职业教育制度之下,尤其重视企业参与的价值,企业的参与不仅可以丰富职业教育的办学主体,而且最重要的是企业可以紧紧抓住市场与社会的需求,培养满足企业需求、适应社会发展的技能型人才。在德国,教育体制与就业体制是有机衔接的,学生在企业内接受完职业培训之后,可以直接选择在本企业内工作,这种一体化的相互衔接模式有效地保障了劳动力市场对人才的需求。同时我们也注意到以市场和社会需求为导向的职业教育制度,早在福斯特时期就有过相似的观点,福斯特通过对非洲国家职业教育的研究得出结论:受教育者在劳动力市场中的就业机会和就业后的发展前景是职业教育发展的最关键因素,因此职业教育必须以市场需求为出发点。此外,在德国,职业咨询与指导也起着重要作用。一方面,强化职业资格预测,另一方面,为学生提供有效的职业资格指导。但不论是职业资格预测还是职业资格指导,在职业名称的设立上,都紧紧围绕市场与社会的需求,从而为每位学生的就业做好最基本的保障。职业教育的发展始终坚持以市场和社会需求为导向,虽不属于德国所独有的办学特色,但德国用经济社会发展的实践来证明了的这种职教办学的成功之处,值得我们学习借鉴。

三、德国职业教育法规的借鉴意义

德国职业教育法是一系列较为成熟的法律体系,有很多规定值得我们借鉴。

(一)健全普职融通、全面覆盖的职业教育体系

第一,改革高中阶段教育体系,实现普职融通路径的多样化。就现阶段我国普职融通的实际情况而言,存在着"一刀切"的局面,很少能够针对不同状况的学校提出建设性的策略,因此从长远来看,实现普职融通是一个系统工程,需要循序渐进地推进。具体而言,由于我国地缘辽阔,每个地区教育发展的差异较大,因此可根据地区发展的实际和每所学校的具体情况选择性地通过以下三种渠道来实现普职融通:一是以普通教育为主的普职融通,主要通过职业教育课程渗透来实现职业教育;二是以职业教育为主的普职融通,主要依靠优秀的职业教育基础,额外加强普通教育课程,注重学生职业道德的培养;三是兼具升学和就业

两种教育目标的普职融通,这类学校的建立就我国目前的实际办学情况来看较为困难。

第二,在建立技能型学位体系的基础之上,实现职业教育与普通教育之间的学分互认。我国需要根据本国经济社会发展的实际和职业教育体系本身的特点,设立技能型学位体系。不仅要有技能型专科学位,还要依次建立技能型本科学位、技能型硕士学位、技能型博士学位,而且要打通技能型专科学位毕业生升入学术型本科学位的通道,技能型本科学位升入学术型硕士学位的通道,并以此类推。其次就是实现技能型本科学位与学术型本科学位、技能型硕士学位与学术型硕士学位、技能型博士学位与学术型博士学位之间的学分互认,从而建立四通八达、立交桥式的技能学位体系。

实际上,在我国新职教法里面,已经有了一些普职融通的规定,未来会在新职教法的规范下,探索普职融通的多种方式,但是对于我国职业教育来说,还有一段路要走。

(二)建构以企业为核心的校企合作办学模式

第一,建立校企合作的沟通机制。我国职业教育的办学模式长期以来以学校为主,这种封闭办学模式的严重弊端就在于企业没有话语权,企业参与办学的积极性不能得到有效的带动,致使学校、企业与市场三者间严重脱节。借鉴德国职业学校的办学经验,可在职业学校内设立校董事会或其他类似的机构来协调政府、学校与企业间的关系,并且要使企业有平等的机会参与到学校课程的制定、教学方案的制定、学校的管理之中。只有这样企业才能把自己有关行业发展中的最新生产技术或最新的人才需求快速地反映到学校的人才培养之中,才能从根本上解决学生"毕业就意味着失业"的难题。

第二,建立校企合作的税收激励政策。根据《中华人民共和国税收征收管理法》第三十三条规定:"纳税人可以依照法律、行政法规的规定书面申请减税、免税。"国家税务总局发布的《税收减免管理办法(试行)》对于企业所得税减免税条件也有规定。因此,国家可以制定有关企业参与职业院校办学方面的税收优惠政策,并将其细化到具体的操作流程中,对那些不参与职业学校办学或培训的企业可以采取税收调节的方式。这样一来,可以很大程度上调动企业办学的积极性,也利于校企合作办学模式的发展。

新职教法,有很多关于"校企合作"的规定,如推进深度校企合作,鼓励企业参与职业教育发展,对深度参与职业教育发展的企业给予表彰、奖励和减免税费的鼓励措施,推进校企合作的长远发展。

（三）建立以市场为导向与产业无缝对接的需求制度

第一,必须深入职业院校内部的办学实际。市场的需求只有反映在职业院校的课程与教学中,才能培养出时代需要的人才,学校可与企业发展紧密结合,甚至鼓励企业积极参与到课程、教学的实践环节,例如,职业院校的专业设置、教师和学生所用教材的选择、教师教学大纲的拟定、实际的教学实施和实习实训等各个环节,唯有这样才能与市场紧密结合。

第二,积极发挥相关部门的职责。积极发挥职业教育管理部门、就业劳动保障部门等相关部门的职责。一方面,强化职业资格预测,根据国际职业教育发展的趋势并结合本国职业教育发展的实际,及时更新职业资格内容。另一方面,为学生提供有效的职业资格指导,有效的职业资格指导必须立足于学生自身发展,帮助学生选择适合自己性格特性、能够发挥自己优势的职业。

德国职业教育发展中一直坚持的"双元制"是其职业发展的根基,是其职业教育服务产业的重要基础,我国已经有了这方面的立法规定和探索。

第三节　日本职业教育法规发展概况

日本职业教育虽然建设时间相对较晚,但各类职业学校在半个多世纪的发展历程中,经过不断地实践与探索,已基本形成了办学定位清晰、层次结构分明、职能分工明确的职业教育体系和较完善的职业教育法规体系。日本也被世界公认为职业教育最发达的国家之一。了解日本职业教育改革的动向和日本职业教育法规发展的情况,研究日本职业教育法规的发展与实施,对于我国职业教育法规的进步与完善具有十分重要的借鉴意义。

一、日本职业教育法规发展简史

（一）日本职业教育的萌芽时期(19 世纪末以前)

日本的职业教育最早可以追溯至 19 世纪中叶。明治时期,日本农业和手工业技艺传承主要是师徒传授和家族传承两种方式。1853 年,美国海军准将马休·佩里和祖·阿博特等率舰队驶入江户湾浦贺海面,以炮舰威逼日本打开了国门。与西方国家的通商,使日本学习到了欧洲先进的机械化生产方式,产业技术工人的需求开始急速增长。1871 年 9 月,日本工部省在东京设立了全国第一个工学寮,这是日本第一所正规的职业学校,其目的是希望通过职业学校培养具有专业技能的人才以及地方技术官员。为了能够使职业学校规模稳定,1872年,日本政府颁布了《学制令》,该法令对商业学校、农业学校、工业学校等具有职业教育性质的学校教育的内容与方式作了具体规定,这也是日本近代第一项教育改革法令,对推动日本职业教育的发展起到了极为重要的作用。随着《学制令》的施行,日本的职业教育体系初具雏形。但因当时日本出现财政危机,创设的工厂接连出现亏损,这说明完全照搬西方国家的技术技能无法与日本国内实际情况相契合,日本政府也意识到问题的严重性,并积极做出调整。1880年,日本政府颁布《教育改正令》,再次对职业教育的类型以及其专业特色和定位予以明确规定。在此之后,多项法律、章程相继出台,日本的职业教育法规体系初步确立。

（二）日本职业教育的发展时期(19世纪末到20世纪末)

1899年,日本政府颁布《实业学校令》,与此前颁布的法令不同,该政令对职业教育进行了系统性解读,逐步明确和完善职业学校的不同类型。这一时期颁布的一系列法律和政令,对日本职业教育体系的构成起到了关键性作用。

为了解决学生求学与就业之间的矛盾,日本政府创设了不同级别的职业学校:初级、中级和高等职业学校,由此日本的职业教育体系正式形成。

1920年,日本政府对《实业学校令》进行修改,将"实业学校以对从事工业、农业、商业的实业者实施必要的职业技术为目的"写入法令,并将修身课程、法治课程、经济课程列为各级职业学校的必修课程和中心课程,这标志着职业学校开始从文化、法律、思想等方面对学生进行职业精神内化式的洗练。

第二次世界大战后,日本战败,职业教育也一度呈现混乱的局面,亟待恢复的国内经济呼唤产业技术工人技能升级。为了改变现状,日本政府对教育市场进行调控和干预,以政府为主要决策层,开始对职业学校进行改革与重建。长久以来,日本的职业教育借鉴的是欧美模式,即职业教育与高等教育双线并行发展,既有从义务教育阶段直接就读职业学校的专门通道,也有从初中、高中到大学的上升通道。第二次世界大战后,日本政府决定根据现实需要摆脱欧美职业教育体制的旧模式,对国内的职业教育制度进行根本性改造。

1951年,日本政府颁布《产业教育振兴法案》。其中,"产业教育"是指初中、高中、大学和高等专科学校为了让学生掌握农业、工业、商业、水产业和其他产业所必需的知识、技能和态度而进行的教育。这一法案的出台将政府对职业学校的财政支持合法化,开启了战后日本职业教育发展的新阶段。

1956 年,日本民间经营团体要求政府进行教育改革并对接产业界的劳动力需求,敦促政府增强大学理工科与产业界的联系,"产学合作"制度应运而生。

1958 年,日本通过《职业训练法》,将提升员工工作能力确定为官民共同的责任。这部法律几经修改之后,到 1985 年改称《职业能力开发促进法》,它对国家、地方政府以及企业主在职业教育方面的权利和义务做出了明确规定,成为日本官民协作推进职业教育体系建设的有效保障。

日本政府还对第二次世界大战时期所开设的高等职业教育学校开始了大刀阔斧的改革,相继出台《教育基本法》和《学校教育法》,奠定了日本高等教育的改革基础,这是日本第一次对高等教育进行体系上的改革,一批"新制大学"应运而生。其中许多新制的公立、私立大学由战前的单科性质的专业学校升格而来,这些大学因办学条件和教育质量不高且学科专业单一,在升格发展中形成了一种的新的教育机构,即后来的短期大学。1961 年,日本政府发布了《高等专科学校设置标准》,决定建立"高等专科学校",主要培养具有专业技术的职业人才,但招收的是初中毕业生,学制为五年,即把高中和短期大学连接,贯通中等教育和高等教育,实施新的职业教育。但成立之初,民众的就读热情并不高。

1964 年 6 月,日本政府对《学校教育法》进行了修改,从法律上明确了日本的高等教育体系包含短期大学和普通大学,这次修改也成为日本的高等教育体系的一次重大改革事件。

1975 年,日本又一次修订《学校教育法》,建立了职业学校制度,创设专修学校,招收高中毕业生,开设各种职业课程,学制一年到三年。修满两年学业的毕业生可授予等同于短期大学的毕业文凭,即达到了高等教育的水平。较低的入学门槛和较短的学习周期吸引了大量的 18 岁青年报考,为日本经济的发展提供了大量的职业人才。一时间,以培养技术工人为主的专修学校成长迅速,招生规模远远大于高等专科学校。文部科学省的数据显示,进入专修就读的人短短 10 年的时间,便从 1980 年的 19 万人迅速增加到 1990 年的 36 万人。

(三)日本职业教育的改革时期(20 世纪末到现在)

1991 年,日本政府颁布《新时代教育诸制度改革报告》。该报告提出,要将普通教育与职业教育进行有效结合,提升学生的综合能力与素养。1994 年,日本政府将职业高中改为综合高中,同时进行普通高中与中等职业教育。除此之外,日本政府在经费方面也进行了改革,除中央政府对于职业教育学校提供强有力的支持外,地方政府与学校法人也需要承担相应比例的经费。

1995 年,日本出台《职业教育改革规程》,对高等职业院校的专业设立、升学内容等做出相关的规定。

2002 年,为加强接受高层次专业教育的理工科专门职业人才的培养,日本中央教育审议会发布《关于大学研究生院高度专业人才的培养》,设立专门职业研究生院,培养高素质的特定职业领域的专业人才。

2005 年,日本中央教育审议会发表《日本高等教育未来展望》报告,明确指出各个大学基于自主和自律按功能进行分化的必要性,之后,从世界的研究和教育中心、高度专业人才培养、多方面职业技能人才培养、综合性的教养教育、特定专门领域(艺术、体育等)的教育研究、地域终身学习基地到社会贡献功能(地域贡献、产学合作等),具体提出了 7 个不同的功能分化方向。

同年,通过日本《学校教育法》的修订,短期大学成为拥有学位授予权的合法大学,短期大学毕业生可获得"短期大学士"学位,这在一定程度上增加了短期大学的吸引力。

2013 年,日本政府将"明确大学等的个性、特色并推进基于此的各功能分化"作为基本政策列入第 2 期教育振兴基本计划中,同时提出通过对私立大学的补助金分配、国立大学的预算和人员配置的重新调整来促进"功能分化"政策。同年创设"职业实践专门课程"认定制度。"职业实践专门课程"顾名思义是指以培养职业所必需的实践能力、提高专门课程的实践型职业教育水平为目的的课程,由文部科学省牵头,行业或企业密切参与到专门学校的各项工作环节中去,包括产学合作编制教育课程、丰富的实习实训、聘任具备实务经验的教师等内容。

2013 年 10 月,日本文部科学省召开了"新高等教育制度专家会议",提出要建设具有实践性的职业教育体系。随后两年,在政府的教育振兴实施计划中两次提到实践性的职业教育体系。

2014 年,日本政府顺应时代潮流,提出创设"专门职业大学",实际上就是在探索最适合培养高素质应用型人才的本科层次职业教育新框架。

2016 年 3 月,日本中央教育委员会专家会议指出,虽然在大学的学术型教育中有辅助开展的社会服务,但其聚焦的依然是学术,而非实践。这些实践类课程也不能较好地体现职业教育的定位和人才培养的目的。短期大学的学制、年限、专业均无法应对未来社会发展对人才高端化的需求。初中毕业升入高等专门学校的人数体量过小,专业局限性明显,无法为社会提供合格的技术技能型人才。一些以技能教育为主的社会培训机构质量良莠不齐,规模散而小,教师队伍专业化程度不高,教学设备陈旧落后,教学效果优劣差异较大,很难承担社会经济发展需要的大量高端职业技术技能型人才培养重任。因此,日本中央教育审议会建议建立新的高等教育体系,成立新的职业大学,培养一批具备专业领域高级技能的、能够应对社会发展变化的,具备扎实基础知识和深厚文化底蕴的高质量职业人才。在此基础上,文部科学省再次修订了《学校教育法》,通过法律确立了专门职业大学和专门职业短期大学的设置,并与普通大学、短期大学共同构成了新的日本高等教育体系。

2017 年,日本《学校教育法》部分修订法案,确立了专门职业大学的学校定位与学位制度;同年,文部科学省关于专门职业大学等的设置标准,明确了其基本组织、招生、课程以及教师等办学标准规定。专门职业大学的制度设计,以培育专业性职业人为目标,将所谓"职业原理的胜利",体现在从制度论到内容论的各个方面。

2019 年,作为独立设置的本科职教机构,专门职业大学正式开始招生,日本专门职业大学制度正式确立。日本文部科学省在评价专门职业大学时说,这是"日本自 1964 年短期大学建立之后,时隔 55 年的大学教育制度变革,被称为'职业原理的胜利'"。此举不仅是日本高等教育领域的一次变革,更是日本现代职教体系向实践型高等职业教育体系的重要转型。改革的核心就是将大学的人才培养与产业结合起来,以适应社会经济的飞速发展。

2021 年,日本文部科学省颁布修订版《专门职业大学等的设置构想要点》,"对其师资队伍建设等方面提出了详细要求"。日本专门职业大学在政策文件指导下开始探索符合自身办学层次与特色的师资队伍建设之路,以期推动日本专门职业大学办学目标的达成。

通过改革,日本创建了职业教育学历学位制度,延长了高等职业学校学制年限,将短期大学、高等专科学校、专修学校定位为专科层次,将专门职业大学和专门职业短期大学定位为本科层次。并且贯通了专修学校、高等专科学校与专门职业大学和专门职业短期大学之间的学历晋升通道,贯通了短期大学、专门职业大学、专门职业短期大学与专门职业大学研究生院之间的学历晋升通道。

二、日本职业教育法规的特点

(一)由政府主导,形成职教发展多赢局面①

在日本,政府的科学引导与推动对职业教育的发展起到了根本性作用。

---

① 吴潇丽,何璇.日本职业教育产学官合作模式转型升级途径与启示[J].中国高校科技,2022 年第 5 期.

其一,体现在政策与法规支持。日本政府颁布了一系列的政策与法规支持职业教育的发展。日本法律对于学校、社会、企业内部等不同层面的技能培训机构如何管理,中央和地方政府、政府和企业在职教领域如何分工等方面,都有细致规定。随着社会的发展变化,日本政府也不断对法律进行了调整。

如 1958 年,日本通过了《职业训练法》,把提升员工工作能力作为官民一致的责任。这部法律几经修改之后,到 1985 年改称《职业能力开发促进法》,对国家、地方政府以及企业主在技工培养方面的权利和义务做出了明确规定,成为日本官民协作推进职业教育建设的有效保障。

法律规定,日本政府(包括地方政府)要为技工培养提供基本支撑和服务。如独立法人"高龄、残障、求职者就业支援机构"(JEED)就是日本政府出资设立的专门技术培训机构,其前身是 1961 年成立的"就业促进事业团"。各都道府县等地方政府也设有类似组织。日本政府借助一系列制度设计,为职业教育的高质量发展提供了基本保障。类似认定审查、认证评价、信息公示和经费保障等措施,有效对职业院校进行质量监控,为职业院校的高质量发展提供了保障。

其二,日本政府为职业教育发展提供信息支持。日本政府为职业院校、企业提供专业情报信息,由日本专利厅、日本贸易振兴机构等部门联合建立国际知识产权信息数据库,将国家知识产权的相关法规、申请审查制度、实施许可以及相关数据与资料进行汇总,每年定期发布灵活运用知识产权法的职业院校和企业案例,以此鼓励其他相关机构进行学习。为了帮助职业院校和企业制定更加具体化和有针对性地研究策略,日本的情报部门会提供包含科研情报和专利情报在内的行业情报信息。行业情报信息建立在广泛的调查基础上,可以有效防止重复研究,避免一些不必要的产权纠纷。为了帮助职业院校和企业获取更多的知识产权相关信息,以日本专利厅为代表的情报机关和其他国家的相关机构开展了信息共享工作,将相关数据进行筛选和整合,为那些有需要的职业院校和企业无偿提供。日本政府还开发了专利电子图书馆(IPDL),促使工业产权信息得到充分利用。日本专利电子图书馆积累了自明治以来的 9 800 万条知识产权信息,被职业院校和企业充分地挖掘,进行了广泛地运用。同时,专利电子图书馆还新增了专利地图和文件索引的服务,帮助相关机构更加高效地检索有用信息。

其三,日本政府为职业教育发展提供了大量的人才支持。早在 1997 年,日本政府放宽政策,允许职业院校的教师到私营企业和专利转让机构进行兼职,增加了政产学研合作的活力。2004 年日本的信息情报部门向职业院校与企业派出专门的知识产权顾问,为这些机构的专利情报事务提供专业建议和战略支援,有效促进了职业院校的科研活动和企业的技术引进活动。为了提升科技成果的竞争力,2008 年日本政府开始进行知识产权制作人员的派遣工作试点,为相关机构的知识产权管理提供服务。除此以外,日本政府还为产学官合作提供业务支持。例如,日本专利厅在全国各地举办的知识产权制度说明会、专业性知识产权研讨会、意见交换会等,并专门针对知识产权纠纷的法律援助业务以及知识产权业务的一站式服务。业务层面的支持为产学官合作的开展提供了极大的便利。

其四,日本政府还为职业教育发展提供丰厚的资金支持。政府会直接出资设立机构,为广大中小企业培育人才,以 2018 年为例,政府出资的专门技术培训机构培训离职者 10.6 万人、在职人员 12 万、毕业生 1.7 万,三类总计 24.3 万人。

日本还提供可观的科研经费投入。日本政府在科研经费的投入上强调优先性和竞争性,其科研投入逐年增加,早在 1999 年,日本科研经费投入占国内生产总值的比重就已经超过了 4%。2006 年,日本文部科学省设立了 80 亿日元的专项资金,专门用于职业教育机构科研以及鼓励他们创办风险企业,其中 23 亿日元用于职业院校创办风险企业以及科研成果转化事业,43 亿日元作为产学官项目的专项基金,鼓励企业、职业院校和政府开展共同研究开发活动。除此以外,为鼓励职业院校和企业向海外拓展知识产权业务,日本政府帮助他们分担了海外知识产权事务的相关费用,从 2008 年开始日本政府对产学官合作的海外业务进行补助,并减免专利费和审查请求费。日本政府为知识产权的开发与保护、专利技术的有效利用以及人才培养等方面提供充足的资金,为促进职业教育发展以及实施知识产权立国奠定了良好的基础。

(二)推动政产学研联动,校企深度融合

除了前面所提到的政府主导之外,企业与学校之间的深度融合,也是日本职业教育的显著特征之一。

根据文部科学省《平成 24 年大学等的校企合作实施状况调查》的数据,63.6% 的企业认为对外合作的首选对象是大学等教育机构,企业规模越大,这种趋势越明显。1960 年,池田内阁制定的《国民收入倍增计划》正式确定了政产学研合作地位,为校企联合奠定了法律基础。进入 20 世纪 80 年代后期,校企合作逐渐良性发展,并且合作方式也逐渐多样化。根据企业的参与度可分为共同研究、委托研究、横向课题、技术相谈、技术移转、孵化企业。目前日本的校企合作正逐步从单一的合作模式发展到多种合作形式,合作成效显著。

例如,在鹿儿岛工业高等专门学校的电气工程专业中,实践专门课程占总学分的 50.3%。这里提到的实践课程即是经文部科学省认定,由学校、企业、团体联合开发的课程。企业对课程开发进行深度参与是实践课程的最大特征,这有利于为学校教育教学注入新内容,使学生能学习到前沿理论,并由企业提供专业技能操作的机会,不断提高社会实践活动能力。在人才培养方面,2019 年开始招生的专门职业大学在课程学习内容方面,除了与企业进行合作、不断更新之外,还提倡项目式教学,着力提高学生自主发现问题与解决问题的能力。

其实专门职业大学的创立,即"很大程度得益于产业界等外部力量的驱动,产业结构的转型升级需要大量专业性职业人才,而以往学术型大学培育的人才无法满足产业界的需求",最终创设了专门职业大学,以缓解这一矛盾。这一创设缘由无形之中拉近了专门职业大学与产业界的关系,为之后开展深度校企合作提供了更多便利。① 专门职业大学积极与地方政府、企业寻求合作,集聚优质资源,全面提高师资队伍建设水平。在师资队伍建设过程中,专门职业大学不仅接受地方政府相关部门、独立行政法人教职员支援机构(NITS)、综合教育中心和教育研修中心的支援,也积极与产业界紧密合作。在师资聘用方面,产业界为专门职业大学输送了大量的高级专业人才担任"实务家教师",拓宽了学校的师资来源渠道,充足数量的"实务家教师"为专门职业大学的发展提供了保障。在师资培训方面,专门职业大学的教师不仅参与独立行政法人教职员支援机构(NITS)等机构提供的职业生涯培训课程,提高教学技能与 ICT 应用指导能力,也积极推动教师前往企业学习产业前沿技术知识,避免因脱离实际工作场所而导致实务能力水平的降低。积极引入区域社会力量,使得专门职业大学与地方政府、企业、产业界和教育支援机构等形成建设合力,让各类组织参与到师资队伍建设过程中,为专门职业大学师资队伍的建设提供了更适切帮助。

在专业职业大学,产业界和各区域大学参与编制教育课程,并设立教育课程联合协议会,以保证课程的顺利实施。课程联合协议会主要有五个方面构成:第一,校长指派教员和其他的职员;第二,从事与专门职业大学课程编制相关的从业人员,或者从事与该职业相关的人员,或者与该课程科目相关的实务人员,即在大范围地区有丰富工作经验的人员比如职能团体、事业团体等;第三,地方公共团体的职员,地方从业者团体的成员,其他地域的地方从业者等;第四,为大学生提供实践实习的企业职员,或者在授课科目的开设和课程的实施方面为专门职业大学提供合作的企业事业部门;第五,校长认可的符合专门职业大学课程

---

① 陈竹萍,李梦卿.日本新型本科职业大学师资队伍建设研究——以日本专门职业大学为例[J].教育与职业,2021 年第 21 期.

编制基准方针的教员和其他管理部门的人。课程联合协议会的构成体现出参与人员的广泛性,同时对教员的要求更高,教员必须有相关的实践经验和资质认证,并且对所设置课程科目的职业发展动向和社会需求有详细的了解,以保证课程的实施符合专门职业大学的课程编制方针,符合专门职业大学的人才培养理念。校企密切合作,强化了实践型职业教育,向学生传授了企业最前沿的新知识、新技术,推进职业形成良性循环,培养的人才更具有持续的职业热情,更加适合企业的需要,从而成为产业界新兴领域的生力军。

(三)构建多元分工、多层次、多类型、功能互补的职教体系①

以日本的高等职业学校为例,日本的高职院校主要有短期大学、高等专门学校和高等专修学校、专门职业大学(专门职大学和专门职短期大学)等。

短期大学(简称"短大")是创建最早的职业学校。短大的学校性质多为私立学校,其特点是培养女性职业技能型人才,为女子就业搭建了良好的平台。短大还针对地区内社会人员的兴趣与需求,设置了"地域综合学科",开设了夜间部、函授部,面向成人提供生涯职业教育机会,发挥着社区学院的职能。近年来,为了满足广大女性对职业教育的多样化需求,短大对教育课程体系设置进行了调整,特别是注重培养为本地服务的幼师、保育员,以及保健师和营养师等女性工作者。从短大开设的学科专业来看,文化教养、家政教育、医疗护理、服装设计等占据了主导地位,此外还设有文学艺术、人文社会等学科专业。短大正努力朝着有利于女性取得行业从业资格的方向发展。

高等专门学校(简称"高专")以高中为起点,实施五年一贯制高中加短大的办学模式。高专是以公立为主的单科学校,办学规模虽小,但在国家强有力的政策扶持下,财政经费充足。它以培养男性技能型人才为目标,为使学生成为上岗即可发挥专业技能(日本称之为"即战力")的实用型人才,高专致力于对学生进行岗前的高度化职业培训,专门性和职业性相结合的培训为男生到企业就业提供了更多的机会,因此毕业生的就业率始终占据领先地位,被社会誉为"育英精锐高专"。高专在专业设置上与短大略有不同,主要是围绕工程技术设置的工科系,其中包括机械工程、电子控制工程、电气系统工程、生物系统工程、信息技术工程,另外还设有都市环保工程、建筑学等专业。高专在教学中注重以理论与实践相结合为基础,以技术与科学的综合为特点,凸显出实践性、体验性的重要特色。

---

① 王丽燕,丘林.日本高等职业教育体系有效衔接的经验及启示[J].职教发展研究,2021年第3期.

高等专修学校招生对象不仅有高中毕业生,也有初中毕业生及社会成人,针对不同学力水平的学生,分别设置了高等课程、专攻课程和普通课程,实行灵活的弹性化学制(一至三年不等,一般为两年)。高等专修学校一般规模较小,但无论是人才培养目标,还是教育课程内容,都能依据企业劳动力雇佣的需要,及时主动地调整。高等专修学校始终注重对学生进行高度的职业训练,通过实训演习、实际操作等职业技能培养,使学生积累未来工作中所必需的专门经验。高等专修学校的专业设置,既不像短大和高专那样有所侧重,也没有严格的制约限定,课程开设的标准较为宽松,主要是围绕职业资格证考试来设置。各学校专业设置除传统的康复护理、食品卫生外,还设有实用商务(如国际物流、交流信息、设计经营信息),在教学中特别注重实用性、应用性的职业教育。近年来,随着日本社会老龄化时代的到来,立志从事医疗技术领域工作的学生不断增多,高等专修学校面向养老看护、健康保健、社会福祉等行业,输送了大批实用型技能人才,受到社会广泛好评。

专门职业大学(专门职大学和专门职短期大学)是日本新开设的新型的高等教育机构,与原有的高职学校有很大区别。如专门学校类似于我国的高等职业学校,偏重职业技能的训练,较少涉及理论知识与学术研究,而专门职业大学(专门职大学和专门职短期大学)介于普通大学与专门学校二者之间,既注重实践理论的研究,又重视职业技能的训练,着力培养拥有丰富创造力和高度实践力的专业技术人才。在教育目标上,专门职大学和专门职短期大学将理论研究与实践能力并重。在教育特色上,通过增加课程实习与现场实习提升学生的实践能力,以及超过半数的专职科研教师保证了学术研究水平。在设置基准上,长学制以及高要求的师资配置保证了职业教育教学质量。同时,相比地方主导的专门学校,国家主导的专门职大学和专门职短期大学权威性更高。

综上所述,日本各类高等职业学校创建于不同的历史时期,反映出不同时期对不同类型技能人才的需求。无论是在专业设置上,还是在培养目标上,都是对应社会不同岗位对技能人才的职业需求,实施多元化职能分工,各学校开设的专业相互错位,各自有明显的学科优势以及明确的培养目标,既体现出专业设置的科学性与合理性,又展现出各学校相互协调、相互支持的办学风格。各类职业学校在分类上特色鲜明,在办学定位上目标精准,构成了优势互补的有机整体。

(四)兼顾实践教学与理论研究

兼顾实践教学与理论研究是新开设的专门职业大学的显著特色。

其一,"实践性"是专门职业大学在教育层面价值取向的最核心的维度。①专门职业大学通过与产业界的密切合作,在教育课程中融入了大量实践环节。例如,与产业界合作编制、实施教育课程;在教育方法上重视实习、演习、实验、以学生为主体的问题驱动式教学等;要求毕业总学分的 1/3 以上是实习实训等实践操作类课程,其中包括亲临企业的现场实务实习要求达到 600 课时;规定40%以上的专任教师是具有 5 年以上企业实践经历的实务家教师,这些实践型教师一部分兼具研究能力,另一部分在行业企业生产一线兼任,掌握最新技术且具备教育能力。

专门职业大学所进行的"实践"不是单纯的知识和技术的运用,而是指能够在真实的职业现场结合实际的应用与实践。也就是说,学生需要掌握承担专门职业所需的实践性和应用性能力,毕业即可担任具体的职务,成为"即战力"。那么,工作现场无疑是实践性教学的最佳场所。专门职业大学的企业内实习,即现场实务实习 4 年内被设定为 600 小时以上,这是日本前所未有的超长期企业内实习要求。有学者认为,如果专门职业大学中最独特的部分——"现场实务实习"被弱化的话,就等于否定了其与日本现有大学之间的差异。

现场实务实习正是对专门职业大学突出"实践性"价值取向的最好诠释。学生通过在现场的实践和经验,不仅可以更好地掌握职业领域相关的实践性知识、技术和能力,培养生产和服务的一线技能和实践能力,而且有望加深职业理解,激发学习动机,形成和发展主体的职业生涯。比如服务行业的接待及沟通技能,仅靠校内的学习很难有实感,学生在伴随着紧张感的同时进入实际现场与真实客人接触,才能切身感受到从业的困难与喜悦,对该职业有更好的领悟并获得大幅成长。现场实务实习营造了与理想职场直接相关的教育环境,构筑了教育世界和职业世界之间的桥梁,缩短了企业和学校之间的产学落差,对于培养符合业界所需的②高素质应用型人才、创新人才具有关键意义,更是专门职业大学的独特象征。

这里要特别注意的是专业职业大学培养"领军人才"的目标定位。日本新型的高等职业教育机构专门职业大学的办学目标是以培养具有"高度的实践力"和"丰富的创造力",能够胜任专业性较强,并且能够与从事相关领域的其他人进行团队合作的领军人才。设置的专业领域主要是农业、信息、旅游观光、医疗保健

---

① 汪婷.日本专门职业大学研究:成因、制度与实践[D].上海师范大学.
② 王丽燕,韩中淑.社会变革背景下日本优化职业教育体系的经验及其启示——基于增设专门职大学的实践[J].成人教育,2021 年第 11 期.

等,但是在农业领域中,除了培养能够生产高质量农产品的技能人才外,还要培养能够将农产品加工直销、扩大销售渠道、开发高附加值产品的领军人才;在旅游领域里,除了培养能提供精准接待服务的人才外,还要培养能策划旅游方案、提升服务质量的人才;信息领域中,既要培养作为程序员、设计师的实践能力,还要培养能够与其他相关领域进行合作,将新研发企划商品化的人才。为了满足社会的需求,专门职大学等还在计划开设漫画、动漫、游戏、时装、饮食等日本擅长的专业。"领军人才"这一培养定位,是半个多世纪以来日本对职业教育作出的重要改革,同时也大大提升了高等职业教育在高等教育体系中的地位和作用。

其二,兼顾理论研究是专业职业大学的显著特色。

日本传统的高等教育体系是"学术本位"的,而专门职大学和专门职短期大学作为新型的连接学术与实践的高等教育机构,与普通大学与短期大学处于同等地位,除了要将培养实践型专业技术人才作为教育的重点,还要将"学术研究"作为机构的重要目标。但专门职大学与普通大学不同,其主要研究任务是在职业与社会领域进行"实践理论"的研究,而非单纯的高深学问的探索。[①]

(五)建构"专科—本科—硕博"纵横贯通的现代职业教育体系

1982 年,技术科学大学培养出第一批职业教育(专业型)硕士研究生,1986 年开始招收博士研究生。由此看出,日本在 20 世纪就建立起了"专科—本科—硕博"贯通的现代职业教育体系。

日本高等专门学校的主要特征就是连接着中等职业教育和高等职业教育,其在开办五年一贯制准学士教育的同时,培养"具有同等于工学学士学位的创造型、实用型技能人才",高专学校内还设有两年制的专攻科(也称为技术本科)教育。可见,工业高中和普通高中的学生毕业后,均可入读高专四年级,完成中等教育阶段向高等教育阶段的平稳过渡;高专学生在完成五年制学业后,不但可获得准学士学位毕业就业,而且还可以编入一般大学的工学部或技术科学大学三年级,更可以志愿进升专攻科,连续学习两年后获得学士学位,这便在五年一贯制基础上实现了七年一贯制。[②]

由此可见,专攻科的设立使学生毕业后还可选择继续接受研究生阶段教育,最终获得博士学位学历,使得高专实现了与一般大学、技术科学大学乃至研究生

① 纪梦超,孙俊华.日本现代职业教育体系的新兴力量:专门职大学和专门职短期大学[J].中国职业技术教育,2021 年第 21 期.
② 王丽燕,韩中淑.社会变革背景下日本优化职业教育体系的经验及其启示——基于增设专门职大学的实践[J].成人教育,2021 年第 11 期.

院的各层次教育的有机接续,构建起了日本职业教育"专科—本科—硕博"相互贯通的人才培养体系。

（六）职业观的良好启蒙

日本政府十分重视国民的职业观启蒙。在推进职业教育的过程中,日本在幼儿园阶段已经开始对儿童的职业精神和价值观进行培养和引导。日本民众在他们的小学、中学、高中阶段,会接受到系统的职业生涯教育,各级各类学校都会加强与地方、企业的合作交流,定期组织学生参观访问一些地域性专业性强的企业、工厂、制作场等,让学生从小学开始就形成一定职业观念和专业意识,认识到每项职业的内容、作用和价值。这些教育首先培养学生的"生存能力",明确什么是社会责任。帮助学生顺利进入到社会生活之中,积累经验,培养所学专业所需的情感、态度等等,让其能够树立正确的价值观念。其次,促进传统与国际教育的融合。日本对于自身文化的教育极为重视,也注重对欧美教育经验的借鉴,在职业教育体系中也是如此,会经常性的组织学生参与各项国际交流活动,促进学生对跨地域跨文化的理解,由此内化成自身的教育体系。同时,日本构建了从小学到高等教育阶段的一贯式职业生涯指导模式,积极引导企业参与学校开展职业生涯指导的课程、项目,高职院校大多设立学生职业综合支援中心及学生职业中心,培养学生正确的职业观,强化学生生涯规划能力,为院校学生提供专业指导。如在入学之初已经为学生分配了对口的指导教师,定期与学生进行交流,了解他们的想法,掌握他们的学习与生活情况,并且结合市场人才情况以及学生的个性特征为学生制定不同的就业目标,为其理性分析和指明方向。例如鼓励学生学习考取各类职业证书,为学生参与实际工作奠定基础。

这一做法成效显著。数据显示,日本高中生将"学习职业知识与技能"作为升学意愿的比例由56.5%(2005年)上升至77.2%(2012年)。高中生对于职业知识与技能的关注,加速了新型高等职业教育机构的设立进程。

三、日本职业教育法规的借鉴意义

（一）优化职教发展顶层设计

完善制度体系建设是优化职教发展顶层设计的基础。日本《学校教育法》部分修正案确立了专门职业大学的法律地位,《专门职业大学设置标准》规定了专门职业大学设置的相关细则,成为专门职业大学设置申请的标准和依据。我国虽然在2022年4月颁布了新职教法,实现职教法的重大更新,但是相关具体配套的法律规定和政策制度措施还没有建立起来,职业教育相关的一些法律法规还有待进一步更新与完善。借鉴日本的制度化经验,国家应尽快完善职业教育的相关法律规定,建设与新时期职业教育发展相适应的制度体系。

建设与现阶段职业教育发展要求相适应的制度体系,包括但不仅限于完善多元化的考试招生制度、构建实践导向的课程体系、健全职业教育专业学位制度、健全"双师型"教师资格认证标准、健全外部质量保障体系等,如何采取措施推动实现深度产教融合、引领高素质应用型人才培养的道路选择,也是现阶段亟待解决的紧迫课题。我国职教体系的建设道路还任重而道远。

（二）加强产教融合,创新服务社会

坚定职业教育产教融合的道路,选择产教融合、校企合作已经成为当今职业教育发展与改革的核心主题,也是办好职业教育的关键所在。产教融合既是一种社会经济运行生态,也是一种技术技能形成机制。在激烈的国际竞争和飞速的信息社会中,职业教育要培养的是适合社会经济发展的高素质人才。

在日本,校企合作写作"産学連携",即产学合作,从本质上说这是一种国际上普遍认同的由学校和企业互动合作培养人才的教育模式。近年来,为了推动应用型人才队伍的素质提升,日本政府积极采取相应措施,不断推动"产学合作"制度创新。专门职业大学制度正是立足于产学合作,真正符合产教融合的一个典型案例,通过校企深度对接,实现了企业生产和学校教育的一体化。专门职业大学内设由从业人员和教师共同组成的"教育课程合作委员会",在课程开发与编制、课程实施与评价等方面发挥重要指导作用,实现课程内容与市场需求和职业标准相对接。在实践教学中,突出实践课程的占比、长期企业内实习在课程体系中的重要地位和有行业企业一线工作背景的实务家教师的配备,将教学过程与生产过程相对接。这种产教融合下的人才培养模式直接影响了专门职业大学的人才培养规格和质量,是夯实良好发展势头的重中之重。

我国一直以来虽然十分重视产学合作,但相对的,我国的产教融合缺乏制度规范,至今仍未建立起国家层面的校企合作法律条例,大多是比较笼统的指导性原则,可操作性不强。由于缺少长效机制,校企之间的沟通协调并不畅通,产学合作暂时未能取得突破性进展,导致职业教育理论与实践之间存在着分离,毕业生的实际技能与企业的要求之间吻合度不高等现象比较严重。

政府应该以制度的手段来引导和推动校企合作的落实,将企业参与职业教育的责任和主体地位写入法律条文,并制定可操作的实施细则。此外,还要建立保障和促进产教融合的配套政策措施,比如在学校层面设置产教融合指导委员会,企业在课程、师资和实习等方面给予学校建议和支持,学校充分吸纳企业意见,把握行业市场需求;由企业为学生提供实习实训基地,利用企业的先进设备和一线的生产教师创造良好的职业技能培训环境,并制定相应的实习指南,明确各参与方所承担的职责;在经济方面加大对产教融合的支持力度,建立产教融合专项资金、扶持学校之间的资源共享、优惠政策向重点企业倾斜等等。

政府还应拓宽企业参与渠道,采取措施让更多的企业转变观念,意识到校企合作可以满足自身人才需要,从长远利益考虑积极投身于产教融合实践中,形成校企合作的企业文化。当然,我国企业的这种自觉参与意识更需要一个较长的培养过程。

职业教育的最大特点是职业性,所以要构建科学的职教体系,必须要考虑职业需求和岗位职业能力要求。我国政府还可以出台有效政策推动企业参与课程编制与开发,建立校企合作课程开发机制,学校方面以先进的课程开发理念做指导,企业方面必须明确企业生产技术、岗位任务、职业能力等,并将这些知识融入职业教育的课程内容中,确保课程开发与编制的准确性、实用性和前沿性。

(三)构建结构合理、功能互补的职业教育体系

日本职业教育在适应社会产业结构发展过程中,坚持以服务地方社会为办学理念,以面向社会的需求为立足点,经过不断地探索与实践,逐渐形成了职业定向特色鲜明、人才培养目标错位发展,层次结构分明、功能合理的职业教育体系,为社会经济发展提供了强有力的人才支撑。

就我国职业教育现状而言,技能人才培养与劳动力市场需求之间存在着一定的偏差,职业教育理论与实践之间存在着分离,而导致这一现象的直接原因正是现行职业教育体系在衔接上的脱节。现行职业教育中各级各类职业学校办学定位不够清晰、结构不合理等问题,也是导致人才培养供需矛盾的主要原因。我们应该对社会产业结构和企业雇佣形式进行认真的跟踪调研,通过对劳动力市场动向深入地剖析,及时调整人才培养目标和增设学科专业,确保职业学校办学的实用性与前瞻性。积极探索各类职业学校精准的办学定位,分类型进行,进而优化职业教育层次结构,以此来构建起健全完善的职业教育体系。

(四)形成各层次职业教育纵横贯通的有效通道

日本职业教育在中高等职业教育衔接的基础上,实现了高职与大学的顺利接续,并通过授予"专门士"和"高度专门士",以及创设技术本科和设立短期大学学士学位等改革,不断地促进了各类职业学校的良性互动,成功地实现了职业学校与各层次高等教育的有效衔接,圆满地构筑起"专科—本科—硕博"一体化的

职业教育体系。

相比而言，我国当前的职业教育尚未实现职业教育与其他各类教育的有效衔接，尤其体现在职业学校学生在向普通高等院校转学、升学时，各环节普遍存在阻力和困难，这就造成了职教学生发展空间受限、出路狭窄的问题。我国可参考日本授予专门士、高度专门士、准学士学位的经验，尝试将国家遴选的部分示范试点高职学校升格为技术本科，通过相互认可学分、插级转学等形式，加大职业学校办学的开放力度，逐步确立起职业教育的独立学位，依此拓展职业学校毕业生升入更高层次高校的通道，构建起各层次教育上下贯通的桥梁。

另外，我国现行的职业教育专业学位制度存在严重断层，以硕士学位为主，专科和本科层次的职业教育专业学位制度缺失。这导致了大量应用型人才的学习进程止步于专科教育层次，阻碍了我国高层次技术技能型人才的培养。实际上，从全球范围来看，发达国家的职业教育专业学位制度经过长期发展已比较成熟。日本通过《学校教育法》的修订确立了专门职业大学的学士学位授予权，且在学位后附记"专职"字样突出实践型职业教育特色，打通了技术应用型人才的上升通道，推动日本职业教育与国际接轨，也有力地保障了专门职业大学的高质量发展。我国在职业教育专业学位制度建设上已经远远滞后于其他国家，严重影响了职业教育的健康持续发展，必须尽快适应当今学位制度的发展潮流，建立以职业为导向的职业教育专业学位制度。

具体而言，一方面，要通过立法在现有职业教育专业学位体系中增设专科和本科层次的专业学位，使职业教育在各个层次上都有相对应的学位，从而构建一条与科学学位制度并列的，面向特定职业教育领域的以职业人才培养为主要目的的专业学位制度，为多类型、多层次、高素质应用型人才的培养在制度上予以保障。学位点的专业设置要根据产业发展需求不断创新，选拔那些达到职业教育专业学位点授权标准的成熟专业纳入学位体系。只要学生在特定职业领域达到一定的知识含量和技术水平，就应授予相应层次的专业学位。另一方面，日本短期大学、高等专门学校和专门学校的学生可以通过"大学编入学制度"进入大学继续学习获得学士学位以及研究生院的入学资格，为学生提供了多元化学习路径。我国应该搭建职业教育与普通高等教育学位体系、非正规教育之间相互连通的立交桥，如我国教育学位体系应该包括普通教育学位和职业教育学位。在普通教育学位设计中分为学术学位和专业学位。在职业教育学位设计中，应当引入国家职业技术技能等级和中国特色学徒制等级，形成职业教育学位等级与国家职业技术技能等级、中国特色学徒制等级的对应和转换，充分体现我国职业教育发展的类型特征和本质属性。在学位等级上建议采用四级:博士、硕士、学士和副学士学位,设置副学士学位尤其在职业教育中能够吸引大量企业人员参与其中,促进企业人员不断提升技术技能水平。通过这一人才培养上的纵向衔接,学生可以根据自己的教育需求选择相应的高等教育机构,具备实务经验和技能的社会人员也可以通过学习成果的存储、转换等进入正规学历教育体系。

综上,学位制度是人才培养与认定的基本制度,只有填补目前我国职业教育专业学位的空白,构建普职交融的学位体系,使本科层次职业教育专业学位向上对接职业硕士,向下对接高职专科教育,打通人才培养的"立交桥",才能有效地引导和规范本科层次职业教育的可持续发展。

(五)培养正确的职业观

日本在幼儿园阶段已经开始对于儿童的职业精神和价值观进行引导,我国职业教育应借鉴这样的教学思维,从小开始对学生职业观的培养给予重视,从而逐步改变重学历、轻能力,重文凭、轻学识的现状,促进学生树立职业终身化的意识。2021年10月,中共中央办公厅、国务院办公厅印发了《关于推动现代职业教育高质量发展的意见》,明确提出"建设技能型社会,弘扬工匠精神,培养更多高素质技术技能人才、能工巧匠、大国工匠,为全面建设社会主义现代化国家提供有力人才和技能支撑;坚持立德树人、德技并修,推动思想政治教育与技术技能培养融合统一",这就需要职业院校引导学生具备职业操守和职业担当,培养学生的"工匠精神",让学生融入社会之后,能时刻反思自己职业观的正确与否,并弥补不足之处。

首先,我国职业院校可以借鉴日本的现有经验,在课程设置方面加入职业思想与职业道德的课程教育,让学生能够意识到自己应当以怎样的态度和状态面对即将从事的职业和岗位,以及需要改善的问题,不断促进职业观念、责任心的树立和提升。其次,我国职业院校还应对学生群体进行深入了解,以此作为基础,创建良好的沟通交流氛围。例如,可以建立和完善职业心理辅导部门,通过不同的途径帮助学生树立正确的价值观念,引导学生树立健康的职业心理,促进心理健康的成长。让学生增强自身的职业信心,对于在学生实训过程中的心理困惑、疑问等进行及时地疏导和解决。最后,我国职业院校还应当积极组织学生广泛参与社会公共服务等活动,让学生能够意识到职业精神、职业道德的内涵,在自身的岗位上发挥自己的工种价值,树立职业终身化的意识。同时,还应让学生对自身的实际情况有明确认知和理性分析,对自己职业适应性等进行专业测评,据此寻找到有针对性的解决对策。

　　当前,我国正处在实现第二个百年奋斗目标的起步阶段,但技能型人才的短缺已构成我国经济高质高效发展的一大"瓶颈",给我国经济整体质量水平的提升带来了负面影响。在国家大力发展现代职业教育的背景下,只有使职业技术教育与社会转型发展相吻合,才能培养出满足经济、社会不断变化、发展所需要的高素质劳动者,才能体现出职业教育的特色与功能。深入探讨日本职业教育法规体系的可借鉴之处,可为我国完善现代职业教育体系、健全职业教育法规提供宝贵的参考。

中编

《中华人民共和国职业教育法》实施指导

第六章
政府部门

目前我国建成了世界上规模最大的职业教育体系,职业教育在支持国家经济社会发展中的作用愈加凸显。职业教育是面向社会的跨界教育,其改革发展不是教育部门一家能承担的任务,涉及经济发展、社会稳定、劳动就业等各方面,需要多个部门、社会机构通力合作,因此必须跳出教育看教育、立足全局看教育、跳出部门管教育。在中国特色社会主义建设新时代,社会经济结构和产业发展模式都发生了重大调整和变化,为进一步规范和促进职业教育发展,新职教法对不同层级政府在职业教育发展中的权责做出了具体的要求与规定。

第一节 国 家 层 面

一、提升职业教育的社会地位

长期以来,职业教育在教育体系中处于"低人一等"的地位,导致社会对职业教育的认可度不高。新职教法第三条规定,"职业教育是与普通教育具有同等重要地位的教育类型,是国民教育体系和人力资源开发的重要组成部分,是培养多样化人才、传承技术技能、促进就业创业的重要途径"。这一规定将职业教育确定为与普通教育具有同等重要地位的教育类型,这是中国教育理念的一次重大变革,是党和国家依据职业教育的独特作用和本质属性,把握教育职业教育办学规律、人的全面发展规律做出的一个重大判断,体现了以习近平同志为核心的党中央大力发展职业教育、培养高素质劳动者和技术技能人才的坚定决心。只有国家层面真正重视职业教育并在法律、政策等层面明确职业教育的地位,社会对职业教育的认可度才能逐渐提高。

二、健全职业教育的管理体制

新职教法规定职业教育实行政府统筹、分级管理、地方为主、行业指导、校企合作、社会参与,并从三方面强化统筹管理。一是国务院层面,规定国务院建立职业教育工作协调机制,统筹协调全国职业教育工作。二是部门层面,规定国务院教育行政部门负责职业教育工作的统筹规划、综合协调、宏观管理;国务院有关部门在国务院规定的职责范围内,分别负责有关的职业教育工作。三是省级层面,强化省级人民政府统筹权,省级人民政府可以依法整合、优化设区的市、县人民政府职业教育工作职责,统筹区域内职业教育发展。

三、加大职业教育的经费投入

据联合国教科文组织测算,职业教育办学成本应是普通教育的 3 倍左右,但目前我国职业教育总体投入不仅在同级教育中占比低,且投入力度与办学规模严重不匹配。一方面,办学条件存在大面积不达标的情况。中职学校办学条件达标的仅有四分之一,高职扩招大幅稀释办学资源,三分之一的学校生师比不达标,近半数的学校生均教学行政用房不达标。另一方面,职业教育经费投入不足。2020 年,全国教育经费总投入 53 014 亿元,其中,中职 2 872 亿元,占高中阶段教育的 34.08%,只占普通高中的一半;高职专科 2 758 亿元,占普通高等教育的 19.70%,不足普通本科高校的四分之一。而 2020 年中职、高职在校生分别占到高中阶段教育和普通高等教育的 39.44% 与 44.43%。

针对这些问题,新职教法第十四条提出,"国家优化教育结构,科学配置教育资源,在义务教育后的不同阶段因地制宜、统筹推进职业教育与普通教育协调发展",并从五个方面作了规定。一是健全职业教育经费投入机制,明确国家优化教育经费支出结构,使职业教育经费投入与职业教育发展需求相适应,鼓励通过多种渠道依法筹集发展职业教育的资金。二是落实政府责任,规定各级人民政府应当按照事权和支出责任相适应的原则,根据职业教育办学规模、培养成本和办学质量等落实职业教育经费;明确发挥失业保险基金作用,支持职工提升职业技能。三是加强资金统筹,规定地方教育附加等经费中可用于职业教育的资金应当统筹使用。四是强化企业责任,明确企业应当根据国务院规定的标准,按照职工工资总额一定比例提取和使用职工教育经费。五是明确职业学校举办者应当按照生均经费标准或者公用经费标准按时、足额拨付经费,不断改善办学条件。不得以学费、社会服务收入冲抵生均拨款。这些规定的落实对改变当前职业教育改革发展中的规模与结构不协调、经费短缺等现象具有重大现实意义和指导价值。

案 例

山东青岛、河南、湖北加大职业教育投入

2015年,《青岛市职业教育条例》在全国职业教育界率先提出,"中等职业教育生均公用经费标准不得低于普通高中生均公用经费标准的1.5倍""城市教育费附加和地方教育附加用于职业教育的比例应当不低于30%""市级人民政府每年应当按照低于30%的比例,提取不举办职业教育的区(市)城市教育费附加和地方教育附加""当年教育费附加和地方教育附加用于职业教育的比例达不到30%的区(市),差额部分应当上缴市本级财政,统筹用于青岛市职业教育"等。初步统计,2020年部省共建职教高地以来,青岛市用于职业教育领域的财政资金和社会资金总额已经突破100亿元。

2019年12月,《河南省职业教育改革实施方案》中指出,要建立与办学规模、培养成本、办学质量等相适应的财政投入制度,在保障教育合理投入的同时,优化投入结构和管理机制,提高财政资金使用效益。新增教育经费向职业教育倾斜,鼓励社会力量捐资、出资兴办高质量职业教育,拓宽办学筹资渠道。建立健全依据办学绩效核拨经费的激励机制,公办中等职业学校生均财政拨款水平可适当高于当地普通高中;公办高等职业学校生均拨款水平应不低于12 000元;公办技师学院在校生中的高级工和预备技师的生均拨款标准可适当高于当地公办中等职业学校,并根据发展需要和财力逐步提高。提出进一步扩大职业院校助学金覆盖面,完善补助标准动态调整机制,落实对建档立卡等家庭经济困难学生的倾斜政策,健全职业院校收费标准动态调整机制。

2022年3月,湖北省印发《省人民政府关于推动现代职业教育高质量发展的实施意见》,其中指出,要完善经费保障机制。健全政府投入为主、多渠道筹集职业教育经费的体制。优化支出结构,确保新增财政性教育经费向职业教育倾斜。全面落实公办职业学校生均拨款制度,足额落实生均经费标准,确保中职(含技工学校)生均拨款标准不低于8 000元、高职生均拨款标准不低于12 000元,并根据发展需要和财力逐步提高,探索建立分专业大类的职业教育差异化生均拨款制度。

第二节　国务院及教育行政部门

一、国务院统筹协调全国职业教育工作

新职教法第八条提出,"国务院建立职业教育工作协调机制,统筹协调全国职业教育工作"。该法条首次明确了国务院发展职业教育的职责,这意味着全国职业教育统筹管理职能从原来的国务院教育行政部门"提级"到了国务院的层面,用实际行动彰显了"国家大力发展职业教育"的坚定意志。

国务院要做好统筹协调工作,需要依据社会经济发展情况,对全国职业教育事业的发展有一个全盘的规划,包括职业教育的规模、结构、经费投入等方面,使不同地方职业教育的发展方针、政策措施、发展模式等方面与国家总体保持一致。由于职业教育涉及的部门较多,这些部门间工作上的配合是职业教育发展的重要保证。因此,国务院需要建立职业教育工作协调机制,让其他部门做到政策上的基本统一、工作上的配合协作。

二、国务院教育行政部门具体负责职业教育工作

在继承旧职教法"统筹规划、综合协调、宏观管理"三大职责基础上,新职教法第八条和第二十条对国务院教育行政部门在职业教育发展中的职责做了更为具体的规定,要求国务院教育行政部门、人力资源社会保障行政部门和其他有关部门在国务院规定的职责范围内,分别负责有关的职业教育工作。国务院教育行政部门会同有关部门根据经济社会发展需要和职业教育特点,组织制定、修订职业教育专业目录,完善职业教育教学等标准,宏观管理指导职业学校教材建设,这是国务院教育行政部门推动职业教育高质量发展需要而且应该做好的基本职责。

第三节　地方各级人民政府

我国经济社会发展的不平衡性以及生产社会化所带来的区域间在经济、产

业结构上的差异性,决定了不同地区职业教育层次结构、专业结构、服务对象的不同。因此,有必须降低职业教育的管理重心,充分发挥地方政府的积极性,突出地方政府在发展职业教育中的责任,这样才能促进职业教育的繁荣与发展。改革开放以来,我国对职业教育的管理体制进行了一系列的改革尝试。实行地方政府统筹,坚持职业教育为当地经济建设服务,因地制宜地确定职业教育的发展模式等,是已经被实践证明为行之有效的发展职业教育的重要经验。地方各级政府在促进职业教育发展过程中,需要做好发展规划与督导评估工作。

一、做好职业教育的发展规划

职业教育具有极强的地方性,它与经济的密切关系首先反映在对区域经济的促进和依赖方面。地方各级人民政府在行政管辖区域内对发展职业教育负有完全的责任,对本行政区域内的职业教育工作具有决策权和直接管理权。新职教法第七条规定,"各级人民政府应当将发展职业教育纳入国民经济和社会发展规划,与促进就业创业和推动发展方式转变、产业结构调整、技术优化升级等整体部署、统筹实施"。地方政府应当在国家方针、政策指导下,统筹制定职业教育发展规划,对所辖区域内的职业教育工作进行组织、管理和引导,组织行业企业和各方力量办学,统筹配置教育资源,统筹安排招生就业工作,要办好起骨干示范作用的职业教育机构,对企事业组织、社会团体及公民个人办学给予指导和必要的支持等。

案例

职业教育高质量发展的慈溪样本

2020年,浙江省宁波市慈溪市以95.48的高分斩获"2020中国职业教育百佳县市"榜首。有这样一组数据可以佐证:慈溪5所中等职业学校中,4所为国家级重点职业学校;2008—2020年,慈溪在全国职业院校技能大赛中累计获得80金、86银、37铜,国内名列前茅。亮眼的成绩背后是扎实、创新的工作,职业教育高质量发展的"慈溪样本"值得学习借鉴。21世纪以来,慈溪将职业教育纳入经济社会发展总体规划,将发展职业教育作为一项真正惠及普通百姓的民生工程和促进区域经济发展的助推器。2003年,慈溪市大刀阔斧地开展了一场以调整职业教育办学体制、调整职业学校布局为核心的"双调工程",形成了专业集约化、现代化、特色化、规模化的发展态势,为慈溪职业教育的高质量发展打下了坚实基础。近年来,慈溪市将职业教育纳入经济社会发展总体规划和优化人力资源结构、助推产业发展的战略任务,主动对接区域经济转型升级和社会公共服务需求,紧抓德技双修、校企融合,基本形成了现代职教体系和人才培养模式,使慈溪的职业教育走在了全国前列。"十四五"时期,慈溪提出了要完善现代职业教育治理体系这一目标,将通过实施校园数字化、教师专业化、管理现代化等"八大提升工程",全面提高职业学校办学能力,为职业教育高质量发展打下更加扎实的基础。

青岛市实施职业教育创新发展三年行动计划

青岛的职业教育一直走在全国前列,2022年9月,青岛市教育局印发了《青岛市职业教育创新发展三年行动计划》(以下简称行动计划),明确了青岛未来3年职业教育的发展路径,此次出台的行动计划则是为了更好推动青岛市职业教育创新发展,更好地服务于经济社会发展和学生升学就业,为新时代社会主义现代化国际大都市建设提供人力支撑和技术支持。

行动计划提出实施中职学校提质扩优、高职办学规模扩增、现代职教园建设工程、职业教育产教深度融合工程等6项工程,到2024年,实现全市中职学校办学条件明显改善,高职院校办学规模不断扩大,职业教育本科实现突破,中高职协同、普职融通发展的现代职业教育体系基本确立,各级各类职业院校每年为青岛市提供技术技能人才4万余名。

同时,青岛市将持续加大职业教育投入,确保新增财政性教育经费投入向职业教育倾斜。探索建立"基本保障＋发展专项＋绩效奖励"的财政拨款制度,逐步提高公办职业院校生均拨款。督促各区(市)落实城市教育费附加和地方教育附加不低于30％用于发展职业教育的法定要求,整体改善职业院校基本办学条件。

二、做好职业教育发展的督导评估

督导评估是对职业教育成果的检查和评价,也是对决策的一种落实,是领导活动的一种体现。教育督导评估是推动教育事业发展和教育领域各项改革落实的重要手段,是现代教育治理体系的重要组成部分,教育督导评估水平直接影响着教育改革发展成效,地方各级人民政府应加强对本区域内职业教育工作的督导评估。新职教法第八条规定,"省、自治区、直辖市人民政府应当加强对本行政区域内职业教育工作的领导,明确设区的市、县级人民政府职业教育具体工作职责,统筹协调职业教育发展,组织开展督导评估"。因此,地方人民政府要组织建立符合职业教育特点的质量评价体系,对职业学校的办学质量进行评估,并将评估结果及时公开,引导职业教育沿着健康的方向发展。

第七章
职业学校教育

第一节　职业学校教育的层次与类型

一、提升职业学校教育的层次

　　旧职教法中职业学校教育分为初等、中等、高等职业学校教育,2006年义务教育政策实施后,初等职业学校逐渐转型为基础的或入门的职业培训。新职教法第十五条明确提出,现有职业学校教育体系包括中等职业学校教育和高等职业学校教育,在法律层面上规定了职业教育的层次划分。

　　职业学校教育提供学历教育,学历按照层次可划分为初等教育、中等教育和高等教育,中等教育包含初级中学和高级中学,其中高级中等教育层次即高中阶段教育水平。中等职业学校教育是提供全日制高中阶段教育水平的学历职业教育。高等职业学校教育是在高级中等教育层次基础上实施的高等教育阶段的职业教育,分为专科层次职业学校教育、本科及以上层次职业学校教育。中共中央办公厅、国务院办公厅《关于深化现代职业教育体系建设改革的意见》还规定,要"拓宽学生成长成才通道,以中等职业学校为基础、高职专科为主体、职业本科为牵引,建设一批符合经济社会发展和技术技能人才培养需要的高水平职业学校和专业……完善职教高考制度,健全'文化素质＋职业技能'考试招生办法,扩大应用型本科学校在职教高考中的招生规模"①。这打破了职业教育最高止步于专科学历的限制,为本科及以上职业教育预留了空间。

---

① 新华社.中共中央办公厅　国务院办公厅印发《关于深化现代职业教育体系建设改革的意见》[EB/OL].http://www.gov.cn/zhengce/2022－12/21/content_5732986.htm,2022－12－21.

二、丰富职业学校教育的类型

（一）中等和高等职业学校教育

根据新职教法第十五条,中等职业学校教育由高级中等教育层次的中等职业学校(含技工学校)实施。高等职业学校教育由专科、本科及以上教育层次的高等职业学校和普通高等学校实施。根据高等职业学校设置制度规定,将符合条件的技师学院纳入高等职业学校序列。

作为中等职业教育的学历教育实施主体,中等职业学校是指经政府有关部门依法批准设立,实施全日制中等学历教育的各类职业学校,包括公办和民办的普通中专、成人中专、职业高中、技工院校和高等院校附属的中专部、中等职业学校等,与普通高中处于同一学历层次阶段。2021 年,全国共有中等职业学校 7 294 所,招生 488.99 万人,在校生 1 311.81 万人。①

高等职业学校教育指普通高等学校中的高等职业学校,包括公办普通高等职业学校、民办普通高等职业学校。2021 年,全国共有高职(专科)学校 1 486 所,高职(专科)招生 552.58 万人,在校生 1 590.10 万人;职业本科高校 32 所,在校生 12.93 万人,2021 年招生 4.14 万人,在校生数达到了 12.93 万人。②

（二）技工教育

职业教育体系中,与属于教育系统的职业教育并列的是技工教育,由人社部门主管。作为技工教育的实施主体,技工院校可以分类为普通技工学校、高级技工学校、技师学院。

普通技工学校招收初中毕业生,学制二年或三年,学生毕业时可获人力资源和社会保障部门颁发的相关中级职业资格证书。

高级技工学校是较高层次的职业技能教育,可招收中级职业资格的在职职工、中等职业学校毕业生和高中毕业生,学制为高中起点三年制,初中起点五年制,学生毕业时可获得相关高级职业资格证书,相当于大专层次。

技师学院是技工院校的最高层次,按照《国家职业教育改革实施方案》精神,技师学院是与高等职业院校属于同一层次、不同类型的职业教育。技师学院以

---

① 中华人民共和国教育部.2021 年全国教育事业统计主要结果[EB/OL].http://www.moe.gov.cn/jyb_xwfb/gzdt_gzdt/s5987/202203/t20220301_603262.html,2022 - 03 - 01.

② 中华人民共和国教育部.2021 年全国教育事业统计主要结果[EB/OL].http://www.moe.gov.cn/jyb_xwfb/gzdt_gzdt/s5987/202203/t20220301_603262.html,2022 - 03 - 01.

技能就业为特色导向,以培养技师和高级技工为主要目标的高技能人才培养基地,专注技术工人和产业工人的培养与训练。截至 2021 年底,全国共有技工院校 2 492 所,在校生 426.7 万人。2021 年度全国技工院校共招生 167.2 万人,毕业生 108.7 万人,就业率为 97.2%。

由教育部门管理的职业教育和由人社部门管理的技工教育,均为职业教育的不同形态,中等职业教育(中等职业学校和普通技工学校)和高等职业教育(高等职业学校和技师学院)构成了职业教育系统,二者共同造就了职业教育发展史,为中国社会主义建设提供了不同层次、不同类型的技术技能人才。

三、推动职业学校教育内部的贯通发展

新职教法第十五条规定高等职业学校教育由专科、本科及以上教育层次的高等职业学校和普通高等学校实施,将职业教育的最高层次提升至本科及以上,这种纵向贯通打通了职业教育的内部上升渠道,有利于形成技术技能人才培养的完整通道。

新职教法第十五条规定将符合条件的技师学院纳入高等学校序列,根据《高等职业学校设置标准(试行)》,按照规定程序,由省级政府审批以技师学院为基础组建的高等职业学校,并将名称统一为"××职业技术学院"。按照此政策路径,技工院校将走上普通技工院校逐渐升格为高级技工院校、高级技工学校升格为技师学院、技师学院归转为高等职业院校的发展道路。这将促进技师学院与高职院校这两种不同职业教育类型的融合,打通职业教育内部系统之间各子系统的联结,最终形成中等职业学校和技工学校——专科层次高等职业学校和技师学院——本科及以上层次高等职业院校的培养层次完整、拥有统一认证标准、以学分和职业技能证书联结的服务全民终身学习的现代职业教育体系。

案 例

上海市教委:进一步加强职业院校中高职贯通教育

为贯彻落实《国家职业教育改革实施方案》《推进现代职业教育高质量发展的意见》精神,落实《上海市教育发展"十四五"规划》《上海市职业教育发展"十四五"规划》等要求,推动上海中高职贯通教育由规模发展转向高质量发展,进一步优化中高职贯通院校和专业布局,全面提升中高职贯通人才培养质量,2022 年 8

月,上海市教委印发《关于进一步加强职业院校中高职贯通教育的通知》,明确提出,"十四五"期间,中高职贯通院校进一步紧密协同,逐步形成以专业为纽带,高职强牵引,中职强基础,中高职院校协同联动的紧密型联合体培养模式,中高职贯通专业布局进一步优化,质量进一步提升,推动人才培养方案落实、教学标准落地、培养过程规范以及各教学要素有机衔接。

1. 主要目标

"十四五"期间,中高职贯通院校进一步紧密协同,逐步形成以专业为纽带,高职强牵引,中职强基础,中高职院校协同联动的紧密型联合体培养模式(以下简称"联合体");中高职贯通专业(以下简称"贯通专业")布局进一步优化,专业点总体规模保持稳定;中高职贯通质量进一步提升,推动人才培养方案落实、教学标准落地、培养过程规范以及各教学要素有机衔接。

2. 工作原则

坚持服务需求。各职业院校要围绕上海重点产业发展,聚焦行业企业对高素质技术技能人才的需求,结合学校"十四五"发展定位和专业规划,在培养周期长、技能要求高的专业领域开展中高职贯通培养,主动优化贯通院校之间、贯通专业之间的布局。

注重提升质量。各高职院校应主动发挥引领作用,牵头完善贯通教学标准体系,强化过程管理,加强质量监控。推动基于标准的课程、教学与评价方式创新,提升中高职贯通人才培养质量。

强化考核评价。强化中高职贯通人才培养质量评价,建立常态化院校自主质量评价和市级检查评估两级考核评价体系,着力推动考核结果运用,动态优化贯通专业。

保持平稳有序。各高职院校应在保持本校贯通专业总数不降、培养规模不降、培养质量不降的前提下,总体统筹、逐年优化、增减有序地优化贯通专业。

3. 主要任务

优化贯通专业布局。首先,合理规划贯通专业布局。各职业院校要依据教育部《职业教育专业目录》(2021),根据学校整体发展规划、自身办学条件,充分论证开设贯通专业的必要性、可行性,制订贯通专业发展规划。其次,建立紧密型联合体模式。各高职院校牵头成立1个联合体,原则上选择不超过5所中职学校加入,应优先考虑已经与本校开展中高职贯通培养的中职学校。各中职学校原则上参加由高职院校牵头的联合体不超过4个。新建的新型高职院校在专业建设成熟且有毕业生后,可牵头成立1个联合体。再次,健全贯通专业评价机制。各联合体应制订贯通专业评价机制、调整机制和退出机制。建立健全联合体内贯通专业质量评价体系并实施自主质量评价。市教委通过组织贯通专业教学质量跟踪检查评估等多种方式,实施常态化的贯通专业质量评价。最后,开展贯通专业动态调整。自2022年起,中高职院校申报新增的贯通专业,仅限于联合体内部;对非联合体内的贯通专业,结合学校发展规划、专业整体布局,逐年减少专业数量,但调减的专业需经市教委备案。到2025年,以紧密型联合体形式推进的中高职贯通培养模式基本成型,原则上所有中高职贯通培养均在联合体内开展。

加强贯通过程管理。首先,组织实施相关标准。各职业院校要落实教育部、市教委相关中高职贯通的政策要求,以教育部和市教委颁发的中高职贯通人才培养方案指导意见、贯通专业教学标准、中高职贯通实训环境教学指南等为指导,不断优化人才培养方案,落实专业教学标准和课程标准,规范教学文件。其次,规范教育教学管理。联合体应加强统筹协调,并由高职院校牵头、中职学校参与,根据已颁布的相关公共基础课课程标准和专业教学标准,制定完善一体化人才培养方案。高职院校应牵头开展联合教研,落实课程标准,注重课程内容衔接。联合体应把握贯通学生学习特点,探索创新教学方法,推进课堂教学改革。再次,完善质量评价机制。各高职院校应组织开展联合体内学校统一的公共基础课学业水平测试及职业技能测试,作为贯通专业质量分级重要依据。各高职院校通过教师评价、学生评价、第三方评价等渠道监控教学质量,通过组织中职学校自评互评、联合教研、督导听课、教考分离等方式实施质量监控。最后,加强数据应用分析。各高职院校要注重贯通专业从招生、入学、教学、实习、就业等过程数据的采集、监控与分析。完善毕业生跟踪调查机制,通过用人单位反馈及满意度调查等方式,形成长期的对比研究数据并加以科学应用。

提升贯通人才培养适应性。首先,专业建设对接岗位需求。各职业院校应主动研究新型工作岗位与贯通专业的衔接融合,在贯通专业中积极推进中国特色学徒制、订单式等培养模式。主动适应新岗位发展,灵活动态调整贯通课程,更好地服务区域经济发展,为上海产业发展及时精准输送高素质技术技能人才。其次,人才培养对接证书标准。各职业院校应健全不同专业职业技能证书选用、培训、考核机制。对接国家职业技能标准、行业标准、职业技能大赛标准和国际先进职业能力标准,不断优化教学内容,推动教师教材教法改革。

4. 保障措施

建立健全管理机制。各职业院校要建立健全贯通培养工作小组,在学校层面统筹联合体建设以及贯通专业优化工作。要建立健全教研机制,完善教育教学管理制度,优化教育教学条件,保障教育教学实施。

优化贯通招生计划。市教委定期组织贯通专业检查评估,其中评估结果为"一般"及以上的专业,下年度继续招生;评估结果为"整改"的专业,次年暂停招生,一年后经复检仍为"整改"的专业,退出中高职贯通培养。

加强宣传示范引领。各职业院校要积极探索中高职贯通高质量发展的路径,探索长学制人才培养规律和方法。加强教学成果、育人成效等宣传,及时总结中高职贯通经验,形成案例和标志性成果,积极发挥示范作用。

第二节　职业教育学校的设立

设立各类职业学校应遵守新职教法以及相关法律的规定,以促进职业学校的合法化、正规化建设,这对保证学校正常运转、提高教育质量都有积极影响,也有利于教育主管部门对设立职业学校进行宏观调控,保证区域职业学校的合理布局和教育资源的充分、有效利用。

一、有具体的组织机构

新职教法第三十三条规定,职业学校设立应当有组织机构。申请设立职业学校的首要条件之一是有具体的组织机构,学校组织机构是指为完成学校教育教学工作目标将学校各个部门组成的一个整体,包括决策机构、执行机构、监督机构等。高等职业学校普遍的组织机构形式为校级部门和二级学院单位。组织机构应具备保障教学质量、激发办学活力的能力。

二、有明确的治校章程

新职教法第三十三条规定,职业学校设立应当有自己的章程。依章治校是明确的法律要求,既可以作为学校自我管理的基本方向,也是教育部门、社会公众进行监督评估的重要标准。职业学校的章程是其办学目标的体现,是了解学校办学方向及学校管理机制的重要文件。

申请设立不同层次的职业学校时,应符合本层次职业学校的章程规定。中等职业学校章程撰写遵循《中等职业学校设置标准》第五条,应载明名称、校址、办学宗旨、学校内部管理体制和运行机制、教职工管理、学生管理、教育教学管理、校产和财务管理、学校章程的修订等内容。高等职业学校章程撰写遵循《高等教育法》第二十八条,应载明学校名称、校址、办学宗旨、办学规模、学科门类的设置、教育形式、内部管理体制、经费来源、财产和财务制度、举办者与学校之间的权利和义务、章程修改程序以及其他必须由章程规定的事项。民办职业学校章程的撰写遵循《民办教育促进法》第十一条,参照同级同类公办职业学校章程的设置标准。相较于公办职业教育学校,民办职业院校在制定章程中需要明确学校分立、合并、解散和清算事项的要求和流程等内容。

三、有合格的教职工

教师是职业学校人才培养的实施者,对学校的教育教学质量有着直接的影响。同时,职业教育学校的高质量运行,也离不开行政管理的有效支撑和保障。新职教法第三十三条规定,职业学校设立必须有合格的教师和管理人员。申请设立的职业学校应当有可靠的教师来源,能够通过聘任专职、兼职教师,建立起一支数量和质量都符合《教师法》及《教师资格条例》的教师队伍,并能够稳定教师规模,控制教师流动率,避免出现大量流失教师现象。中共中央办公厅、国务院办公厅《关于深化现代职业教育体系建设改革的意见》还明确提出,要加强“双师型”教师队伍建设。“加强师德师风建设,切实提升教师思想政治素质和职业道德水平。依托龙头企业和高水平高等学校建设一批国家级职业教育‘双师型’教师培养培训基地,开发职业教育师资培养课程体系,开展定制化、个性化培养培训。实施职业学校教师学历提升行动,开展职业学校教师专业学位研究生定向培养。实施职业学校名师(名匠)名校长培养计划。设置灵活的用人机制,采取固定岗与流动岗相结合的方式,支持职业学校公开招聘行业企业业务骨干、优秀技术和管理人才任教;设立一批产业导师特聘岗,按规定聘请企业工程技术人员、高技能人才、管理人员、能工巧匠等,采取兼职任教、合作研究、参与项目等方式到校工作。”管理人员主要包括行政管理、党务工作、教学辅助、后勤管理四方面人员,是为学校教学、实习实训提供规划和保障的各职能部门的员工。校长及学校领导作为职业学校最重要的管理者,为引领学校发展,应具备一定的履职要求。[①]

[①] 新华社.中共中央办公厅　国务院办公厅印发《关于深化现代职业教育体系建设改革的意见》[EB/OL].http://www.gov.cn/zhengce/2022－12/21/content_5732986.htm,2022－12－21.

设置各类型职业学校应遵从相关师生比和各类型教师规模标准。《中等职业学校设置标准》第七条规定,专任教师一般不少于 60 人,师生比达到1：20。专任教师中,具有高级专业技术职务人数不低于 20％。专业教师数应不低于本校专任教师数的 50％,其中双师型教师不低于 30％。每个专业至少应配备具有相关专业中级以上专业技术职务的专任教师 2 人,聘请兼职教师应占本校专任教师总数的 20％左右。《高等职业学校设置标准(暂行)》第二条规定,在建校初期,具有大学本科以上学历的专任教师一般不能少于 70 人,其中副高级专业技术职务以上的专任教师人数不应低于本校专任教师总数的 20％。每个专业至少配备副高级专业技术职务以上的本专业的"双师型"专任教师 2 人,每门主要专业技能课程至少配备相关专业中级技术职务以上的专任教师 2 人。

《技工学校设置标准》第十一条规定,学制教育师生比应不低于 1：20,兼职教师人数不得超过教师总数的三分之一,具有企业实践经验的教师应占教师队伍总数的 20％以上,技术理论课教师和实习指导教师总数应不低于教师总数的 70％。

《高级技工学校设置标准》第十三条规定,学制教育师生比不低于 1：20,兼职教师人数不得超过教师总数的三分之一,具有企业实践经验的教师应占教师队伍总数的 20％以上,技术理论课教师和实习指导教师应不低于教师队伍总数的 70％,具备中级技能以上资格的达 40％以上;理论实习教学一体化教师达到技术理论课教师和实习指导教师总数的 50％以上;实习指导教师中,具备高级实习指导教师职务或技师、高级技师职业资格的占 45％以上。

《技师学院设置标准》第十三条规定,学制教育师生比不低于 1：18,兼职教师人数不得超过教师总数的三分之一,具有企业实践经验的教师应占教师队伍总数的 25％以上,技术理论课教师和实习指导教师应不低于教师队伍总数的 70％,具备中级技能以上职业资格的达 60％以上;理论实习教学一体化教师达到技术理论课教师和实习指导教师总数的 60％以上;实习指导教师中,具备高级实习指导教师职务或技师、高级技师职业资格的占 50％以上。

残疾人中等职业学校教学班与教职工比例不低于 1：5,专任教师数不低于本校教职工数的 60％,专业课教师数不低于本校专任教师数的 60％。每个专业至少应配备具有相关专业中级以上专业技术职务的专任教师 2 人。

四、有符合标准的硬件设施

新职教法第三十三条规定,职业学校设立必须有与所实施职业教育相适应、符合规定标准和安全要求的教学及实习实训场所、设施、设备以及课程体系、教育教学资源。"相适应"指场所设施和教学资源等硬件条件应根据职业学校层次和专业设置差异,供给保证学校各专业教学、实习正常运行的资源量。"符合规定标准",即硬件条件符合教育教学条件方面的设备标准,各项设备在规格、质量方面必须达标;也包括卫生、安全等方面的标准,应参考国家设置的设备装备规范、设备参考目录等文件,或参考地方政府根据国家有关规定制定的地方标准。教学场所及设施、设备等硬件可以是自有的,也可以通过租赁、借用等方式取得校舍、场地、教学设施、设备等资源使用权,但必须符合教学要求,并有合法的合同文件。

办学硬件条件标准根据 2012 年人力资源社会保障部印发的《中等职业学校设置标准》《高等职业学校设置标准(暂行)》《技工学校设置标准(试行)》《高级技工学校设置标准》和《技师学院设置标准》规定,需要在校园占地面积、校舍建筑面积、图书馆和阅览室、仪器设备、教学专业和课时等方面符合规定。

校园占地面积:新建中等职业学校的建设规划总用地不少于 40 000 平方米,生均用地面积指标不少于 33 平方米。高等职业学校建校初期,校园占地面积一般应在 100 000 平方米(约 150 亩)左右。技工学校、高级技工学校和技师学院的校园占地面积分别不少于 3 万平方米(约 45 亩)、6.6 万平方米(约 100 亩)和 10 万平方米(约 150 亩)。残疾人中等职业学校的校园占地面积不少于 2 万平方米(约 30 亩),一般生均占地面积不少于 80 平方米。

校舍建筑面积:新建中等职业学校建筑规划面积不少于 24 000 平方米,生均校舍建筑面积指标不少 20 平方米。高等职业学校建校时生均教学、实验、行政用房建筑面积不得低于 20 平方米。技工学校、高级技工学校和技师学院的校舍建筑面积分别不少于 1.8 万平方米、5 万平方米和 8 万平方米,其中,实习、实验场所建筑面积分别不少于 0.5 万平方米、1.5 万平方米和 2.5 万平方米。残疾人中等职业学校的校舍建筑面积不少于 1 万平方米,一般生均建筑面积不少于 35 平方米。

体育用地:中等职业学校应有 200 米以上环形跑道的田径场,有满足教学和体育活动需要的其他设施和场地,符合《学校体育工作条例》的基本要求。技工院校应具备满足体育教学和学生锻炼身体需要的体育设备设施和运动场所。其中,高级技工学校的运动场地面积不少于 6 000 平方米,技师学院不少于 10 000 平方米。残疾人中等职业学校须有 200 米以上环形跑道的田径场,有满足残疾人教学和体育活动需要的其他设施和场地。

图书馆和阅览室：中等职业学校的适用印刷图书生均不少于 30 册，报刊种类 80 种以上，教师阅览（资料）室和学生阅览室的座位数应分别按不低于专任教师总数的 20％和学生总数的 10％设置。高等职业学校适用图书不能少于 8 万册。技工院校具备满足师生需求的图书馆、阅览室。残疾人中等职业学校的适用印刷图书生均不少于 30 册，有盲文图书、有声读物和盲、聋生电子阅览室，报刊种类 50 种以上。教师阅览（资料）室和学生阅览室的座位数应分别按不低于教职工总数的 20％和学生总数的 10％设置。

仪器设备：职业学校应当具有与专业设置相匹配、满足教学要求的实验、实习设施和仪器设备。中等职业学校的工科类专业和医药类专业生均仪器设备价值不低于 3 000 元，其他专业生均仪器设备价值不低于 2 500 元。高等职业学校适用的教学仪器设备的总值，在建校初期不能少于 600 万元。技工学校实习、实验设备总值不少于 300 万元。高级技工学校和技师学院的实习、实验主要设备应达到国内先进水平，并保证每生有实习工位，设备总值分别不少于 1 500 万元和 4 000 万元。残疾人中等职业学校要根据学生残疾类别及程度的实际需要设置康复训练、专用检测等学习及生活所需专用教室和特殊器具设备。

现代化设施：中等职业学校要具备能够应用现代教育技术手段，实施现代远程职业教育及学校管理信息化所需的软、硬件设施、设备。其中，学校计算机拥有数量不少于每百生 15 台。技工学校、高级技工学校和技师学院等技工院校应具备满足多媒体、网络教育教学和信息化管理要求的软硬件设备设施，并建有校园网站。

从目前职业学校的发展情况来看，已有设置标准过去了 10 多年，已落后于现有发展，有关部门应考虑重新调整，提高办学基本标准。

五、有稳定的办学经费

新职教法第三十三条规定，职业学校设立必须有必备的办学资金和与办学规模相适应的稳定的经费来源。举办者在设立学校时应根据不同层次职业学校的要求，通过财政拨款、自有资金、社会捐赠等合法多渠道筹措经费，保证设立学校的办学经费不低于最低启动资金。民办职业学校的举办者应当按照《民办教育促进法》及其实施条例的规定，按时、足额履行出资义务。设置学校时搞好办学经费的财务收支预算，确保学校设立后在学校建设、教学培养、教师薪酬和培训、生均经费等日常运行方面有稳定可靠的来源和切实的保证,并建立与职业学校规模和发展速度相适应的经费管理制度。《关于深化现代职业教育体系建设改革的意见》对于职业学校的办学经费也提出明确指导性意见,如"地方政府可以参照同级同类公办学校生均经费等相关经费标准和支持政策,对非营利性民办职业学校给予适当补助","以政府主导、多渠道筹措资金的方式,新建一批公共实践中心;通过政府购买服务、金融支持等方式,推动企业特别是中小企业、园区提高生产实践资源整合能力,支持一批企业实践中心",实践中心"政府投入的保持公益属性,建在企业的按规定享受教育用地、公用事业费等优惠"等。①

(一)按时、足额拨付生均经费

生均经费指培养一个学生平均所需的成本,主要包括公务费、业务费、设备购置费、修缮费、学生实验实习费、固定资产折旧费、教职工人员经费等开支。新职教法第五十五条规定,职业学校举办者应当按照生均经费或者公用经费标准按时、足额拨付经费,不断改善办学条件。不得以学费、社会服务收入冲抵生均拨款。民办职业学校要求学校举办者按标准来足额拨付经费,以保证教育质量。职业学校举办者包括政府、部门、行业、企业、团体、个人等,这些举办者可依法通过多种渠道、多种形式筹集和拨付职教经费,均应达到省或有关部委制定的生均经费标准。例如,《湖北省人民政府关于推动现代职业教育高质量发展的实施意见》规定,公办中职(含技工学校)生均拨款标准不低于 8 000 元、高职生均拨款标准不低于 12 000 元。

(二)多渠道筹措经费

多种渠道筹措经费,是指在符合客观实际的基础上,合理、合法地广开渠道,多方支持办好职业教育,主要包括:

收取学生学费。学费的收取标准应在考虑群众承受能力的基础上确定,同时加强收费管理,严禁乱收费。

校企合作收益。通过合作项目、委托培训等校企合作形式,赚取一定的收益用于办学。

社会捐赠。鼓励和提倡厂矿企业、事业单位、社会团体及个人根据自愿和量力的原则捐资助学、集资办学。其中,校友会捐赠是重要的社会捐赠渠道。

---

① 新华社.中共中央办公厅　国务院办公厅印发《关于深化现代职业教育体系建设改革的意见》[EB/OL].http://www.gov.cn/zhengce/2022-12/21/content_5732986.htm,2022-12-21.

政府投入。《民办教育促进法》第四十六条规定,县级以上各级人民政府可以采取购买服务、助学贷款、奖助学金和出租、转让闲置的国有资产等措施对民办学校予以扶持;对非营利性民办学校还可以采取政府补贴、基金奖励、捐资激励等扶持措施。

职业培训与社会服务收入。职业学校可以作为职业培训的主体,承担为社会各类有职业培训需求的群体提供职业培训服务的责任,从中合理收取培训费用用于办学。同时,职业学校也可以面向社会单独举办或联合企业、政府、社团组织等主体开展社会服务,也可以获得合理收益,用于办学。

《中国教育经费统计年鉴》数据显示,2020年,我国高等职业学校教育收入共计745.88亿元,其中学费收入占比78.24%,举办者投入占比1.7%,捐赠投入占0.36%;中等职业学校教育收入共计256.03亿元,其中事业收入占比42.9%,学费收入占比56.8%,举办者投入占比4.1%,捐赠收入占比0.49%。可见,职业学校教育经费还存在渠道单一的问题,学费是主要的经费来源,支撑着职业教育的办学与发展。

六、向政府提交审批

旧职教法没有明确规定设立职业教育需要由哪级政府审批,新职教法三十三条对此有具体规定,明确了各级政府在不同层级职业学校设立中的审批权。设立中等职业教育学校,应由县级以上地方人民政府或者有关部门审批;设立专科层次教育的高等职业学校,由省、自治区、直辖市人民政府审批,还应报国务院教育行政部门备案;设立本科及以上层次教育的高等职业学校,以及专科层次符合产教深度融合、办学特色鲜明、培养质量较高等条件的高等职业学校申请实施本科层次职业教育,由国务院教育行政部门审批。

在审批程序上,公办职业教育和民办职业教育有各自的管理程序。申请设立公办职业学校,应执行《事业单位登记管理暂行条例实施细则》第三十七条,向负责审批的各级人民政府有关部门提交申请登记材料。申请设立民办学校,一般分为筹设和正式设立两个阶段,设立条件达标的可直接申请设立。举办者应执行《民办教育促进法》第十三至十七条,按照申请筹设民办学校、申请正式设立民办学校和直接申请正式设立民办学校的相应要求,向负责审批的各级人民政府有关部门提交规定材料,办理流程一般分为受理、审核、审批、办结、送达五个步骤。

第三节　职业教育学校的依法办学

一、职业教育学校的招生

（一）向特殊地区和特定人群倾斜

新职教法第十条规定了职业学校的招生范围和招生对象。除普通学生外，各级职业学校应招收乡村、各类转岗、再就业、失业人员以及特殊人群、残疾人和妇女群体接受职业教育，接收来自革命老区、民族地区、边远地区、欠发达地区的生源，保障以上弱势地区及人群的平等受教育权利，培养产业工人。第十八条重点强调了保障残疾人职业教育的要求，提出残疾人职业教育除由残疾人教育机构实施外，各级各类职业学校及其他教育机构应当按照国家有关规定接纳残疾学生，并加强无障碍环境建设，为残疾学生学习、生活提供必要的帮助和便利。

普通学生是职业学校招生的主要生源。中等职业学校的普通生源指中考后未升入普通高中的初中毕业学生，高等职业学校的普通生源指中等职业学校的毕业生与高考后未进入普通本科学校就读的高中毕业学生。新职教法进一步明确各级职业学校要扩大招生范围、注重招生计划区域的合理分布、接收特殊群体和人群就读的要求，这对于保障各类群体的受职业教育公平权利有重要意义，也更有利于职业教育培养适应经济发展所需的多样化人才。

革命老区、民族地区大部分位于多省交界地区和边远地区，很多仍属于欠发达地区。由于长期受到自然环境、区位地理因素、交通运输等条件的约束，虽然这些特殊地区拥有丰富的自然资源、优质的生态环境、厚重的历史文化遗产，但经济社会发展仍然缓慢，无法完全享受到社会主义建设成果。职业学校接收这些特殊地区的生源，既是面向个体教育扶贫的手段，也可以通过传授学生技术，待其毕业后反哺家乡，推动当地的技术推广和经济振兴。

职业学校应接收乡村、各类转岗、再就业、失业人员以及特殊人群、残疾人和妇女群体接受职业教育，保障以上人群获得职业教育权利。这些群体由于技能的缺乏，多在就业市场的竞争中处于弱势地位，需要进入职业学校接受一定的职业教育，提高就业竞争力，掌握技术后再进入市场求职。

（二）实施多样化的招生制度

普遍情况下，学生在中考后，根据考试成绩报名申请，进入中等职业学校就读。高等职业学校的录取方式多样，有单独招生、综合评价等方式，由各高职院校依据所在省份的招生政策,依据学生的"文化素养＋专业技能"考试成绩录取。除在各自教育阶段招生外,中高职还可以进行贯通招生,以五年一贯制和"3＋2"形式最为普遍。五年一贯制形式中高职是指实施中等职业教育和高等职业教育的五个学年均在同一所高等职业学校连续学习,由高等职业学校独立承担,前三年为中等职业教育,后两年为高等职业教育。"3＋2"中高职分段形式的高等职业教育是指中等职业教育和高等职业教育分段分校学习,前三年中等职业教育由中等职业学校承担,后两年高等职业教育由高等职业学校承担。五年一贯制形式和"3＋2"中高职分段形式的中高职贯通录取方法,采取由各省教育机构规划、批准学校(专业),在中考后单独招生的方式进行。目前,各省中等、高等职业学校的招生录取遵循所在省份教育厅(委)制定的政策规定。

关于招收职业学校毕业生,新职教法第五十三条规定,高等职业学校和实施职业教育的普通高等学校应当在招生计划中确定相应比例或者采取单独考试办法,专门招收职业学校毕业生,这里多指中等职业学校毕业生。

2021年,中共中央办公厅、国务院办公厅《关于推动现代职业教育高质量发展的意见》要求:到2025年"职业本科教育招生规模不低于高等职业教育招生规模的10％",这为扩大本科层次职业教育提供了空间。各高等职业学校和普通本科学校应按照所在省份教育行政部门下达的招生指标,将职业本科教育的招生计划体现在招生简章中。

2022年,中共中央办公厅、国务院办公厅《关于深化现代职业教育体系建设改革的意见》要求:完善职教高考制度,健全"文化素质＋职业技能"考试招生办法,扩大应用型本科学校在职教高考中的招生规模,招生计划由各地在国家核定的年度招生规模中统筹安排。完善本科学校招收具有工作经历的职业学校毕业生的办法。根据职业学校学生特点,完善专升本考试办法和培养方式,支持高水平本科学校参与职业教育改革,推进职普融通、协调发展。[①]

这些招生制度充分表明,职业学校教育内部有较为完善的上升渠道,职业学校的学生不仅可以读大专,还可以上本科,这对增强学生报考职业教育的热情有积极的促进作用。在未来还应进一步完善招生政策,建立健全各省职业教育统一招生平台,拓宽考生的志愿选择范围,探索职业教育各层级纵向贯通的新招生形式。深圳职业技术学院自2019年9月开始,贯彻实施广东省教育厅《关于做好2019年

---

① 新华社.中共中央办公厅　国务院办公厅印发《关于深化现代职业教育体系建设改革的意见》[EB/OL].http://www.gov.cn/zhengce/2022－12/21/content_5732986.htm,2022－12－21.

第二期高职扩招专项行动有关工作》文件,展开扩招专项行动,招收符合条件的在岗职工、退役军人、下岗失业人员、农民工和新型职业农民等社会人员。现已举办社会人员学历提升计划试点班(普通班、退役军人专班)、现代学徒制试点班。

二、职业教育学校的收费

（一）合理收取学费和其他必要费用

职业教育属于非义务教育,职业教育学校应向学生收取一定费用来弥补办学成本。新职教法第四十二条规定"职业学校按照规定的收费标准和办法,收取学费和其他必要费用"。职业学校的学费收费按学期进行,不得跨学期预收。除收取学费和住宿费以外,未经财政部、国家发展改革委、教育部联合批准或省级人民政府批准,不得再向学生收取任何费用,更不得以介绍工作、安排实习实训等名义违法收取费用。《职业学校学生实习管理规定》第二十条也明确表示职业学校不得向学生收取实习押金、培训费、实习报酬提成、管理费、实习材料费、就业服务费或者其他形式的实习费用。

教育部等五部门《关于进一步加强和规范教育收费管理的意见》(2020 年)指出,学校按照年生均教育培养成本的一定比例向受教育者收取学费,综合考虑实际成本(扣除财政拨款)等向住宿生收取住宿费。现阶段,公办高等职业学校学费占年生均教育培养成本的比例最高不得超过 25％,各省应结合本地实际,合理确定中等职业学校学费占年生均教育培养成本的比例。按照《民办教育促进法》有关规定,非营利性民办中等和高等职业学校收费的具体办法,由省级人民政府制定;营利性民办中等和高等职业学校的收费标准,实行市场调节,由学校自主决定。确定学费标准后,学校应依规向所在地区的教育部门申报。依据《高等教育收费办法》第八条,各高等职业学校申报学费标准时,应对培养成本项目及标准、本学年确定收费标准的原则和调整收费标准的说明和其他需说明的问题进行说明。中央部委直属高等职业学校和地方业务部门直属高等职业学校学费标准,由学校根据年生均教育培养成本的一定比例提出,经学校主管部门同意后,报学校所在省、自治区、直辖市教育部门,由学校所在地的省级人民政府批准后执行。各级各类职业学校应建立健全规范化的收费公示动态管理制度,主动接受社会监督。应将收费项目和标准在校内醒目位置向学生公示,在招生简章和入学通知书中注明。学校收费政策有变化的,应在招生简章发布前向社会公示。例如,深圳职业技术学院根据专业类型划分不同的收费等级,普通类专业6 000 元/生/学年(旅游管理和人力资源管理专业 5 000 元/生/学年),艺术类专业 10 000 元/生/学年,中外合作办学专业有 15 600、19 000 元/生/学年等不同标准,高职扩招试点班学费为 3 000 元/人/学年。

另外,中等和高等职业学校对家庭经济困难的学生应酌情减免收取学费,具体减免办法由省级人民政府根据国家有关规定制定。中等职业学校学生的学费减免范围涵盖农村、经济困难、民族地区和特殊专业的学生。高等职业学校主要以奖学金、助学金和助学贷款的形式给学生资助,国家政策层面还没有明确的免学费对象规定,高等职业学校的资助政策和学费减免对象确定标准由各省级教育部门根据实际情况制定。

(二)多渠道筹集其他经费

新职教法第四十二条规定,职业学校面向社会开展培训的,按照国家有关规定收取费用。该法条新增面向社会开展培训活动收取费用的规定,使职业学校收取培训费具备了合法性。具体收费办法和数额参照各省市规定,原则上按照办学成本,遵循市场价格合理收取费用。新职教法第四十一条规定,职业学校开展校企合作、提供社会服务或者以实习实训为目的举办企业、开展经营活动取得的收入用于改善办学条件,支付劳动报酬和作为绩效工资。这些规定为职业学校多渠道筹集办学经费提供了法律依据,为激发职业学校办学活力给予了充分的法律保障。职业学校应该在国家的鼓励和支持下,积极筹集发展基金,为更好地培养人才提供充裕的资金保障。

中共中央办公厅、国务院办公厅《关于深化现代职业教育体系建设改革的意见》(2022 年)提出强化职业教育发展的政策扶持,"探索地方政府和社会力量支持职业教育发展投入新机制,吸引社会资本、产业资金投入,按照公益性原则,支持职业教育重大建设和改革项目。将符合条件的职业教育项目纳入地方政府专项债券、预算内投资等的支持范围。鼓励金融机构提供金融服务支持发展职业教育。探索建立基于专业大类的职业教育差异化生均拨款制度。地方政府可以参照同级同类公办学校生均经费等相关经费标准和支持政策,对非营利性民办职业学校给予适当补助。完善中等职业学校学生资助办法,建立符合中等职业学校多样化发展要求的成本分担机制"①。

---

① 新华社.中共中央办公厅 国务院办公厅印发《关于深化现代职业教育体系建设改革的意见》[EB/OL].http://www.gov.cn/zhengce/2022 - 12/21/content_5732986.htm,2022 - 12 - 21.

三、职业教育学校的人才培养

（一）科学设立人才培养目标

立德树人是各类教育的根本任务，职业教育突出培养实践能力，但决不能忽视育人本质，不能重技轻德。立德树人、德技并修是新职教法对职业教育人才培养提出的目标要求。

新职教法第四条提出，职业学校教育实施职业教育应当弘扬社会主义核心价值观，对受教育者进行思想政治教育和职业道德教育，培育劳模精神、劳动精神、工匠精神，传授科学文化与专业知识，培养技术技能，进行职业指导，全面提高受教育者的素质。这要求职业教育学校的人才培养要坚持德技并修原则，深化思政课改革创新，把德育融入课堂教学、技能培养、实习实训等各环节，让学生养成良好职业道德、职业精神和行为习惯，培养学生的劳模精神、劳动精神、工匠精神。

党的二十大报告强调，要坚持教育优先发展、科技自立自强、人才引领驱动，加快建设教育强国、科技强国、人才强国，坚持为党育人、为国育才，全面提高人才自主培养质量，着力造就拔尖创新人才，聚天下英才而用之。党的二十大报告首次将教育、科技、人才工作系统化一体化统筹部署，体现了三者相辅相成、协同发力、强劲支撑社会主义现代化强国建设的重要战略地位，为我们向第二个百年奋斗目标进军制定了行动纲领，也为我们科学设立人才培养目标指明了方向。党的二十大报告同时指出，教育是国之大计、党之大计。培养什么人、怎样培养人、为谁培养人是教育的根本问题。育人的根本在于立德，应全面贯彻党的教育方针，落实立德树人根本任务，培养德智体美劳全面发展的社会主义建设者和接班人。①

（二）自主设置专业

新职教法第三十六条规定了职业学校在办学时可以根据产业需求，依法自主设置专业。本法条体现出职业学校的专业设置自主权，即各级职业学校根据国家经济发展状况，对接现代产业体系，服务产业基础高级化、产业链现代化，依据学校的办学目标和特色，充分发挥学校所在地区的地理、产业、经济优势，形成具有本校特色的专业结构和布局，更好地服务和融入区域经济发展中。

---

① 习近平.中国共产党第二十次全国代表大会报告[M].北京：人民出版社，2022.

职业学校在成立时,可依据 2021 年 3 月教育部印发的《职业教育专业目录》中的各专业大类、专业类和专业规定进行设置,中等职业学校可按规定备案开设《职业教育专业目录》外专业,高等职业学校依照相关规定要求自主设置和调整高职专业,可自主论证设置专业方向。职业学校首次招生专业数应在 5 个左右,高级技工学校的常设高级技工专业不少于 4 个,技师学院的常设(预备)技师专业不少于 2 个,残疾人中等职业学校,常设专业一般不少于 4 个。教育部指导符合条件的职业院校按照高起点、高标准的要求,积极稳妥设置高职本科专业,避免"一哄而上"。

(三)实行弹性学习制度

新职教法第三十六条规定了职业学校可以基于职业教育标准制定人才培养方案,可以根据培养技术技能人才的需要,自主设置学习制度,安排教学过程。并在基本学制基础上,适当调整修业年限,实行弹性学习制度。2021 年《技工教育"十四五"规划》、2019 年《高职扩招专项工作实施方案》也提到要探索推行弹性学制。

职业学校各大类下不同专业自身的性质存在差异,专业人才培养模式也各具特色,各层次职业学校应在培养条件允许的情况下,结合学校和学生实际情况,制订体现自身学校和不同专业类别特点的专业人才培养方案,探索自主设置学习制度与弹性学制的可行方式,为更好的培养职业教育学生提供保障。目前弹性学制处于探索阶段,针对不同的学生,弹性学制的实行可以有不同的方式。面对全日制中等职业教育与高等职业教育,职业学校可引入"弹性化学分管理",制订学分转换方案,提供课程组合方案等,通过这种形式适当延长或缩短学制,夯实培养质量。面对技工教育与非全日制职业学校学生,弹性学制是满足学生兼顾工学的理想条件。弹性学制下的灵活授课时间、地点、学业年限、考核方式可以为学生工作、创业、培训提供方便,有利于学生"干中学",激发学习积极性。

(四)自主选编专业课程教材

按照课程类型,职业学校课程可以被分为公共基础课程和专业(技能)课程。其中,属于公共课类型的中等职业学校思想政治、语文、历史课程教材和高等职业学校思想政治理论课教材,以及其他意识形态属性较强的教材和涉及国家主权、安全、民族、宗教等内容的教材,实行国家统一编写、统一审核、统一使用。新职教法第三十六条规定了职业学校在办学时具有教材选用自主权,这主要体现在专业课教材的自主选用或自行编写上。

对专业课程教材的选用或编写,职业院校要按照《职业院校教材管理办法》

的要求,严格执行国家和地方关于教材管理的政策规定,选好用好教材。职业院校专业核心课程原则上从国家和省级教育行政部门发布的规划教材目录中选用。国家和省级规划目录中没有的教材,可在职业院校教材信息库选用。选用境外教材,按照国家有关政策执行。教材选用单位在确定教材选用结果后,应报主管教育行政部门备案。

在国家和省级规划教材不能满足需要的情况下,职业院校可根据本校人才培养和教学实际需要,补充编写反映自身专业特色的教材,教材要充分反映产业发展最新进展,对接科技发展趋势和市场需求,及时吸收比较成熟的新技术、新工艺、新规范等。在专业课教材投入使用后,应根据经济社会和产业升级新动态及时进行修订,一般按学制周期修订,由编写单位按照要求进行更新。

(五)加强学生实习实训活动的管理

职业学校的学生实习实训,本质是一种实践性教育教学活动,是技术技能人才培养的重要环节。新职教法第五十条对学生实习实训做出了具体规定,一方面国家鼓励企业、事业单位安排实习岗位,接纳职业学校和职业培训机构的学生实习,并保障实习学生的相关权益;另一方面,职业学校应当加强对实习实训学生的指导,明确实习实训内容和标准,切实提高实习实训的质量。

职业学校应重视学生的实习实训活动,并加强管理与指导。首先,要加强安全生产教育。严格执行国家相关安全规定,职业学校实习主管部门应加强实习安全预防与监督检查,应为学生在实习期间购买全过程意外保险,相关费用可按照规定从职业学校学费中列支。其次,选择正规实习地点。职业学校应当选择符合实习条件的正规单位作为实习地点,直接与实习单位、学生签订三方实习协议,不能通过中介机构联系实习单位的形式来安排学生实习,否则构成犯罪的,将依法承担相关刑事责任。再次,提高实习岗位与专业的匹配度。职业学校应与实习单位协商安排与学生所学专业相匹配的岗位,按照《职业学校学生实习管理》规定,实习岗位应符合专业培养目标要求,与学生所学专业对口或相近,原则上不得跨专业大类安排实习。

(六)依法颁发相应证书

新职教法把学业证书、培训证书、职业资格证书和职业技能等级证书作为受教育者从业的重要凭证,强调提高技术技能人才的社会地位和待遇。第五十一条规定,接受职业学校教育,达到相应学业要求,经学校考核合格的,取得相应的学业证书。颁发毕业生学业证书是国家赋予职业学校的一种特许权力,只有那些办学方向端正、教育教学质量较高、办学基本条件符合国家规定标准要求的职业学校,经上级主管部门批准后才有权发放相应的学业证书。

经国家批准设立或者认可的中、高等职业学校,中、高级技工院校和技师学院依法向符合条件的毕业生颁发《中等职业学校毕业证书》《高等职业学校毕业证书》《技工学校毕业证书》《高级技工学校毕业证书》或《技师学院毕业证书》。2022年5月,人社部通知自2022年9月1日起,决定在全国技工院校启用新版毕业证书。实施本科职业教育的普通高等学校除颁发《毕业证书》外,还应依据《国务院学位委员会办公室关于做好本科层次职业学校学士学位授权与授予工作的意见》,颁发《学士学位证书》。

为适应加快发展现代职业教育和教育管理信息化的需要,我国推行了全国统一的电子学业证书。中等、高等职业学校负责为取得本校学籍并进行学籍注册的学生颁发并电子注册一份学业证书,纸质版学业证书发证日期即是电子学业证书提供网上查询的有效日期。中等职业学校通过全国中等职业学校学生信息管理系统进行学业证书管理,高等职业学校通过中国高等教育学生信息网进行学业证书管理和本科层次职业教育的学位证书管理,技工院校学业证书有关信息纳入全国技工院校电子注册和统计信息管理系统。

案例

深圳职业技术学院创新人才培养模式

深圳职业技术学院依托珠三角产业发展,秉承深圳特区改革创新精神,坚持把立德树人作为学校教育的根本任务,着力推行"政校行企四方联动,产学研用立体推进"的办学模式和"文化育人、复合育人、协同育人"系统改革,致力于培养"德业并进、学思并举、脑手并用"的复合式创新型高素质高技能人才。学校人才培养方案涉及两年制、三年制、四年制、五年制学生,层次有五专、中高职衔接、三专、本科;形式有专业、专业群(大类)、辅修专业、拓展专业、合作办学、订单培养等多种类型,充分体现了学校复合式创新型高素质高技能的人才培养目标定位。学校人才培养方案的建设也逐步形成了一定的规范和特色。

1. 规范人才培养建设流程

学校的人才培养方案的制订,首先由学校教学主管部门在教学管理委员会的指导下,依据国家、地方教育行政部门和社会用人部门对人才的要求,结合学校实际,结合第三方对毕业生的调查回访数据,制订专业人才培养方案的指导意见,明确编制原则、指导思想、培养目标、课程体系、证书要求等总体规划。人才培养方案指导意见由学校以发文的形式确保其严肃性,一般两年修订一次,既保证学校的人才培养方案指导意见的延续性,又保证指导意见具有顺应时代社会及学校自身发展要求,与时俱进的能力。指导意见一经确定,各专业协同行业企业专家,结合第三方的各专业毕业生调查反馈数据及建议,在广泛调研的基础上形成专业教学设计,经多方征求意见,特别是征求专业产学研用委员会的意见,在此基础上再制订简化版的教学计划,经过审定后提交学校教务处审核汇编。

2.人才培养方案的制订特色

学校的人才培养方案的制订体现了校教学管理委员会、学校领导、院系专业主任及教师、教学管理人员、专业产学研用委员会、行业企业专家等多方面的智慧,具有如下鲜明特点。

(1)准确定位,适应经济建设和社会发展的需要。各专业对相关行业的现状和发展动态进行深入调研,摸清市场对人才数量和质量的需求,明确培养目标,定位准确。

(2)坚持全面发展。遵循党的教育方针,对学生进行德、智、体、美等方面进行全面教育,正确处理传授知识、培养能力、提高素质的关系。

(3)硬化高职教育人才培养的质量标准。坚持毕业生既获得毕业证书,又取得职业资格证书是深职院贯彻始终的要求,并随着高职教育的发展不断充实其内涵。

(4)注重实践教学,加强能力培养。深职院建校以来人才培养方案建设中始终关注实践教学,一是明确专业能力培养目标,廓清专业核心技术能力,并落实到教学全过程;二是不断强化实践教学,提高实践教学及理实一体化教学比重。

(5)贯彻产学结合思想。产学结合是培养技术应用人才的基本途径。学校采取专业教师、管理人员和行业企业人员结合的形式共同参与人才培养方案的制订及落实。各个环节力求既符合学校教学规律,又反映企事业单位的实际工作特点,产学结合,教学相长。

(6)增加学生自主学习的时间,培养学生的可持续发展能力和创新能力。学校注重教学总学时和周学时控制,以便给学生留出适当的时间自主学习、自我培养,提高学生的社会适应能力。

(7)鼓励多样化和改革创新。在总体要求一致的基础上,学校十分注重人才培养方案的特色和创新,积极倡导和鼓励各专业根据行业和专业特点,探索适应社会需要的人才培养标准和课程教学内容体系,改革人才培养模式。

3. 推进专业与教学供给侧改革

为满足学生的多样化需求,实现以人为本和提高学生就业能力的理念,学校在专业与教学领域进行了供给侧改革。

(1)创新专业与课程建设机制。优化专业结构,根据市场需求和人才发展要求,以第三方对学校各专业人才培养质量、就业质量、就业竞争力等的调查数据为参考依据,强化职业教育的"供给侧"改革,完善专业动态调整机制,支持发展"绿牌"专业,调整改造"黄牌"专业,关停淘汰"红牌"专业。创设面向高新技术、先进制造、现代服务、文化创意等产业的新兴专业、复合型专业,引领专业建设适应产业升级发展,专业规模控制在 60 个左右,专业内涵与专业竞争力处于全国先进水平,吸收和借鉴世界一流应用技术大学的教育理念、教学标准,引入课程、教材等海外优质教学资源,建立多类型的师生海外访学工作体系。积极参与各种双联课程、学分互认课程、外部学位课程、外国考试机构课程标准开发,引进和开发一批国际通用职业资格证书,提升人才培养的国际化水平。

(2)深化实践教学和方法改革。加强实训教学,突出学生技术应用能力和创新能力的培养;积极推进微课、慕课、资源共享课程建设,不断提高教育教学的信息化水平;大力推广项目教学、案例教学、情景教学、工作过程导向教学,广泛运用启发式、探究式、讨论式、参与式教学,充分激发学生的学习兴趣和积极性;加大创新型项目课程扶持力度。探索实施"完全学分制",改革单一化、模式化的人才培养格局,加强适应学分制需要的课程建设,构建"课程超市",探索"自助餐"式课程供应模式;建立具有"指导性"意义的教学计划,实施"学业导师制";实行弹性学制,构建严密有效的质量监控体系,采取绩点制学业成绩评价,实施学业预警制度。

四、职业教育学校的行政管理

(一)加强中国共产党的全面领导

2019 年 1 月发布的《国家职业教育改革实施方案》第十九条要求加强党对职业教育工作的全面领导,《职教法》的修订为其赋予了法律效力。新职教法第三十五条第一款明确规定,"公办职业学校实行中国共产党职业学校基层组织领导的校长负责制,民办职业学校依法健全决策机制,强化学校的中国共产党基层组织政治功能"。这为加强和完善中国共产党基层组织在中等和高等职业学校中的地位和作用,提供了法律上的依据和保障。

2022 年 12 月,中共中央办公厅、国务院办公厅发布的《关于深化现代职业教育体系建设改革的意见》强调要加强党的全面领导,"坚持把党的领导贯彻到现代职业教育体系建设改革全过程各方面,全面贯彻党的教育方针,坚持社会主义办学方向,落实立德树人根本任务。各级党委和政府要将发展职业教育纳入本地区国民经济和社会发展规划,与促进就业创业和推动发展方式转变、产业结构调整、技术优化升级等整体部署、统筹实施,并作为考核下一级政府履行教育职责的重要内容。职业学校党组织要把抓好党建工作作为办学治校的基本功,落实公办职业学校党组织领导的校长负责制,增强民办职业学校党组织的政治功能和组织功能。深入推进习近平新时代中国特色社会主义思想进教材、进课堂、进学生头脑,牢牢把握学校意识形态工作领导权,把思想政治工作贯穿学校教育管理全过程,大力培育和践行社会主义核心价值观,健全德技并修、工学结合的育人机制,努力培养德智体美劳全面发展的社会主义建设者和接班人"①。

职业教育必须坚持中国共产党的领导,并把党的领导转化为具体制度。对公办职业学校,职业学校基层党组织按照党章和有关规定,全面领导学校工作。对民办职业学校,强化学校基层党组织政治功能,保证其在学校重大事项决策、监督、执行各环节有效发挥作用。加强中国共产党对职业教育的全面领导,有利于职业学校坚持社会主义办学方向,培养高素质、高技能人才。

(二)重视学校领导班子建设

校长及学校领导作为职业学校最重要的管理者,为引领学校发展,应具备一定的履职要求。综合《中等职业学校设置标准》《高等职业学校设置标准》《技工学校设置标准》《高级技工学校设置标准》和《技师学院设置标准》相关规定,校领导应具有较高政治素质和较强管理能力、熟悉职业教育发展规律。

校长至少应具有本科以上学历和高级专业技术职务或高级技师职业资格,拥有 3 年或 5 年以上职业教育、职业培训或企业工作经历。副校长和(副)院长的任职要求规定为具有本科以上学历和高级以上专业技术职务,中等职业学校和技工学校等中等职业教育层次副校(院)长的专业技术职务可以是中级以上。《残疾人中等职业学校设置标准》规定残疾人中等职业学校校长应具有从事三年以上教育教学工作的经历,校长及教学副校长须具有大学本科以上学历和高级专业技术职务,其他校级领导应具有大学本科以上学历和中级以上专业技术职务。

---

① 新华社.中共中央办公厅　国务院办公厅印发《关于深化现代职业教育体系建设改革的意见》[EB/OL].http://www.gov.cn/zhengce/2022－12/21/content_5732986.htm,2022－12－21.

第八章
职业培训

第一节　职业培训的类型与主体

一、分级分类实施多样化职业培训

职业培训是以就业、转业或提高职业技能水平为目的的非学历职业教育活动。根据培训性质，新职教法第十六条规定职业培训可分为四类，包括就业前培训、在职培训、再就业培训及其他职业性培训，可以根据实际情况分级分类实施。

就业前培训，主要针对进入就业岗位前的人员，通过培训使那些即将就业的人员掌握某种职业所必备的技能、技巧及与其相关的职业知识，包括职业道德，从而能胜任所从事的职业。在职培训，又称"工作现场培训"，是人力资本投资的重要形式，对已具有一定教育背景并已在工作岗位上从事有酬劳动的各类人员进行的再教育活动。我国在职培训的形式基本上采用在岗业余培训和离岗专门培训两种方式进行。再就业培训，是指对有过工作经历的职工失业或下岗后，对其进行的从事职业所必需的职业指导、职业技能、职业道德和职业纪律的培训，这是帮助劳动者提高再就业能力，从而尽快实现再就业的重要措施，分为短期培训、中期培训和长期培训。

进行职业培训时要根据实际情况分级分类安排相应培训内容、形式和考核办法。近年来我国探索"新八级"职业技能等级制度，即学徒工、初级工、中级工、高级工、技师、高级技师、特级技师和首席技师。接受培训的人员，经所在职业培训考核地点考核合格后，发给相应等级的培训证书。

二、鼓励职业培训主体的多元化

新职教法第十六条提出，职业培训可以由相应的职业培训机构、职业学校实施。其他学校或者教育机构以及企业、社会组织可以根据办学能力、社会需求，依法开展面向社会的、多种形式的职业培训。这表示职业培训可由多种机构实施，这里所指的职业培训机构为就业训练中心、职工培训中心(学校)等。此外还有境外机构和个人、外商投资企业(机构)单独或同境内具有法人资格的社会组织联合举办的培训实体。

不同的职业培训机构要根据自身的办学能力等条件，开展面向社会的、多种形式的职业培训活动。职业培训机构应当具备法人条件，举办职业培训机构的社会组织，应当具有法人资格；举办职业培训机构的个人，应当具有政治权利和完全民事行为能力。

案 例

甘肃省强化职业技能培训

截至 2022 年 7 月底，甘肃省开展政府补贴性职业技能培训 33.3 万人次，完成省政府补贴性职业技能培训 40 万人次的 83.25%，支出培训补贴资金 2.74 亿元。其中脱贫劳动力培训 6.06 万人次，已提前完成年度培训任务，支出培训补贴资金 3 910.15 万元。

据了解，2022 年甘肃省人社厅聚焦甘肃省"四强"行动和产业布局，牢固树立职业技能培训为就业服务的理念，大规模开展职业技能培训。省政府将"开展 40 万人次政府补贴性职业技能培训"列为 2022 年为民实事项目，以提质量、促就业、重服务、强监管为重点，充分发挥政策聚合效应，积极推广职业培训券，统筹开展新职业培训、数字技能培训、项目制培训，按照巩固拓展脱贫攻坚成果同乡村振兴衔接有关工作要求，重点抓好农村转移劳动力、返乡农民工、脱贫劳动力、妇女等重点群体和养老护理员、家政服务员等康养类重点职业(工种)的培训。

在全面开展企业技能人才自主评价的基础上，甘肃省人社厅坚持慎稳推进甘肃省社会培训评价组织的遴选，依托社评组织面向社会广大劳动者开展水平评价类技能职业(工种)等级认定工作。目前甘肃省共有 53 家企业完成职业技能等级自主认定备案，8 家技工院校完成认定试点备案，已完成 82 家社会培训评价组织的遴选备案，面向社会开展技能人才评价服务，为技能人才技能等级晋升、推进"人人持证"奠定了坚实基础。针对就业需求量大、操作技能简单易学的就业技能，开发了兰州牛肉拉面制作、东乡手抓羊肉制作等 44 个专项职业能力考核项目,开展专项职业能力考核,颁发专项能力证书。截至 7 月底,开展准入类职业(工种)技能鉴定人数 21 079 人次,获证 19 278 人次;开展职业技能等级认定 50 366 人次,获证 35 867 人次。

按照升级建设"大就业信息系统"有关要求,甘肃省人社厅持续加强培训就业"131"服务,按照提供 1 次职业指导、推荐 3 个适合的岗位信息、开展 1 次适合的培训项目的工作要求,进一步做好培训就业一体信息化服务。同时,以市场需求为导向,充分利用东部职业教育和技能培训资源优势,打造"鲁甘人力""津甘技工""西部海员""鲁甘工匠联盟"技能培训品牌,大力开展订单式、定向式、定岗式培训,全面提升劳动者职业技能水平,推动从"靠劳力吃饭"向"凭技能就业"转变,促进实现更加充分更高质量就业。

第二节　职业培训机构

一、职业培训机构的设立

(一)具备基本的办学条件

为了规范职业培训机构的设置,保证培训质量,职业培训机构必须具备与其培训任务相适应的基本条件。鉴于职业培训机构在培训规模、时间、专业设置及培训标准方面有较大的灵活性,对培训机构的设置条件要求也较职业教育学校适当放宽。根据新职教法第三十四条,职业培训机构的设立,应当符合下列基本条件:1. 有组织机构和管理制度;2. 有与培训任务相适应的课程体系、教师或者其他授课人员、管理人员;3. 有与培训任务相适应、符合安全要求的场所、设施、设备;4. 有相应的经费。

职业培训机构应当有健全的专门管理机构,负责培训机构的全面管理,并应根据培训规模和任务的需要设置相应财务、人事、教学、学生管理等相应机构,负责各项日常管理工作,并应建立各项相应的管理制度,使培训机构的各项工作有章可循,保证职业培训机构的正常运转。

职业培训机构应根据机构规模、培训任务等具体情况,具备能承担相应培训任务和数量足够的教师。职业培训机构可根据技能、技术培训的实际需要聘任具有相应技术技能水平的专业技术人员、技术工人为专职或兼职教师,但必须保证规定培训的质量。职业培训机构除具备相应教师外还应根据实际需要配备相应的管理人员,使培训的各项管理事务有专人负责,保证培训机构按国家有关规定和本机构的管理制度运行。

职业培训机构应具备与所规定的培训任务相适应的场所、设施和设备。职业培训机构应根据所承担培训的技能、技术、专业的不同,具备教学、实习场所,以及教学、演示和实习需要的各种设备,保证培训的实际需要。

职业培训机构的设置应具备相应的经费,保证在设置过程中的日常经费开支和初期的正常运转。在申请设置职业培训机构时,申办者应根据实际情况通过财政的拨款或自有资金以及社会捐赠等合法渠道筹集必备的设置经费,不得弄虚作假。

(二)依法按程序申请审批

申请正式设立民办职业培训学校或职业培训机构的举办者,应根据民办教育促进法的要求准备申请材料,主要材料有:筹设批准书;筹设情况报告;学校章程、首届学校理事会、董事会或者其他决策机构组成人员名单;学校资产的有效证明文件;校长、教师、财会人员的资格证明文件。举办者将申请材料交由县级以上人民政府人力资源社会保障行政部门审批,通过后获得办学许可证,并按照《公司法》和《民办教育促进法》有关规定,进行法人登记,登记为有限责任公司或者股份有限公司,其名称应当符合公司登记管理和教育相关法律法规的规定。

中外合作举办职业培训机构,应根据《中外合作职业技能培训办学管理办法》规定进行条件申请。

(三)依法进行变更与终止

根据《民办教育促进法》规定,职业培训机构举办者的变更,须由举办者提出,在进行财务清算后,经机构理事会或者董事会同意,报相应县级人力资源与社会保障部门审批机关核准。职业培训机构名称、层次、类别的变更,由学校理事会或者董事会报县级人力资源与社会保障部门审批机关批准。

职业培训机构满足以下终止条件之一的,应当终止:根据培训机构章程规定要求终止,并经县级人力资源与社会保障部门审批机关批准的;被吊销办学许可证;因资不抵债无法继续办学。职业培训机构终止时,应当依法进行财务清算,并依次清偿受教育者学费、杂费和其他费用、应发教职工的工资及应缴纳的社会保险费用和偿还其他债务。非营利性职业培训机构清偿上述债务后的剩余财产继续用于其他非营利性办学;营利性职业培训机构清偿上述债务后的剩余财产,依照《公司法》的有关规定处理。终止的民办职业培训机构,由审批机关收回办学许可证和销毁印章,并注销登记。

二、职业培训机构的依法办学

（一）合理收取培训费用

新职教法第四十二条规定,职业培训机构面向社会开展培训,按照国家有关规定收取费用。《民办教育促进法》规定,民办职业培训学校和职业培训机构收取费用的项目和标准根据办学成本、市场需求等因素确定,向社会公示,并接受有关主管部门的监督。非营利性民办职业培训学校和职业培训机构收费的具体办法,由省、自治区、直辖市人民政府制定。营利性民办职业培训学校和职业培训机构的收费标准,实行市场调节,由学校自主决定。

（二）开展针对性职业培训

大学毕业生是职业培训的重点对象,面对毕业生规模大、就业难的问题,职业培训机构应配合国家推进高校毕业生技能就业行动的实施,开展企业所需技能的培训,促进了大学生理论和知识的相结合,增强高校毕业生适应产业发展、岗位需求和基层就业工作能力。

职业培训机构应加强城乡未继续升学的初高中毕业生职业能力的培养,因为这类人群还属于未成年人,没有通过学校掌握技术,在社会求职中处于弱势地位。为加强管理,提高求职能力,我国明确对城乡未继续升学的初高中毕业生开展劳动预备制培训,并给予一定的就业见习补贴。

提升农民整体职业素质对乡村振兴非常重要,职业培训机构应配合国家深入实施农民工职业技能提升计划、新型职业农民培育工程和农村实用人才培训计划,推动建立职业农民制度,将农村转移就业人员和新生代农民工培养成为高素质技能劳动者,推动乡村振兴建设和实现农业现代化转型。

职业培训机构应帮助更多的下岗人员、残疾人实现就业,根据职业资格要求有针对性的实施技能培训。职业培训机构应帮助创业人员掌握行业发展情况,做好创业准备工作培训。对即将退役的军人开展退役前技能储备培训和职业指导,对退役军人开展就业技能培训。对服刑人员、强制隔离戒毒人员,开展以顺利回归社会为目的的就业技能培训。

（三）重视学生的实习实训

实习实训是职业培训中的重要环节,是受培训者技术理论课的授课培训效果的反馈,对于实际动手能力和解决问题能力都有很好的锻炼效果。新职教法第五十条对职业培训机构学生的实习实训做出了具体规定,职业培训机构应在技术理论课结束后安排学生进入相应的合作企业、实习实训基地等实习单位进行实操训练,或在培训过程中与技术理论课穿插进行,通过实践加深对专业技术的理解,不能只将职业培训停留于课堂中的理论学习。

职业培训机构要根据培训课程合理安排实习岗位与实习强度,不得安排受培训者从事与培训内容无关的实习,每日实习时长与总体实习时间不得过长。在实习过程中,培训机构应直接与实习单位联系,与受培训者签订劳动合同和三方协议,不能让受培训者从事违反《劳动法》中规定的违法劳动行为。新职教法第六十六条规定,接纳职业培训机构学生实习的单位侵害学生休息休假、获得劳动安全卫生保护、参加相关保险、接受职业技能指导等权利的,依法承担相应的法律责任。

(四)依法颁发培训证书

职业培训证书是参加职业培训的人员求职、任职、独立开业、竞争上岗和参加职业技能鉴定与专业技术职务任职资格评定的有效依据和凭证。新职教法第五十一条规定,接受职业培训,经职业培训机构或者职业学校考核合格的,取得相应的培训证书。但职业培训证书并不是所有单位都能下发,在此之前,学校及培训机构需要获得国家权威单位颁发的办学许可证。如果想要保证职业培训证书真实可靠,唯有在人社厅行政机关批准的社会培训机构报名学习,并通过培训单位的考核。职业培训机构要依法办学,严把职业培训质量关,对考核合格的受教育者按时颁发相应的职业培训证书。

三、职业培训机构的监督管理

(一)加强外部的监督评价

国家依法鼓励支持各类职业教育、职业培训机构规范发展,支持社会资源提供民办职业培训服务,同时强化对民办培训机构办学质量的督导,鼓励建立行业的自律机制。新职教法第四十三条规定,职业培训机构应当建立健全教育质量评价制度,吸纳行业组织、企业等参与评价,并及时公开相关信息,接受教育督导和社会监督。职业教育质量评价应当突出就业导向,把受教育者的职业道德、技术技能水平、就业质量作为重要指标,引导职业学校培养高素质技术技能人才。

全国已经遴选了3100多家第三方社会评价组织,有11000多家企业已经备案开展自主评价。对新申请举办职业培训的学校,可按照当地有关规定,组织专家对其办学资金、设施设备、教学场地、教学计划大纲、师资状况等进行认真论证和实地考察,严格依法进行审批。凡达不到条件和要求的,一律不得颁发办学许可证。

（二）加强违法行为的惩处

新职教法新增了对职业培训机构在办学活动中的违法行为及惩处办法的说明和规定,从法律层面约束了职业培训机构的行为,遏制在实际职业培训过程中出现诸如无证、办学质量差、乱收费等影响职业培训质量的行为。

新职教法第六十五条规定,职业培训机构在职业教育活动中违反本法规定的,由人力资源与社会保障部门责令改正;教育教学质量低下或者管理混乱,造成严重后果的,责令暂停招生、限期整顿;逾期不整顿或者经整顿仍达不到要求的,吊销办学许可证或者责令停止办学。第六十六条提出,职业培训机构通过人力资源服务机构、劳务派遣单位或者非法从事人力资源服务、劳务派遣业务的单位或个人组织、安排、管理学生实习实训的,由教育行政部门、人力资源社会保障行政部门或者其他有关部门责令改正,没收违法所得,并处违法所得一倍以五倍以下的罚款;违法所得不足一万元的,按一万元计算。

第九章
校企合作

第一节　政府引导企业参与职业教育的方式

　　企业是创新的主体,也是经济发展的动力之源。加强企业主导的产学研深度融合,是有效整合创新资源,增强综合创新能力,推动产业向高端迈进的有效路径。我们应充分发挥领军企业创新引领作用,探索多元化合作模式,培育一批产学研深度融合创新联合体,为产业转型升级注入新动能,在创新发展中塑造发展新优势。我们要善于借助新一代信息技术,创新企业主导的产学研合作方式,拓展合作领域,加快形成多主体、多类型、多维度精准对接和深度融合的新格局。探索多元化融合创新方式。以市场需求为导向,鼓励企业采取共建基地、组团研发、合作办学等方式,实现教学、科研、基地、就业全方位一体化融合。① 习近平总书记在党的二十大报告中强调:“加强企业主导的产学研深度融合,强化目标导向,提高科技成果转化和产业化水平。”②校企合作是职业教育的基本办学形式,深化产教融合、校企合作是保障职业教育高质量发展的关键举措。企业参与职业教育的办学,可以在职业教育目标、培养规格、专业设置、教学内容等方面与产业发展形成无缝对接。学生提前进入企业实训,有利于其职业技能的提高、职业态度的塑造和就业适应期的缩短。对企业来说,参与职业教育既可以储备优秀员工,获得高素质的技能型人才,还能够助力企业在职职工的培训,提高员工工作效率,形成校企双赢乃至多赢的局面。新职教法着力健全推进校企合作、产教融合的制度保障,引导企业深度参与职业学校人才培养全过程。

---

① 王春蕊.加强企业主导的产学研深度融合[N].河北日报,2022-12-29.
② 习近平.中国共产党第二十次全国代表大会报告[M].北京: 人民出版社,2022.

一、加强政策激励

为了提高企业参与职业教育办学的积极性,深化产教融合、促进校企合作,在税费优惠方面,新职教法第二十七条做出了具体规定,明确"对深度参与产教融合、校企合作,在提升技术技能人才培养质量、促进就业中发挥重要主体作用的企业,按照规定给予奖励;对符合条件认定为产教融合型企业的,按照规定给予金融、财政、土地等支持,落实教育费附加、地方教育附加减免及其他税费优惠";第五十八条规定,"企业设立具备生产与教学功能的产教融合实习实训基地所发生的费用,可以参照职业学校享受相应的用地、公用事业费等优惠"。在享受补贴方面,新职教法第三十条特别强调有条件的企业与职业学校和职业培训机构合作推行中国特色学徒制,有关企业可以按照规定享受补贴。这从法条上给予企业实际的利益保障,鼓励企业在深化产教融合、促进校企合作中发挥积极作用。

中共中央办公厅、国务院办公厅《关于深化现代职业教育体系建设改革的意见》提出,要"通过政府购买服务、金融支持等方式,推动企业特别是中小企业、园区提高生产实践资源整合能力,支持一批企业实践中心",实践中心建在企业的可"按规定享受教育用地、公用事业费等优惠"[①]。

案　例

广东省广州市在产教融合、校企合作方面做出来有益的探索。为做好广州市建设首批国家、省产教融合城市试点工作,2021年广州市委全面深化改革委员会审议通过《广州市建设国家产教融合型城市试点方案》(以下简称《试点方案》),广州市将依托广深港、广珠澳科技创新走廊,建设广州产教融合发展轴,构建"一轴三区多支点"产教融合发展空间布局。《试点方案》要求到2025年,建设培养10个以上具有一定示范带动作用的产教融合型行业、400家以上省级产教融合型企业,形成国内产教融合改革、政策"双高地",打造试点城市"广州标杆",构建起以城市为节点、行业为支点、企业为重点、学校为基点的产教融合发展格局。在"试点支持政策"上,《试点方案》从财政税收、金融投资、土地要素保障、产业和教育等四个方面明确了建设产教融合城市的支持政策。

---

① 新华社.中共中央办公厅　国务院办公厅印发《关于深化现代职业教育体系建设改革的意见》[EB/OL].http://www.gov.cn/zhengce/2022-12/21/content_5732986.htm,2022-12-21.

《试点方案》实施以来,深化校企双主体协同育人方面取得了很好成效。一是推进政企共建高校,如与中国铁路广州局集团联合共建广州铁路职业技术学院。二是推进校企共建二级学院,已形成22个特色专业学院,校企联合共建了智能装备制造、物联网等22个特色专业学院、10个校企合作示范学院,其中,广州铁路职业技术学院联合相关企业,成立了两个混合所有制二级学院。三是推进现代学徒制改革试点,校企紧密合作实施人才培养。全部高等职业学校参与现代学徒制试点,4所高等职业学校纳入教育部现代学徒制试点单位;四是推进集团化办学,11所中高职学校成立18个职教集团(联盟),4个职教集团入选省级示范职业教育集团,实现标准共建、人才共培、资源共享。此外,广州还尤其注重推进产教协同创新,组建企业、高校、科研院所、中介机构共同参与的产学研技术创新联盟,实施产学研协同创新和核心技术攻关。同时结合广州价值创新园区建设,积极创建"教育与产业协同创新试验区",推动形成龙头企业、优势高校、合作科研院所等多方合作复合型平台。

二、加强制度引导与约束

(一) 规定企业的职工教育经费

为了适应技术进步和市场竞争的要求,企业必须不断补充高素质的就业人员,同时提高在岗人员的职业素质,为企业的发展提供坚实的人力资源保障。新职教法对企业在职工教育培训经费方面做出了具体要求,第五十八条规定,"企业应当根据国务院规定的标准,按照职工工资总额一定比例提取和使用职工教育经费。职工教育经费可以用于举办职业教育机构、对本单位的职工和准备招用人员进行职业教育等合理用途,其中用于企业一线职工职业教育的经费应当达到国家规定的比例。用人单位安排职工到职业学校或者职业培训机构接受职业教育的,应当在其接受职业教育期间依法支付工资,保障相关待遇"。与旧职教法相比,新职教法新增了职工教育经费具体数额和用途,并保障职工接受职业教育期间的工资待遇。

此外,新职教法第六十四条规定,"企业未依照本法规定对本单位的职工和准备招用的人员实施职业教育、提取和使用职工教育经费的,由有关部门责令改正;拒不改正的,由县级以上人民政府收取其应当承担的职工教育经费,用于职业教育",明确了企业未依法实施职业教育、提取和使用职工教育经费的处罚措施。

（二）推行中国特色学徒制

为培养高素质的技术技能人才,教育部 2014 年启动实施中国特色学徒制。目前,教育部两轮现代学徒制试点工作已经完成,现代学徒制进入了实质性推行环节。新职教法第三十条引导企业按照岗位总量的一定比例设立学徒岗位,鼓励和支持有技术技能人才培养能力的企业特别是产教融合型企业与职业学校、职业培训机构开展合作,对新招用职工、在岗职工和转岗职工进行学徒培训,或者与职业学校联合招收学生,以工学结合的方式进行学徒培养。并规定企业与职业学校联合招收学生,以工学结合的方式进行学徒培养的,应当签订学徒培养协议。

现代学徒制以校企双主体育人、学生学徒双重身份为核心特征,突出在企业真实生产性岗位进行在岗培养,按照工学交替的形式,充分发挥企业的资本、技术、管理等优势,实质性发挥企业的育人主体作用,真正实现产教融合,引领和带动教育界和产业界的全面融合。在当前我国保证校企合作的国家政策尚不健全的情况下,国家推行中国特色学徒制将实质性拉近校企距离、实质性实施校企联合培养、实质性提高职教学生培养适用性。

案　例

广东食品药品职业学院中国特色现代学徒制

广东食品药品职业学院在中医养生保健专业现代学徒制试点改革中创新性地采用项目管理模式,将项目管理中的时间管理、人力资源管理、利益相关方管理、整合管理等手段应用在教育教学改革中,历经初步探索、试点改革、全面推进三个阶段,成功探索出现代学徒制在中国高职院校本土化的实施方案,实践了"学生—学徒—准员工—员工"四位一体人才培养模式,构建了"校企融合、协同育人、共享共赢"的现代学徒制长效运行机制,积极践行服务社会、中医文化传承、国际合作等职能,专业建设实现优质快速发展的同时,还带动了全校其他专业的发展,为高职院校开展现代学徒制教育教学改革提供了一个可复制、可借鉴的成功范例。

中医养生保健专业现代学徒制试点改革在实践层面严格执行绩效目标管理,紧紧围绕解决三个教育教学核心问题开展:一是如何提升试点专业现代学徒制本土化能力不足的问题;二是如何解决"现代学徒制"实施过程中企业主体地位不明显的问题;三是如何激发学生参与积极性的问题。主要采取了以下改革措施保障项目绩效目标的实现：1. 与发展快、人才需求多的企业牵手。广东食品药品职业学院选择与广州奈瑞儿美容科技有限公司牵手,自 2015 年开展"奈瑞儿"现代学徒制班合作以来,实现了现代学徒制长期化和校企共生共长。2. 尊重企业权利,突出企业价值,校企融合育人。学校以服务企业为本,充分尊重企业在"现代学徒制"合作中的主体地位,根据企业核心岗位群对知识能力的要求,制订人才培养方案,确认必修课程;企业承担实践课程教学,参与学生管理,在学徒考核遴选、专项资金划拨及使用、合作机构人员构成、项目管理等工作环节中充分发挥作用。3. 强化"学徒"身份认同,关注学生全面发展。"奈瑞儿"现代学徒制班的许多学徒入学学习后进步较快,思想上表现出成熟、有规划、守规矩、爱集体的良好职业特征,岗位核心技能水平提升迅速,不少毕业生成长为企业业务骨干、店长或企业合伙人,大多从事与专业相关的工作,就业质量与专业对口率明显提高。通过现代学徒制试点工作,全面提升了学生的专业素养和综合竞争力,促进了教师团队的专业化发展,实现了试点专业的可持续发展,产生了极大的辐射带动作用,实现了"学生成长,企业获益,学校发展"的目标。

第二节 企业参与职业教育的方式

一、提供职业教育

职业培训是职业教育体系中的重要组成部分,职业培训可由多种机构实施,如用人单位、企业、职业培训中心、职业教育培训机构等。新职教法凸显了企业在提供职业培训方面的主体地位,其第十六条规定,"其他学校或者教育机构以及企业、社会组织可以根据办学能力、社会需求,依法开展面向社会的、多种形式的职业培训";第二十六条也规定,"国家鼓励、指导、支持企业和其他社会力量依法举办职业学校、职业培训机构"。与旧职教法相比,这两条法条都明确新增企业可以是职业培训的主体。新增的第二十五条还提出"企业可以利用资本、技术、知识、设施、设备、场地和管理等要素,举办或者联合举办职业学校、职业培训机构",明确了企业可以通过多种方式来提供职业教育。

企业提供职业教育主要有三种方式。第一,独立举办职业学校和职业培训机构。所设课程是适应本企业特殊需要的专业理论与实际技术,办学目的主要是培训本企业在岗职工和准备录用人员,同时也向社会开放。第二,联合举办职业学校和职业培训机构。由于企业类型的复杂多样，企业可以根据条件和需要，通过提供办学场所、筹措办学经费、提供实习场所、解决专业教师培训等多种方式与职业学校、职业培训机构及其他企事业单位等部门联合举办职业学校和职业培训机构。第三，委托培养或培训。中小企业可以根据自身的特点和需要，依据协商一致和自愿互利的原则，出资委托职业学校或职业培训机构对本单位职工特别是准备录用人员实施职业教育。需要少数特殊专业人才、特殊工种人员的企业及没有条件联办或需求量较小的企业，本着"谁用人谁出资""谁受益谁出资"的原则，可以通过支付相应数量的培训费用，从社会上或劳动力市场录用职业学校毕业生和职业培训机构结业生。

二、实行培训上岗制度

劳动法规定："从事技术工种的劳动者，上岗前必须经过培训。"新职教法把相关证书作为受教育者从业的重要凭证，要求企业应当按照"先培训，后就业"的原则录用和安排使用人员。新职教法第二十四条规定，"企业应当按照国家有关规定实行培训上岗制度。企业招用的从事技术工种的劳动者，上岗前必须进行安全生产教育和技术培训；招用的从事涉及公共安全、人身健康、生命财产安全等特定职业（工种）的劳动者，必须经过培训并依法取得职业资格或者特种作业资格"。企业实施"持证上岗"制度，将会促进职业教育市场用人制度的完善，进而促进职业教育的发展。

三、参与职业教育人才培养过程

产教融合、校企合作是职业教育机构办学的重要途径，新职教法第四十条对产教融合、校企合作做出了专门规定，明确鼓励职业学校在招生就业、人才培养方案制定、教师培养和培训、专业建设、课程设置、教材开发、安排实习岗位、实习实训基地建设等方面与企业建立合作机制，听取产业界、用人单位的意见，做好教育与生产劳动相结合工作，努力提高学生的技能水平。此外，新增条款第三十一条提出，"国家鼓励企业参与职业教育专业教材开发，将新技术、新工艺、新理念纳入职业学校教材，并可以通过活页式教材等多种方式进行动态更新"。进一步明确了企业参与职业教育人才培养过程的具体途径。深圳职业技术学院以特色产业学院为载体，每个专业群联合一家世界500强企业或行业领军企业，共建一所特色产业学院。与企业共建华为、比亚迪等14所特色产业学院,通过校企共同开展创新创业教育、共同开发专业与课程标准等方式,将企业的最新技术标准和工艺在第一时间转化为教学内容,提升人才培养的适用性。

案 例

南京工业职业技术学院推动"校企政行"合作

作为国内第一所职业学校,南京工业职业技术学院(简称南工院)在百年办学历程中,南工院形成了"手脑并用,双手万能"的办学理念,着力加强产学研合作,服务区域经济发展,在教学、科研、人才培养、社会服务等方面取得了显著的成绩,形成了南工院推进"校企政行"合作的实践经验。

1. 服务长三角经济,深化与行业领军企业的战略合作

坚持与时俱进,及时进行专业调整。南工院的定位是依托江苏辐射长三角,培养学生的创新精神和创新能力,为江苏经济繁荣和创新发展提供人才支撑。根据"一带一路"、长江经济带、《中国制造2025》等国家战略对人才培养的需要以及区域经济的发展需要,南工院主动调整专业设置,先后开办了工业机器人技术、高分子材料工程技术、云计算技术与应用等新专业,而停办了一些缺乏前景的传统专业,实现专业与地方产业发展对接。

坚持产教融合,不断提升办学水平。重视与行业领军企业发展战略合作,先后与26家世界500强企业建立深度合作关系,与华为、现代重工、上海大众、阿里巴巴、中国人寿等领军企业建立合作平台,连续两年蝉联全国高职院校服务贡献50强。2012年,与金蝶软件(中国)有限公司合作创办金蝶会计学院,目标是建成国内一流会计教学基地。与华为技术有限公司合作创办华为信息与网络技术学院,建设"华为—南工院数据中心",共同组建混编团队,建设项目工作室。与捷豹路虎(中国)共同实施现代学徒制人才培养模式。在这些深度融合协作中,南工院在百年校园文化中植入企业的企业精神、经营理念和行为准则等优秀文化,宣传企业品牌,提高了企业社会影响力,实现了互利共赢。

2. 成立省级大学科技园,建设校企合作创新平台

2012年,南工院围绕南京市委市政府"创新驱动、内生增长、绿色发展"的新目标及学校"十二五"发展规划,利用学校资源优势,以"政校企行合作、开放办学、产教融合"的理念,打造具有高职特色的大学科技园。2012年4月,南工院金蝶大学科技园由江苏省科技厅、教育厅批准筹建,由南京金蝶投资有限公司负

责日常运营管理,它是江苏省内第一所由高职院校建立的科技园,于 2013 年 12 月顺利获批成为"江苏省省级大学科技园"。园区依托南工院,充分整合政府、高校、行业企业优质资源,开辟"共建、共管、共享、共用"园区建设新模式。科技园不仅成为学校强化创新创业教育、培养创新型高素质人才、建设产教融合创新和孵化科技型中小企业的平台,也是其人才培养、科学研究、社会服务和文化传承的重要载体。2017 年,南工院入选国务院第二批"大众创业万众创新"示范基地,是全国唯一一所进入国家"双创"示范基地的高职院校。

3. 加强与政府部门的合作,提升学校影响力

南工院在人才培养过程中,各院系和专业团队注重加强与产业相关政府主管部门的联系与合作,政府的支持与参与促进了学校与企业、行业和产业的真正融合。以经济管理学院为例,2015 年、2016 年分别受江苏省旅游局委托完成横向课题《江苏省旅游行业人员微课培训体系标准研究与实践》项目和《旅游行业培训微课程规范》省级地方标准的编制工作。2017 年,以南工院为第一制作单位编制的《旅游培训微课制作规范》通过审核,获批为江苏省地方标准。自 2012 年开始,经管院与南京市人社局职培中心进行深度战略合作,在师资建设、创业培训等方面都取得了丰硕的成果。2013 年,南工院成为南京市人社局青年大学生创业培训定点院校,每年为学校培养 300 名 SYB 创业学员,并为他们进行项目筛选、培训指导、项目孵化等一系列创业技术支持和跟踪服务体系。

4. 加强与行业协会的合作,服务行业经济发展

南工院与中华职业教育社保持了密切联系和合作,在中国职业教育的发展与研究中有着重要影响。南工院是中国轻工业联合会高职研究会、江苏省轻工协会的理事长单位,这两个平台为学校加强与轻工业行业的产教融合发挥了积极作用。同时,南工院各院系都与各自专业领域的行业协会建立了密切的交流与合作关系,为学校人才培养水平的提高起到重要作用。以经济管理学院为例,该学院相关专业团队与江苏省物流与采购联合会、中国建筑学会、江苏省旅游学会、南京进出口商会、江苏省商业会计学会、江苏省保险学会等保持了紧密的联系与合作,合作内容包括参与产业发展学术研讨会、课题研究、人员培训、资格考试组织、专业人才培养、教材编写、组织技能竞赛等方面。这些合作不仅提高了教师专业水平和人才培养质量,而且提升了学校服务产业经济发展的能力,达到产教融合、合作共赢的目标。

第十章
行业部门

　　"统筹职业教育、高等教育、继续教育协同创新，推进职普融通、产教融合、科教融汇，优化职业教育类型定位。"[①]党的二十大报告对职业教育发展提出新的部署要求，再次明确了职业教育的重要地位和产教融合这一职业教育办学模式的重要作用，进一步为职业教育发展指明了前进方向，绘就了美好蓝图，同时提出了加强对职业教育的综合协调与管理，推进职业教育健康发展的现实要求。

　　而行业组织作为校企合作的重要桥梁和纽带，有助于促进职业教育学校在建设中充分利用社会优质资源；行业协会在行业发展、人才培养、技能培训、行业管理等方面亦发挥着不可替代的作用。因此，加强同行业组织、行业协会的合作，是加强对职业教育的综合协调与管理，实现产教融合、提高校企合作水平，推动职业教育健康发展的重要保障。2019年颁布的《国家职业教育改革实施方案》把发展与规范社会力量参与职业教育作为优化人才培养结构和培养大国工匠的重要方式，指出要建设多元办学格局，推动行业参与职业教育校企深度融合的人才培养任务之中。新职教法以法律条文的形式明确了国家鼓励和支持行业组织广泛、平等参与职业教育发展的鲜明态度，因此行业组织要充分发挥自身优势，促进职业教育的发展。

一、加强对职业教育的指导与支持

　　新职教法强化了行业主管部门对职业教育的指导，第二十三条第一次明确规定了行业主管部门的两项法定职责：一是"按照行业、产业人才需求加强对职业教育的指导"；二是"定期发布人才需求信息"。同时授权行业主管部门、工会

---

① 习近平.中国共产党第二十次全国代表大会报告［M］.北京：人民出版社，2022.

和中华职业教育社等群团组织、行业组织可以根据需要,参与制定职业教育专业目录和相关职业教育标准,开展人才需求预测、职业生涯发展研究及信息咨询,培育供需匹配的产教融合服务组织,这些规定细化了行业主管部门指导职业教育发展的方式方法。

为更好支持职业教育的发展,新职教法第二十八条规定行业主管部门支持社会力量依法参与联合办学,举办多种形式的职业学校、职业培训机构。第二十九条规定,县级以上人民政府应当组织行业主管部门、工会等群团组织、行业组织等根据区域或者行业职业教育的需要,建设高水平、专业化、开放共享的产教融合实习实训基地,为职业学校、职业培训机构开展实习实训和企业开展培训提供条件和支持。

二、参与职业教育办学过程

行业部门不仅需要加强对职业教育的指导与支持,也可以直接参与职业教育办学的具体过程。一是提供职业教育。新职教法第十五条规定,符合条件的行业组织按照教育行政部门的统筹规划,可以实施相应层次的职业学校教育或者提供纳入人才培养方案的学分课程。行业组织举办职业教育一方面要采取积极措施,根据行业职业教育发展规划的布局要求,直接举办适应行业用人需要的职业学校和职业培训机构。另一方面,要根据行业对培养专门人才和提高职工及准备录用人员素质的需要,积极创造条件,组织和支持本行业所属企业、事业组织举办职业学校或职业培训机构。二是参与职业教育教师的培训。新职教法第四十五条提出,行业组织应当积极参与职业教育教师培养培训。三是参与职业教育学校建设。行业组织可以为职业教育学校的举办提供建设性意见。新职教法第三十五条规定,职业学校可以通过咨询、协商等多种形式,听取行业组织代表的意见,发挥其参与学校建设、支持学校发展的作用。四是参与开展职业教育研究、宣传推广、人才供需对接等活动。

三、委托实施职业教育

为了满足经济发展和技能型人才的需要,基于职业教育办学主体的多元性,行业主管部门等可以委托学校实施职业教育。新职教法第二十八条规定,行业主管部门、工会等群团组织、行业组织等委托学校、职业培训机构实施职业教育的,应当签订委托合同。委托合同的目的是为了培养合同一方当事人所需要的人才,能够提高教育资源的利用率。同时,也可以有效约束合同双方当事人自觉履行应尽的义务,也有利于解决在职业教育机构的举办过程中所发生的争议。

四、监督职业学校的办学质量

改革是教育事业发展的根本动力,教育评价事关教育发展的质量水准和未来方向。党的二十大报告明确指出,"深化教育领域综合改革""完善学校管理和教育评价体系"[①]。教育评价是教育的"指挥棒",直接影响甚至决定着教师如何育学生、学校如何选学生、社会如何用学生,影响甚至决定着学校如何办教育、政府如何管教育、社会如何评教育,对于全面贯彻党的教育方针,培养德智体美劳全面发展的社会主义建设者和接班人具有十分重要的意义。

要实现职业教育高质量发展,必须建立起第三方职业教育评价机构,建设以行业组织为主导的第三方评价体系。作为独立于政府之外的非营利性社会民间团体,行业组织参与职业教育的监督管理具有天然的优势,因为行业组织掌握整个行业的最新发展信息,又具有相对独立性,能够真实、客观、专业地评价职业教育的质量。

行业组织在参与职业教育的监督管理过程中,一是可以参与质量评价体系建设。新职教法第四十三条规定,"职业学校、职业培训机构应当建立健全教育质量评价制度,吸纳行业组织、企业等参与评价,并及时公开相关信息,接受教育督导和社会监督",这将促进我国职业教育质量评价制度的健全。二是可以对职业教育学校的办学质量进行评估。新职教法第四十三条还规定,"县级以上人民政府教育行政部门应当会同有关部门、行业组织建立符合职业教育特点的质量评价体系,组织或者委托行业组织、企业和第三方专业机构,对职业学校的办学质量进行评估,并将评估结果及时公开",并且要求评价要以就业为导向。

案 例

深圳信息职业技术学院

行业学院是行业协会参与职业教育的一种创新模式,这种模式不但适合区域经济发展需要和经济发展变化,而且与单个企业校企合作相比,具有不可比拟

---

① 习近平.中国共产党第二十次全国代表大会报告[M].北京:人民出版社,2022.

的优势。深圳信息职业技术学院电子商务专业群以国家骨干校建设为契机,与深圳电子商务协会签订合作办学协议,成立了电子商务行业学院。深圳地区中小企业占绝大多数,对电子商务人才的需求具有分散性和个性化等特点。深圳信息职业技术学院作为深圳市电子商务协会的副会长单位和人力资源工作委员会副主席单位,与行业协会及会员企业紧密合作,通过协会秘书处及人力资源工作委员会、电子商务行业学院的企业联络部开展工作,将各会员单位分散的人才需求订单汇总成一定规模的行业订单;由电子商务行业学院与协会或企业签订行业人才委托培养协议,分层次、分岗位组织人才的订单培养。同时也与深圳市人力资源和社会保障局、其他行业协会组织和企业签订培训订单协议,为企业在岗员工提供技能培训和职业资格认证服务,为合作企业优先提供优秀毕业生。

为保证校企合作办学的顺利进行,深圳信息职业技术学院依托电子商务行业学院,构建有效的运行机制,分别是岗位需求调研机制、建立稳定的校企人才输送机制、实训基地共建共享机制、共建共享师资机制、社会服务共担共赢机制。在人才培养方面,构建"两园三阶段"工学交替模式。并推行"双导师"制,组织行业人才培养订单,提高工学交替人才培养模式的效果,建立以学校、行业(包括行业技能鉴定机构等)、企业(包括订单委托培养单位、实习单位和用人单位等)、社会(学生家长、社会公众、第三方就业核查机构等)等共同参与人才培养质量的监控体系,将毕业生就业率、就业质量、企业满意度等作为衡量人才培养质量的重要指标,为优化专业定位和人才培养方案提供依据。

湖南水利水电职业技术学院

湖南水利水电职业技术学院与湖南省水文水资源勘测局合办的"水文与水资源"订单班,由湖南省水文水资源勘测局提出需求,并报行业主管部门湖南省水利厅和湖南省人事厅审批,破解基层水利事业单位"逢进必考"的政策障碍,将湖南省市州水文局所属水文监测站由公开招考方式变为订单培养、定向招聘的方式,直接从湖南省水利水电职业技术学院水利工程大类专业中择优招收工作人员。双方共同制定了《水文订单班学生管理规定》等管理制度,确定了"2.25+0.75"的水文水资源订单人才培养模式,即第一、第二学年和第三学年的前十周参加水利大类专业学习,第三学年的其余时间集中学习水文。双方共同设计了水文课程体系,开设专业核心课程,制订课程标准,编写校本教材。共同组建了由省水文系统专家、学院专业教师组成的"双师"结构的教学团队。共建覆盖全省水文系统的实训条件,省水文局将其辖管长沙、株洲、湘潭、岳阳等市州水文局和省水文仪器设备检测中心以及长沙、伍市、榔梨等水文(位)站确定为水文水资源订单班学生的实习实训场所。同时双方合力将水文行业文化贯彻于学生培养始终,一方面将水文行业精神、水文规范、水文制度等融入专业教育中,另一方面组织学生全面参与省水文系统的相关文体活动,提高学生对水文事业的认同感。

第十一章
社会参与

第一节　社会参与职业教育的必要性

多元办学是职业教育区别于普通教育的重要特征。政府要在保证职业教育基本公益属性的前提下,加快由"办"职业教育向"管"职业教育转变,推动形成多元、开放、融合的办学格局。在全国职业教育工作会议召开前夕,习近平总书记对职业教育作出重要指示,强调要大力引导社会力量参与职业教育建设发展,提出社会力量参与职业教育管理是发展职业教育的必经阶段。2017 年国务院办公厅印发《关于深化产教融合的若干意见》,2019 年国务院印发《关于国家职业教育改革实施方案的通知》等政策文件均强调国家支持社会力量兴办职业教育。新职教法第九条明确提出国家鼓励发展多种层次和形式的职业教育,推进多元办学,支持社会力量广泛、平等参与职业教育。现阶段社会力量参与职业教育管理不仅是职业教育发展的实际需求,更是符合国家的方针政策,因此社会力量要广泛参与职业教育的办学与管理,更好地促进职业教育的发展。

一、满足技术技能人才培养的需要

职业教育作为不同于普通教育的一种教育类型,具备自身的个性化特征。职业教育与普通教育最根本的区别在于人才培养目标的不同,这也正是职业教育成为不同于普通教育的一种教育类型的逻辑起点。职业教育的人才培养目标是高素质的技术技能人才,也就是说职业教育旨在培养学生的理论应用能力和实践操作能力。这种培养目标决定了职业教育的课程内容应来自某个职业岗位(岗位群),决定了职业教育应通过产教融合、校企合作的途径进行教学。职业教育的人才培养目标、课程内容、教学方式等均体现出职业教育的独有特点——实践性。因此,职业教育要求教师在实践中教学、学生在实践中学习。

职业教育的实践性特点决定职业教育不能"关起门"来自己办学,因此社会组织参与职业教育办学成为现实选择。社会力量参与职业教育办学,就会形成校企合作或产学结合的人才培养模式,可以让学生更好地掌握生产一线的技能要求。特别是在当前全球制造业格局调整的宏观背景下,我国的经济环境也发生了较大的变化,经济结构的调整与转型升级要求职业教育必须与社会产业力量进行合作,形成共生机制,只有这样才能更好地扩充受教育者的知识储备,提升人才的多元化、复合型技能,最终培养出符合新时代社会要求的高素质的技术技能人才。

二、提高职业教育的社会适应性

职业教育直接服务于产业经济,天然具有"市场"的属性。简言之,职业教育培养的人才更偏重于技能专业型人才,毕业后就要进入企业一线工作。而从学校到企业工厂,必然还有一段适应期。企业参与办职业教育,可以大大缩短这个过程,让学生在校期间就能深入参与到企业日常工作实践中,积累更多经验,从生手变成熟手,一旦走出校门就能从容应对工作所需,成为对口人才。但目前,职业学校的办学还主要依靠政府,在进行专业布局和人才培养调整时缺少市场需求信息的及时有效指导,校企合作的有效模式和良性互动机制尚未形成。

社会力量办学能以最优势的资源解决上述问题。职业院校以就业、专业、实操、技术进步为导向,拥有其他教育院校不具备的特点。因此,它与社会、时代、企业、产业的联系尤其紧密,不论是国家级的产业集群建设,还是企业级的技术升级与更新迭代,都需要职业院校快速做出反应。换句话说,社会力量办学能将实践中最新的技术以及理论知识带入职业学校,因此学生学习到的内容不再过时或者与实践脱节,业务和教学的紧密结合能够让学生实现自我知识体系的完善,实现能力水平的提升。同时,这种教育机制也会反过来带动职业院校教师不断提升自己的能力和素养,跟紧技术发展的步伐,以更好的教学手段和策略开展教学,帮助学生实现职业技能水平的整体提升。

三、缓解职业教育办学的资金压力

职业教育培养的是与产业关联度极大的技能型人才,实践性环节较多。因此,和基础性人才培养相比,职业教育所需要的经费也更多。根据联合国教科文组织的统计,职业教育办学成本是普通教育的 3 倍左右。而我国还处于社会主义初级阶段,教育经费在 GDP 中的占比较低,致使国家财政经费难以满足职业教育的需求,职业教育办学经费的缺口较大。办学经费不足使得很多职业院校的专业建设、课程教学、实习实训与师资培养都出现困难,无法实现内涵式发展。

我国对职业教育设有专项财政拨款,但现阶段需要财政拨款的部门和单位比较多,政府每年的财政压力较大。2020 年,全国教育经费总投入 53 013 亿元,其中中等职业教育经费 2 871 亿元,占高中阶段教育的 34.08%,但中职在校生人数占高中阶段教育的 39.44%;高职专科教育经费 2 758 亿元,占高等教育的 19.70%,但高职在校生人数占高等教育的 44.3%。[1] 2021 年,高职的招生人数甚至达到了整个高等教育招生总人数的 55% 以上,而高职所获得的财政直接投入只占整个高等教育的 20% 左右。一旦财政拨款不能有效到位,会影响职业学校正常的教育教学工作。因此,积极引导和鼓励社会力量参与职业教育办学,不但可以集聚社会资金,有效缓解财政压力,还可以借助于社会组织的设备、人员以及资源建设实习实训基地,节约办学成本并提升办学质量。综上,社会组织参与职业教育的办学,可以在一定程度上解决财政压力较大的问题,最终促进职业教育的持续健康发展。

但是,当前我国社会力量举办职业教育还面临着一些难点。比如一些地区职业院校设置审批手续烦琐,准入标准较高,社会力量进入职业教育存在隐形门槛和身份歧视;现有的校企合作形式仍然以共建实习实训场所、接受学生实习等传统形式为主,并没有深入参与到职业院校人才培养目标的制定、学科专业的规划、课程教材的开发等环节中,因此社会力量举办职业院校、参与职业教育的内生动力不足;社会力量举办职业教育的经费主要依靠向学生收取学费来维持,在融资方面存在较大困难,因此社会力量举办职业教育的成本较高,导致社会力量参与职业教育的积极性不高等问题。

第二节 社会参与职业教育的方式

新职教法第九条第一款明确表达了国家对社会力量办学的态度,即国家鼓

---

[1] 曾天山.全面落实新职业教育法需要攻坚克难[EB/OL].http://zqb.cyol.com/html/2022-05/30/nw. D110000zgqnb_20220530_1-06.htm,2022-05-30.

励发展多种层次和形式的职业教育,推进多元办学,支持社会力量广泛、平等参与职业教育。教育部门、行业主管部门、工会和中华职业教育社等群团组织、企业、事业单位等可以广泛、平等参与职业教育。新职教法在法律层面明确职业教育办学主体的多元化,为社会力量参与职业教育提供了法律依据与保障。社会组织参与职业教育主要有以下几种方式。

一、独立或联合举办职业学校

实施职业教育是政府各部门义不容辞的责任,各行业组织、企业、事业单位等,也应依据教育法、劳动法和新职教法的要求,切实履行实施职业教育的义务,参与、支持或开展职业教育。新职教法第九条第二款规定,有关行业主管部门、工会和中华职业教育社等群团组织、行业组织、企业、事业单位等应当依法履行实施职业教育的义务,参与、支持或者开展职业教育。新职教法第二十八条规定,地方各级人民政府及行业主管部门支持社会力量依法参与联合办学,举办多种形式的职业学校、职业培训机构。社会组织参与职业教育,形式多样,既可以独立举办,也可以联合举办职业学校;可以举办职业学校、职业培训机构,也可以举办实习实训基地等。

案 例

山东化工职业学院——全国首个公办高职院校混合所有制办学

自 2014 年 5 月国务院提出"探索发展股份制、混合所有制职业院校"以来,混合所有制办学体制改革一直是教育领域改革发展的痛点堵点难点问题。2019 年 2 月国务院下发《关于印发国家职业教育改革实施方案的通知》,提出"鼓励发展股份制、混合所有制等职业院校和各类职业培训机构",标志着职业院校混合所有制改革由"探索发展"阶段推进到"鼓励发展"阶段。

2020 年 1 月教育部与山东省人民政府签署《关于整省推进提质培优建设职业教育创新发展高地的意见》,明确"出台指导意见,鼓励支持社会力量通过独资、合资、合作等形式举办或参与举办职业院校;鼓励支持企业与学校合作办专业、办二级学院,推动开展股份制、混合所有制改革",此项改革首次以工作任务的形式强力推进。2020 年 9 月,山东省教育厅等 14 部门下发《关于推进职业院校混合所有制办学的指导意见(试行)》,山东率先破题,成为省部共建职业教育创新发展高地的标志性成果。

潍坊作为省部共建职业教育创新发展试验区和省市共建职业教育创新发展示范区,早在 2011 年就通过组建山东海事职业学院探索混合所有制办学体制,2016 年山东省启动职业院校混合所有制改革试点,潍坊有 6 个项目入选,占三分之二。多年来,潍坊在院校整体、二级学院、实训基地等多层面积累了丰富的混合所有制改革经验,公办高校整体混合所有制改革成为当前最有挑战性的改革任务。在 2020 年出台的《潍坊市人民政府山东省教育厅共建潍坊职业教育创新发展示范区实施方案》中,明确"积极开展公办职业院校改制试点",进一步提出"2021 年完成山东化工职业学院整体混合制办学改革",全省乃至全国首个公办高职院校整建制混合所有制改革正式启动。

山东化工职业学院是 2003 年 5 月中国石化集团资产经营管理有限公司齐鲁石化分公司创办的公办全日制高等职业学校,2017 年经山东省政府同意、山东省教育厅发文批准,学校举办权移交到潍坊,随着办学规模的不断扩大,建设新校区的任务越来越迫切。潍坊按照"政府供地+企业出资+明晰产权"的模式建设新校区,同时以此为契机,启动混合所有制改革,形成潍坊滨海经济技术开发区管理委员会、山东水利发展集团有限公司、潍坊教育投资集团有限公司三方共建学校的多元办学格局。

新校区位于潍坊市滨海经济技术开发区科教创新园区,总投资 16 亿元,首批社会资本建设资金 5.6 亿元已经到位。按照"学校供地、企业出资、明晰二级学院产权"模式,学校与北京、济南、潍坊 4 家企业共建 4 个混合所有制二级学院,吸纳社会资本 2.05 亿元,首批建设资金 1.3 亿元已经到位。学校以产权为基础,深化混合所有制改革,探索和完善学校"公办高校、混合体制、民营机制"办学体制和"党委领导、理事会决策、监事会监督、校长负责、专家办学、教授治学"管理体制。同时,通过变更学校举办者,形成了一系列混合所有制改革的法律文书,积极探索出公办高校混合所有制改革的工作程序,为全省乃至全国公办职业院校整建制混合所有制改革蹚出路子、提供借鉴,努力把学校建成高校混合所有制办学改革的"试验田"、企业举办职业教育的"样板间"、产教融合发展的"示范点",为全国提供可复制、可借鉴、可推广的经验做法。

二、参与职业教育办学过程

社会组织不仅可以通过独立办学、联合办学等方式直接提供职业教育,还可以通过提供职业教育课程、开发网络课程等学习资源方式参与到职业教育的办学过程中。比如,在提供职业教育课程方面,新职教法第十五条规定,其他学校、教育机构或者符合条件的企业、行业组织按照教育行政部门的统筹规划,可以提供纳入人才培养方案的学分课程。企业、行业组织等社会力量提供纳入人才培养方案的学分课程是社会参与职业教育办学的一种重要形式。而且,新职教法第十七条对不同课程学分的认证、积累、转化进行了规定,即国家建立健全各级各类学校教育与职业培训学分、资历以及其他学习成果的认证、积累和转换机制,推进职业教育国家学分银行建设,促进职业教育与普通教育的学习成果融通、互认。在开发网络课程等学习资源方面,新职教法第三十一条规定,国家支持行业组织、企业等运用信息技术和其他现代化教学方式,开发职业教育网络课程等学习资源,创新教学方式和学校管理方式,推动职业教育信息化建设与融合应用。

案 例

施耐德与无锡职业技术学院合作办学

2014年10月,施耐德与无锡职业技术学院签署校企合作协议,为培养一流的电气及自动化专业人才实施全方位的校企合作。这也是施耐德首次选择一所高职院校签署合作协议。

施耐德公司捐赠了价值80余万元人民币的电气及自动化实验实训设备,并委派工程师共建运动控制实训室,用于"交流调速系统及应用""PLC技术及应用"等课程教学和学生创新活动,并作为施耐德华东区自动化技术实验室,进行产品展示及用户培训。

施耐德发挥自动化类设备的市场优势,梳理了多年来毕业生就业岗位的情况,提炼出了高职院校毕业生岗位变迁的大致规律,归纳出主要就业岗位与次要就业岗位,按照学校国家教学成果一等奖的核心内涵——"调研、归纳、排序、重组"这一方法构建专业课程体系。同时,双方共同分析施耐德的"So-Machine"认证资格证书知识、技能及素质要求,通过同级比照、同类整合、同课优化等方法,对接、开发核心课程主要内容,最终形成以职业素质为核心的人才培养方案。目前,施耐德面向学院已经开放自动化技术人员认证课程,全方位配合学校进行人才培养,并通过共建平台促进知识共享与经验交流。学院则发挥自身优势支持施耐德的市场开发和应用研究。

三、依法开展职业培训

随着社会经济的发展,我国就业形势总体稳定。但近两年来受新冠疫情的影响,劳动力总量供大于求、结构性就业矛盾较为突出。因此,社会力量依法开展面向社会的、多种形式的职业培训,提高劳动者职业技能水平成为重要一环。职业培训是提高劳动者技能水平和就业创业能力的主要途径,是促进和稳定就业的有效措施。新职教法第十六条第三款规定,其他学校或者教育机构以及企业、社会组织可以根据办学能力、社会需求,依法开展面向社会的、多种形式的职业培训。在该条款中,"面向社会"是指职业培训不仅仅针对职业教育学生,其面向的群体是有就业要求、培训愿望的所有公民,其中也包括残疾人以及农村地区、革命老区、民族地区、边远地区和欠发达地区的公民;"多种形式"的职业培训是指在对有就业要求和培训愿望的劳动者开展就业技能培训时,可以采取不同形式的职业培训,如就业前培训、在职培训、再就业培训及其他职业性培训,新职教法的职业培训贯穿了劳动者职业生涯的整个生命周期。

案　例

洛阳市 2022 年完成职业技能培训 30 万次

2021 年 12 月,洛阳市印发《洛阳市 2022 年"人人持证、技能洛阳"建设工作实施方案》(简称《方案》)。《方案》提出,要围绕企业在职职工、毕业学年在校生、各类服务从业人员等重点群体,大规模开展"全劳动周期、全工种门类"职业培训和评价取证,将重点开展乡村振兴技能提升、企业技能培训主阵地打造行动、青年人才技能提升、行业技能人才培训专项行动、培训数据综合平台建设行动、职业技能竞赛促提升行动、职业技能等级评价机构认定行动等七大行动,全年完成职业技能培训 30 万人次,新培养技能人才 17 万人,其中高技能人才 5 万人,建成企业职业技能等级认定机构 125 家,为高质量推进"人人持证、技能洛阳"建设和"建强副中心、形成增长极"筑牢人才支撑。

《方案》提出,支持企业按照有关规定举办或参与举办职业培训机构,建立职工培训中心、产业学院、网络学习平台等开展职工培训,并积极承担中小微企业和社会培训任务,以建立健全技能人才培养培训体系。

第十二章
职业教育的教师与学生

第一节　职业教育教师的权利与义务

在我国的教育事业中,教师具有十分重要的法律地位,享有法律规定的权利,履行法律规定的义务。教育法、教师法等法律对教师的权利、义务做出了系统的规定。根据教师法的规定,教师是履行教育教学职责的专业人员,承担着教书育人,培养有理想、有道德、有文化、有纪律的公民以及提高民族素质的使命。职业教育教师作为教师的一种类型,教师法规定的教师的权利与义务对职业教育教师也适用。

一、保障职业学校教师的权益

新职教法第四十四条明确规定,国家保障职业教育教师的权利,提高其专业素质与社会地位,为提高职业教育教师的社会地位提供坚实的保障。虽然新职教法并没有对职业教育教师的权利进行细致规定,但是对教师参加进修或培训的权利有一定的说明。新职教法第四十五条指出,各级人民政府应当采取措施,加强职业教育教师专业化培养培训,鼓励设立专门的职业教育师范院校,支持高等学校设立相关专业,培养职业教育教师;鼓励行业组织、企业共同参与职业教育教师培养培训。产教融合型企业、规模以上企业应当安排一定比例的岗位,接纳职业学校、职业培训机构教师实践。

新职教法也提出了一些措施来提高教师的经济待遇。如第四十一条明确规定,职业学校、职业培训机构开展校企合作、提供社会服务或者以实习实训为目的举办企业、开展经营活动取得的收入,其一定比例可以用于支付教师、企业专家、外聘人员和受教育者的劳动报酬,也可以作为绩效工资来源,符合国家规定的可以不受绩效工资总量限制。另外,新职教法还对从事残疾人职业教育的教师的待遇做出了相关规定。第十八条第三款明确规定,从事残疾人职业教育的特殊教育教师按照规定享受特殊教育津贴。特殊教育是对有特殊需求的人实施的教育,在教育过程中,需要有特殊的教学工具和特殊的教学方式,对从事残疾人职业教育的特殊教育教师给予津贴、补贴不仅能提高相关教师的经济待遇,而且体现了国家对残疾人职业教育事业的关怀。

二、职业学校教师履行的义务

教师不仅享有法律规定的权利,同时也必须履行法律规定的义务。教师的义务,是指教师在教育教学活动中依法所应当履行的责任。教师必须依法"为"或者"不为"一定行为。这种约束旨在促使教师忠实地履行自己的法定义务。职业教育教师也应该遵守教师法的规定,履行自己应尽的义务:1. 遵守宪法、法律和职业道德,为人师表;2. 贯彻国家的教育方针,遵守规章制度,执行学校的教学计划,履行教师聘约,完成教育教学工作任务;3. 对学生进行宪法所确定的基本原则的教育和爱国主义、民族团结的教育,法制教育以及思想品德、文化、科学技术教育,组织、带领学生开展有益的社会活动;4. 关心、爱护全体学生,尊重学生人格,促进学生在品德、智力、体质等方面全面发展;5. 制止有害于学生的行为或者其他侵犯学生合法权益的行为,批评和抵制有害于学生健康成长的现象;6. 不断提高思想政治觉悟和教育教学业务水平。

第二节 职业教育教师的培养

教师队伍是发展职业教育的第一资源,是支撑新时代国家职业教育改革的关键力量。近十年来,职教教师队伍建设取得巨大进步,职教教师队伍建设制度逐渐健全。尤其是在党的十八大以来,党中央、国务院高度重视职教教师队伍建设工作。2018年中共中央、国务院印发《关于全面深化新时代教师队伍建设改革的意见》,2019年国务院印发《国家职业教育改革实施方案》,教育部等四部门印发《深化新时代职业教育"双师型"教师队伍建设改革实施方案》,这些政策文件对职业教育教师的工作与发展进行了全面部署。在国家一系列政策的指引和职业技术师范院校的培养下,我国职业教育教师的培养在机构数量、体系建设等方面取得了很大成效,但仍然存在着一定问题。因此,新职教法从不同角度对职业教育教师的培养做出了较为全面的规定。

一、加强师德师风建设

师德是教师的职业道德,师风是教师的行为作风,教师作为立教之本、兴教之源,承担着为党育人、为国育才的光荣使命,是落实立德树人根本任务的主体。师德师风贯穿于高职教师职业行为的全过程和各方面,是评价职业教育教师育人能力的首要标准,是教师队伍建设的基础。进入新时代以来,我们党和国家高度重视教师队伍建设。2018 年 9 月,习近平总书记在全国教育大会上强调,要坚持把教师队伍建设作为基础性工作。以习近平新时代中国特色社会主义思想为指导,落实立德树人的根本任务,继续深入推进高校教师师德师风建设成为当下教师培养的重要任务。党的二十大报告高位谋划了全面建设社会主义现代化国家的路径,就建设教育强国、科技强国、人才强国作了重要部署,指出要"办好人民满意的教育",并对"加强师德师风建设,培养高素质教师队伍"[①]作出明确要求。新职教法第三十八条明确规定,职业学校应当加强校风学风、师德师风建设,营造良好学习环境,保证教育教学质量。《关于深化现代职业教育体系建设改革的意见》明确指出,要加强师德师风建设,切实提升教师思想政治素质和职业道德水平。

职业教育师德师风建设的主要内容有三个方面:首先,思想政治教育。职业学校引导广大教师热爱祖国、奉献祖国,弘扬爱国主义精神。其次,理想信念教育,职业学校引导广大教师树立正确的历史观、民族观、国家观、文化观,坚定中国特色社会主义道路自信、理论自信、制度自信、文化自信。最后,职业道德教育。引导广大教师树立爱岗敬业、乐于奉献、刻苦钻研的职业精神,其中对于职业教育教师来说,要特别加强其精益求精、求实创新的工匠精神。新时代职业院校应在围绕立德树人根本任务的前提下,结合学校的优势与特征,逐渐建立起完备的师德师风建设制度,最终提高职业学校教师的思想政治素质、坚定教师的理想信念教育,完善教师的职业道德教育。

---

① 习近平.中国共产党第二十次全国代表大会报告[M].北京:人民出版社,2022.

二、建立健全教师培养培训体系

新职教法第四十五条明确规定,国家建立健全职业教育教师培养培训体系,鼓励社会力量参与职业教育教师培养培训,为职业教育教师的培养提供原则性的法律保障,进一步促进职业教育教师专业素质的提升。《关于深化现代职业教育体系建设改革的意见》提出,要"依托龙头企业和高水平高等学校建设一批国家级职业教育'双师型'教师培养培训基地,开发职业教育师资培养课程体系,开展定制化、个性化培养培训"①。

首先,县级以上人民政府及其有关部门应当将职业教育教师的培养培训工作纳入教师队伍建设规划,加强职业教育教师专业化培养培训。新职教法第四十四条第二款规定,县级以上人民政府及其有关部门应当将职业教育教师的培养培训工作纳入教师队伍建设规划,保证职业教育教师队伍适应职业教育发展的需要。县级以上人民政府应该综合考虑职业学校教育教学特点单独核定职业院校教师编制,加快建立职业教育教师培养体系,促进职业教育高质量发展。

其次,鼓励设立专门的职业教育师范院校,支持高等学校设立相关专业,培养职业教育教师。我国职业教育教师现有的来源主要有三处:一是包含普通师范院校在内的高校毕业生,这部分教师教育教学能力较强,但对职业教育来说,这部分教师实践教学能力较弱;二是企业兼职人员,这部分教师恰与高校毕业生教师相反,实践教学能力较强,但是教育教学能力又偏弱;三是职业技术师范院校培养的学生,这部分教师兼具一定的教育教学能力、实践教学能力,容易受到职业技术学院的青睐。随着国家对职业教育的重视不断增加,我国从事职业技术师范教育的院校也在逐渐增多,如2015年原柳州师范高等专科学校升格为本科层次的广西科技师范学院,成为广西示范性教师教育基地、广西职业教育师资培养基地;2019年广西职业师范学院和福建师范技术学院成立,致力于培养高素质应用型、技术技能型人才和职业教育师资。目前,我国共有独立设置的职业技术师范院校12所,这些院校是培养职业教育教师的重要渠道。除了职业技术师范院校之外,还有一些普通高校成立了职业教育学院,如2013年5月华南师范大学成立了职业教育学院,积极探索"育训结合"的中国特色职业教育发展模

---

① 新华社.中共中央办公厅 国务院办公厅印发《关于深化现代职业教育体系建设改革的意见》[EB/OL].http://www.gov.cn/zhengce/2022-12/21/content_5732986.htm,2022-12-21.

式、瞄准"双师型"职业教育卓越师资的培养目标;2011年湖北工业大学成立职业技术师范学院,开展职业教育师范生培养和职业院校师资培训工作。目前,我国开设职业技术师范本科专业的院校共有25所,49所普通高校招收硕士层次的职教师范生,这些职业技术师范院校和职业教育学院的成立,在很大程度上推动了我国职业教育教师的培养,但仍然无法满足职业学校的用人要求。新职教法第四十五条规定:"鼓励设立专门的职业教育师范院校、支持高等学校设立相关专业来提升职业教育教师的培养",为职业教育师资的培养开辟广阔的道路。

鼓励行业组织、企业共同参与职业教育教师培养培训。当前,职业教育的师资来源主要还是普通高校的学生,他们在毕业后直接到职业学校任教,并没有在企业、行业内接受系统的专业技能方面的培训。究其原因,这主要是由职业教育现行的人事制度造成的,而且职业院校教师培养仍以普通院校为基地,企业很少参与。最终影响了职业教育教师专业素养的提升与职业能力的提高,违背了职业教育教师对"应用性、实践性"的要求。新职教法第四十五条第三款明确规定,产教融合型企业、规模以上企业应当安排一定比例的岗位,接纳职业学校、职业培训机构教师实践。产教融合型企业、规模以上企业建立职业教育教师的培训基地和教师工作流动站,培训职业教育教师的实践教学能力,让职业教育教师在"用中学、学中用",有助于职业教育公共课教师了解行业企业、专业课教师上岗操作。

案例

上海市职业技术教师教育学院

2021年10月,上海市职业技术教师教育学院在上海第二工业大学揭牌成立,该学院实行院务委员会领导下的院长负责制,将成为上海先行先试,探索职业教育师资培养体制机制创新和培育一流职教师资的重要平台。学院精准对接职业院校师资需求,开展定制化人才培养,主要培养具有开展专业教育教学及研究能力的高素质职业院校专业教师和教学管理人员。首届52名研究生,未来就业方向主要是到中高职院校任专业教师。

上海第二工业大学精心设计培养模式,整合优质教师资源,深化教材教法改革,创新产学研协同育人机制,促进理论与实践紧密结合。在人才培养过程中突出"技术+教育"的特征,采用模块化和项目化教学,引入"1+X"证书,既重视学生专业知识与技能的持续提升,又强调教育教学能力的养成。学院与大中型企业签约共建双师型教师培养基地,为每位学生提供企业实践岗位;与职业院校签约共建职教师资培养基地,为每位学生提供课堂教学实践;与海外高校签订了交流协议,为每位学生提供海外交流学习的机会,确保人才培养的高水准和国际化视野。

人才培养过程中,行业企业导师持续深度参与职业技术教师教育人才培养,在课程开发、实践教学等方面深度合作,形成校企协同育人整体合力。研究生在学习期间,将在企业参与生产与管理一线工作6—8个月,在产教融合、校企合作中提高专业实践能力,在职业院校进行一个学期的教学实践,提升教学能力,从而成长为一名合格的"双师型"职教教师。

三、明确职业教师的任职资格

进入职业学校担任教学职责的教师,应具备相应的学历以及教师资格。《教师法》第十一条规定,取得中等职业学校、技工学校、职业高中文化课、专业课教师资格,应当具备高等师范院校本科或者其他大学本科毕业及其以上学历。取得高等学校教师资格,应当具备研究生或大学本科毕业学历。民办职业学校聘任的教师,应拥有相应的教师资格证书,具有国家规定的任教资格,具备从事教学所需要的实际能力,能胜任学校教育教学工作。

由于职业学校需要指导学生进行实习实训,因此对实习指导教师的任职资格也做了一定要求。负责实习指导的教学人员必须取得相应的教师资格证书和技术资格等级认定。《教师法》第十一条规定,取得中等专业学校、技工学校和职业高中学生实习指导教师资格应当具备的学历,由国务院教育行政部门规定。《技工学校设置标准》《高级技工学校设置标准》与《技师学院设置标准》均要求实习指导教师应具备相关职业高级技能以上职业资格。

四、依法自主选聘专业课教师

新职教法第三十六条规定,职业学校在办学时可以依法自主选聘专业课教师。依据《教师法》第十七条规定,教师的聘任应当遵循双方地位平等的原则,由学校和教师签订聘任合同,明确规定双方的权利、义务和责任。职业学校应科学制定学校教师聘任管理制度和具体管理办法,聘请教学所需的合格、有质量的

"双师型"教师队伍,赋予其相应的教师职务。新职教法规定,具备条件的技术技能人才经教育教学能力培训合格的,如果取得教师资格,职业学校可以根据其技术职称,聘任为相应的教师职务。

《关于深化现代职业教育体系建设改革的意见》指出,职业学校应"设置灵活的用人机制,采取固定岗与流动岗相结合的方式,支持职业学校公开招聘行业企业业务骨干、优秀技术和管理人才任教;设立一批产业导师特聘岗,按规定聘请企业工程技术人员、高技能人才、管理人员、能工巧匠等,采取兼职任教、合作研究、参与项目等方式到校工作"①。

专业课教师可以由兼职教师来担任,兼职教师拥有丰富的实践经验与独特的授课方式,可以为学生带来不同的上课体验,激发出学习积极性。兼职教师是指受职业学校聘请,兼职担任特定专业课或者实习指导课教学任务的专业技术人员、高技能人才。面向社会聘请兼职教师应按照公开、公平、择优的原则,严格考察、遴选和聘请程序。职业学校聘请兼职教师可以优先考虑对口合作的企事业单位选派的方式,也可以面向社会聘请。《职业学校兼职教师管理办法》第三条规定,兼职教师占职业学校教师总数的比例应在学校岗位设置方案中明确,一般不超过 30%。职业学校要制订兼职教师评价标准,加强日常管理和考核评价,并将在职人员兼职任教情况及时反馈给其人事和劳动关系所在单位。职业学校应当为兼职教师创造良好的工作环境,鼓励、吸收兼职教师参加教学研究、专业建设和团队建设,支持兼职教师与专任教师联合开展企业技术攻关等。

五、健全教师岗位设置和评聘制度

教育的质量取决于教师的质量,职业教育需要高素质的"双师型"教师。"双师型"教师的概念首次于 1995 年国家教委颁布的《关于开展建设示范性职业大学工作的通知》中出现。在此之后,我国职教教师职业能力发展得到了前所未有的重视,国家出台的相关政策多次强调职教教师的实践教学能力、工作职业能力以及丰富的工作体验。新职教法对职业教育教师岗位设置和评聘要求进行了规定,体现了在新时代国家、社会对职教教师的新要求。

---

① 新华社.中共中央办公厅　国务院办公厅印发《关于深化现代职业教育体系建设改革的意见》[EB/OL].http://www.gov.cn/zhengce/2022-12/21/content_5732986.htm,2022-12-21.

（一）教师岗位设置要符合职业教育特点

推进职业教育教师职业能力发展是提升职业教育质量的重要措施。2019年，教育部等四部门联合发布《深化新时代职业教育"双师型"教师队伍建设改革实施方案》，提出"推进国家复合型技术技能人才队伍建设，加速培育一批具备职业技能等级证书培训能力的教师"，将双师素质纳入教师考核评价体系，并以此作为聘任考核、晋升考核、绩效考核的重要参考。在国家政策方针的引领下，职业教育"双师型"队伍建设取得了巨大进步。目前，职业教育专任教师规模适当，结构趋于合理，"双师型"教师占比过半，学历达标，但仍然存在着不适应问题。[①]为了保证职业教育教师的实践教学能力，持续建设"双师型"教师队伍，新职教法第四十六条明确规定，国家建立健全符合职业教育特点和发展要求的职业学校教师岗位设置制度，即职业学校的专业课教师（含实习指导教师）应当具有一定年限的相应工作经历或者实践经验，达到相应的技术技能水平。这将从法律意义上规定职业学校的专业课教师需具有专业实践经验，体现了职业教育的就业导向。

（二）打通技术职称和教师职称的互聘通道

2006年，教育部印发《关于全面提高高等职业教育教学质量的若干意见》指出："高等职业教育作为高等教育发展中的一个类型，肩负着培养面向生产、建设、服务和管理第一线需要的高技能人才的使命。"2019年，《国家职业教育改革实施方案》明确强调："职业教育与普通教育是两种不同教育类型，具有同等重要地位。"但目前国家对职业教师发展晋升的政策标准并没有单独说明，职业教育教师和普通教育教师的职称晋升采用的是同一个标准。如果企业的高技能人才想要转任职业教育教师岗位，首先必须将"工程系列技术职称"转评为"教育系列技术职称"，"转评"成功之后才能晋升更高一级的职称。这种评聘制度将企业的高水平技术技能人才拦截在高等职业院校的大门之外。新职教法第四十六条明确规定，国家建立健全符合职业教育特点和发展要求的职业学校教师职务（职称）评聘制度，即具备条件的企业、事业单位经营管理和专业技术人员，以及其他有专业知识或者特殊技能的人员，经教育教学能力培训合格的，可以担任职业学校的专职或者兼职专业课教师；取得教师资格的，可以根据其技术职称聘任为相应的教师职务，取得职业学校专业课教师资格可以视情况降低学历要求，这些为

---

① 曾天山.全面落实新职业教育法需要攻坚克难[EB/OL].http://zqb.cyol.com/html/2022-05-30/nw.D110000zgqnb_20220530_1-06.htm,2022-05-30.

职业学校招聘专职和兼职教师提供了法律依据。取得教师资格的企事业单位经营管理和专业技术人员、有专业知识或者特殊技能的人员,可以根据其技术职称聘任为相应的教师职务,打通了技术职称和教师职称的互聘互通的通道,让企事业单位经营管理和专业技术人员、有专业知识或者特殊技能的人员畅通了职业发展通道。

六、加强教师实践技能培养

师资队伍的专业化程度是影响人才培养质量的关键因素。职业教育的实践性特点要求职教教师在加强教育教学理论知识储备的同时,更要加强和行业企业的互动,提升实践教学能力。为助力职教教师能力发展,首先,企业和学校应加强联系与合作,尤其是教师定期到企业参加企业生产、研发活动,提高自身的实践能力,这是建设"双师型"职教教师队伍的必由之路。其次,社会上有许多高技能人才,他们有丰富的生产实践经验、高超的技术技艺,职业院校在实践教学方面离不开一线高技能人才的支持。因此,可以聘请社会上的大师、高技能人才到职业学校开展实践教学,保证职业教育实践教学内容的即时性、生产性和实用性。

(一)企业安排岗位接纳教师实践

要保证职业学校专业课教师到企业或生产服务一线实践,需要一定数量和质量的实践基地。职业学校和职业培训机构可以采取与集团成员共建顶岗实践基地和成立兼职教师资源库相结合的方式,推进师资队伍建设。2016年,教育部等七部门印发《职业学校教师企业实践规定》,明确职业学校专业课教师每5年必须累计不少于6个月到企业或生产服务一线实践。2019年,教育部等四部门公布了102家企业为全国职业教育教师企业实践基地。但总体来看,我国高质量的企业实践基地较为缺乏,影响了职业教育教师的企业实践质量与实践教学能力的提高。

新职教法第四十五条第三款规定,产教融合型企业、规模以上企业应当安排一定比例的岗位,接纳职业学校、职业培训机构教师实践,这从法律意义上规定了企业在职业教育教师培养中承担的重要责任,调动企业承担更多培训义务,最终形成政、校、企合力推动职教教师开展实践活动的局面。《关于深化现代职业教育体系建设改革的意见》强调,要"依托龙头企业和高水平高等学校建设一批国家级职业教育'双师型'教师培养培训基地,开发职业教育师资培养课程体系,开展定制化、个性化培养培训"。不过,推动企业深度参与职业教育,产教融合型企业、规模以上企业安排岗位接纳职业学校教师、职业培训机构教师实践,是需要通过涉企法律法规予以授权、规范与制约,未来与相关法律做好立法配套才能保证企业得以实施上述要求。如地方政府对企业和其他社会力量依法参与职业教育应该予以扶持和优惠政策,并通过相关法律予以保障,形成政、校、企合力共同加强职业教育教师专业化培养培训,提升其专业实践经验。

（二）职业学校聘请高技能人才任专兼职教师

新职教法第四十七条规定,国家鼓励职业学校聘请技能大师、劳动模范、能工巧匠、非物质文化遗产代表性传承人等高技能人才,通过担任专职或者兼职专业课教师、设立工作室等方式,参与人才培养、技术开发、技能传承等工作。这一规定将实现职业教育教师队伍多元化发展,在未来的职业教育教师队伍中将出现技能大师、劳动模范、能工巧匠、非物质文化遗产代表性传承人,这将为发展"双师型"职教教师队伍提供坚强保障。

另外,新职教法第四十八条规定,县级以上地方人民政府应当根据教职工配备标准、办学规模等,确定公办职业学校教职工人员规模,其中一定比例可以用于支持职业学校面向社会公开招聘专业技术人员、技能人才担任专职或者兼职教师。这一规定将使得在未来的职业教育教师队伍中出现专业技术人员、企业高管等,从而促进职业教育教师队伍成分的多元化发展。

案　例

深圳职业技术学院加强师资队伍建设

深圳职业技术学院紧跟国家职业教育改革发展大势,聚焦产教融合和应用研发,把师资队伍建设作为各项事业发展最基础的工作来抓,优化师资队伍结构,着力打造高素质双师队伍和高水平创新团队。

优化师资队伍结构,建设一流师资队伍。学校积极扩大招聘具有企业工作经验的高水平技术技能人才、企业经营管理者;通过直聘、柔性引进等方式,加快引进具有绝技绝艺的大师、行业企业领军人才、工匠及传统技艺传承人等到学校任职任教。已出台《深圳职业技术学院"双师型"教师培养培训基地建设方案》,学校在已成立的12个特色产业学院内设立"双师型"教师培养培训基地,包含"双师型教师工作站"和"兼职教师流动站",鼓励各二级学院与500强企业或行业龙头企业、领军企业联合申报共建"双师型"教师培养培训基地;同时依托专业（群）,探索建"双师型"教师企业实践基地。聘请"讲座教授",吸引境内外应用研发一流人才来校短期合作与授课;聘请"产业教授",高薪聘任企业一线工程师来校担任兼职教师、联合开展技术攻关等,积极探索基于职业工作过程的模块化课程、创新型项目化教学改革,推动形成"双师"结构与"双师"素质兼顾的教师资源配置新机制,学校现有与企业技术人员混编结构化教学团队27个。

对接教学改革需求,打造教师可持续成长平台。将优秀教师引进学校后,为人才后续发展提供成长平台同样至关重要。近年来,深圳职业技术学院以教学能力发展为目标,打造教师可持续成长平台。该校深化教师、教材、教法"三教"改革,通过全面布局、逐级培养、重点孵化,打造高水平、结构化教学创新团队,全面实施产教融合、书证融合、理实融合、技术与文化融合、教育与生活融合、人工智能与教学融合的"六融合"系统改革,定期举办青年教师教学大赛、教师教学能力大赛、说课大赛,以赛促教,多平台培育一流工匠之师。

此外,为对接职业教育教学改革需求,深圳职业技术学院不断完善创新型培训运行机制建设,推进校企共建教师培养培训基地,建设"双师型"名师工作室,支持教师"下(下企业)、访(访问工程师)、挂(企业挂职锻炼)",通过多种培训方式,形成产教融合多元培养培训格局,实现教师的可持续发展。目前,建立了广东省高职"双师型"名教师工作室1个、广东省技能大师工作室1个;深圳市教科研专家工作室1个,深圳市技能大师工作室2个。

培养具有国际竞争力大师名匠,助力"双区"建设。为吸引世界大师成为学校的名师,深圳职业技术学院特别设立了高层次人才专项资金,围绕深圳社会经济和区域产业发展与规划,大力支持海内外知名高校、科研院所、世界500强企业在学校布局设点,开展技术研发和核心技术攻关,促进创新成果产业化,促进教师紧跟技术和社会发展的前沿,形成不断自我更新和发展的动力。采取全职、双聘或柔性等方式聚集一批高端的杰出人才和团队,增强学校应用技术研究院等创新平台的吸引力。目前,该校已组建了11个由诺贝尔奖获得者、长江学者、院士等引领的高端应用研发团队,特聘高层次人才51名,特聘讲座教授22名。

此外,深职院建立"请进来、走出去"培训新模式,拓展师资队伍视野,提升国际化水平。如,该校在保加利亚设立全国高校首个海外职教培训中心"普罗夫迪夫大学—深职院职业教育培训中心",并在德国巴特符腾堡双元制应用技术大学成立职业教育培训与研究中心,推动专业带头人、骨干教师,分批次、成建制赴先进国家研修访学。为培养深职名师成为世界大师,深职院还充分利用粤港澳大湾区和先行示范区的发展优势,培育省级、国家级职业教育教师教学创新团队。

第三节　职业教育学生的权利与义务

学生作为教学活动的主体,在我国的教育事业中具有重要地位,其享有法律规定的权利,同时也必须履行法律规定的义务。教育法对学生的权利、义务做出了明确的规定。教育法作为我国教育方面的基本法律,其中对学生权利、义务的规定对于职业教育学生也同样适用。

一、保障职业学校学生的基本权利

学生的权利是指学生依照教育法及国家其他相关法律法规规定而拥有的一切正常权利。根据教育法的规定,受教育者享有以下权利:1. 参加教育教学计划安排的各种活动,使用教育教学设施、设备、图书资料;2. 按照国家有关规定获得奖学金、贷学金、助学金;3. 在学业成绩或者品行上获得公正评价,完成规定的学业后获得相应的学业证书、学位证书;4. 对学校给予的处分不服向有关部门提出申诉,对学校、教师侵犯其人身权、财产权等合法权益,提出申诉或者依法提起诉讼;5. 法律、法规规定的其他权利。受教育者在职业教育中的权利本身需要明确界定,才更有利于权利保障。有学者认为,旧职教法中缺失受教育者权利保障规定,这是我国职业教育存在的重要制度问题。因此,新职教法虽然没有明确规定职业教育学生拥有的权利,但在教育法规定的基础上,新职教法根据职业教育的特殊情况做出了一些规定,保障了职业教育学生的基本权利。

（一）获得奖助的权利

新职教法第五十二条,国家、企业、事业单位、社会组织及公民个人、职业学校以及省自治区、直辖市人民政府等不同主体对职业教育学生的奖助进行了明确规定。

首先,国家建立对职业学校学生的奖励和资助制度,对特别优秀的学生进行奖励,对经济困难的学生提供资助,并向艰苦、特殊行业等专业学生适当倾斜。国家根据经济社会发展情况适时调整奖励和资助标准。现在,国家对职业教育学生的奖励、资助主要有三种:国家奖学金、国家励志奖学金、国家助学金。2019 年财政部、教育部联合发布的《关于调整职业院校奖助学金政策的通知》,为职业院校学生带来一系列利好。首先,增加了高职院校国家奖学金名额。从

2019年起,增加1万个名额全部用于奖励特别优秀的全日制高职院校学生,奖励标准为每人每年8 000元;其次,扩大了高职院校国家励志奖学金覆盖面。从2019年起,将高职学生国家励志奖学金覆盖面提高10%,即由3%提高到3.3%,奖励标准为每人每年5 000元;再次,扩大了高职院校国家助学金覆盖面、提高补助标准。从2019年春季学期起,将高职学生国家助学金覆盖面提高10%,平均补助标准从每生每年3 000元提高到3 300元。同时,从2019年起,设立中等职业教育国家奖学金,用于奖励中等职业学校(含技工学校)全日制在校生中特别优秀的学生。每年奖励两万名,奖励标准为每人每年6 000元。

其次,国家鼓励企业、事业单位、社会组织及公民个人按照国家有关规定设立职业教育奖学金、助学金,奖励优秀学生,资助经济困难的学生。企业、事业单位、社会团体及公民个人设立奖学金、助学金符合我国大力发展职业教育的方针,而且这种做法是符合新时代我国职业教育的改革方向的。不过,与旧职教法相比,奖学金的奖励对象有所调整,旧职教法规定"奖励学习成绩优秀的学生",但新职教法规定奖励优秀学生,二者有所区别。

最后,职业学校应当按照国家有关规定从事业收入或者学费收入中提取一定比例资金,用于奖励和资助学生。职业学校涉及的奖励资助项目包括:各种类别的高校奖学金;按国家相关政策规定的对原建档立卡贫困家庭学生、最低生活保障家庭学生、特困供养学生、孤儿、烈士子女、家庭经济困难残疾学生及残疾人子女等特殊困难群体实行学费减免;在学校内部为学有余力的贫困生设立勤工助学岗位;对学生或其家庭突遭变故的临时困难救助等。

(二)接受更高层次教育的权利

新职教法第十五条明确高等职业学校教育由专科、本科及以上教育层次的高等职业学校和普通高等学校实施,第三十七条还规定国家建立符合职业教育特点的考试招生制度,高等职业学校和实施职业教育的普通高等学校应当在招生计划中确定相应比例或者采取单独考试办法,专门招收职业学校毕业生。这些规定从法律上保障了职业学校学生接受更高层次职业教育的权利,即职业学校的学生不仅可以读大专,还可以上本科,甚至能读研究生,畅通了职业学校学生的发展通道。

(三)公平就业的权利

国家将统筹推进职业教育与普通教育协调发展,满足社会成员个性化、多样化、终身化的学习需求,新职教法多处规定职业学校学生在升学、就业、职业发展等方面与同层次普通学校学生享有平等机会,禁止设置歧视政策。规定各级人民政府应当创造公平就业环境,用人单位不得设置妨碍职业学校毕业生平等就业、公平竞争的报考、录用、聘用条件,事业单位公开招聘中有职业技能等级要求的岗位,可以适当降低学历要求,让职业学校的毕业生有地位、有发展。《关于深化现代职业教育体系建设改革的意见》也强调,"用人单位不得设置妨碍职业学校毕业生平等就业、公平竞争的报考、录用、聘用条件"①。

二、职业学校学生履行的义务

学生不仅享有法律规定的权利,同时也必须履行法律规定的义务,学生的义务是指学生依照教育法及其他有关法律、法规,参加教育活动中必须履行的义务。具体来说,就是学生在受教育活动中必须做出一定行为或不得做出一定行为。根据教育法的规定,受教育者应当履行下列义务:1. 遵守法律、法规;2. 遵守学生行为规范,尊敬师长,养成良好的思想品德和行为习惯;3. 努力学习,完成规定的学习任务;4. 遵守所在学校或者其他教育机构的管理制度。不同受教育阶段的学生,其具体义务有所差别。在教育法规定的基础上,新职教法第四十九条对职业教育学生的基本义务做了进一步规定,即职业学校学生应当遵守法律、法规和学生行为规范,养成良好的职业道德、职业精神和行为习惯,努力学习,完成规定的学习任务,按照要求参加实习实训,掌握技术技能。

可以看出,新职教法对职业教育学生的义务增加了一条内容,即职业教育学生需按照要求参加实习实训、掌握技术技能。为了规范和加强职业教育学生的实习工作,维护职业教育学生参加实习、掌握技术技能的义务,教育部等八部门联合印发《职业学校学生实习管理规定》,其中对与学生在实习期间拥有的权利和应尽的义务进行了详细的规定。其中,职业教育学生在实习期间享有安全保障权、学习发展权、保险收益权、赔偿请求权、报酬请求权等权利,也应当遵守实习学习纪律与规范,履行实习协议的义务。

第四节　职业学校学生的培养

作为一种与普通教育同等重要的类型教育,职业教育有其独特的人才培养

---

① 新华社.中共中央办公厅　国务院办公厅印发《关于深化现代职业教育体系建设改革的意见》[EB/OL].http://www.gov.cn/zhengce/2022－12/21/content_5732986.htm,2022－12－21.

目标。新职教法规定,职业教育是指为了培养高素质技术技能人才,使受教育者具备从事某种职业或者实现职业发展所需要的职业道德、科学文化与专业知识、技术技能等职业综合素质和行动能力而实施的教育。这种"高素质技术技能人才"的培养目标使得职业教育学生的培养与普通教育学生的培养过程具有很大的不同,涉及招生、培养方式以及升学就业等多方面。

一、招生

招生是人才培养的枢纽环节,宏观上关系到社会发展大局与人才战略格局,中观上影响着教育教学模式与教育教学质量,微观上影响着社会公众期待和学生学习取向。建立健全符合职业教育特点的考试招生制度,是引导职业院校以就业为导向深化教学改革,系统培养技术技能人才,建设现代职业教育体系的重要一环。

(一)职业学校教育贯通招生和培养

改革开放以来,我国中等职业教育一直坚持就业导向,发展迅速。近年来,中等职业教育面临着一些问题,如接续教育空间狭窄、学历上升通道不畅。中等职业教育走出这种办学困境的核心思路是实现办学的基础性转向,即人才培养定位从原来"以就业为导向"调整为"就业与升学兼顾"。也就是说,中等职业教育学校毕业的学生不仅可以直接进入社会工作,还可以通过升学进入高等职业学校接受教育,即中职学生通过中高职贯通招生制度进入高等职业学院继续学习。

中高职贯通招生并不是新政策。早在 2013 年 4 月教育部颁布的《关于积极推进高等职业教育考试招生制度改革的指导意见》就对中高职贯通招生办法做出了较为明确的规定,要求高等职业学校要进一步优化面向初中应届毕业生的三二分段制和五年一贯制招生专业结构,以艺术、体育、护理、学前教育以及技术含量高、培养周期长的专业为主,合理安排招生计划。

目前,中高职贯通招生模式已经成为"为学生接受高等职业教育提供多样化入学形式"中的重要形式。新职教法第三十七条提出,中等职业学校可以按照国家有关规定,在有关专业实行与高等职业学校教育的贯通招生和培养。这将重点突出中等职业教育的基础教育功能,即中等职业教育承担着为高等职业教育输送具有基础职业能力和基本文化素养的合格生源的使命,这在很大程度上提升了中等职业教育的认可度,让职业教育真正成为就业有能力、升学有优势、发展有通道的教育类型。

（二）建立职业教育统一招生平台

就目前来看,职业教育的管理形式是多头多层齐抓共管,举办形式是公办、民办并举,实施措施是不同类型的职业学校和职业培训机构同行。这有利于调动多方积极性,但对职业教育的招生尤其是中等职业学校的招生并不利,职业教育招生市场混乱,如职业教育招生前缺乏统一的信息平台,学生了解学校的信息渠道较少;招生过程中各省各校各行其是,不平等竞争现象时有发生;东中西部地区跨区域招生,学生的学籍难以管理。因此,建立统一的招生平台、规范职业教育招生秩序极其重要。

新职教法第三十七条第三款规定省级以上人民政府教育行政部门会同同级人民政府有关部门建立职业教育统一招生平台,汇总发布实施职业教育的学校及其专业设置、招生情况等信息,提供查询、报考等服务。建立统一招生平台、汇总招生信息的核心目标是规范现有的职业教育招生行为,最终给职业教育学校、职业培训机构提供一个统一发布学校简介和招生信息的平台,给学生提供一个查询招生信息并报考学校的统一平台。这将解决因管理体制壁垒、办学性质差异等带来的信息缺失、不对称、不全面的问题。

（三）完善职教高考制度

2021 年 10 月,中共中央办公厅、国务院办公厅《关于推动现代职业教育高质量发展的意见》明确要求加快建立"职教高考"制度。职教高考,也叫职业教育高考,它不同于目前高职院校招生时的技能型高考,而是在技能型高考基础上的扩大招生高校范围、扩大招生学生对象,是技能型高考的改革。职教高考的制度核心是完善"文化素质＋职业技能"考试招生办法,这种"文化素质＋职业技能"的考试评价方式将给选择职业教育的学生和家庭确立一个更好的发展目标。相比普通高中,职业学校的教育环境和培养方式,将更有利于技术技能人才的成长和发展,多样化的教育能给学生和家长更多的选择,特别是让选择职业教育的学生与选择普通教育的学生在升学和就业上都享有平等的权利,对于营造"人人努力成才、人人皆可成才、人人尽展其才"的良好社会氛围将起到很好的推动作用。但是中等职业教育招收的学生文化素质不高、技能型考试的专业分类较多、考试内容复杂多变。从目前各省推进的"职教高考"的实践情况来看,各地的运行机制、考核内容和招生方式还很不平衡,职业教育专门性考试制度的类型特征还不够彰显,社会对"职教高考"的认知与认可还未形成共识。

新职教法第三十七条第二款规定,高等职业学校可以按照国家有关规定,采取文化素质与职业技能相结合的考核方式招收学生;对有突出贡献的技术技能人才,经考核合格,可以破格录取。这些以法律形式明确要加快建立职教高考制度,解决职业学校学生上升通道不畅、不宽的难点和痛点问题,对于打通职教升学"断头路"、提升职业教育吸引力具有十分重要的意义。自2013年教育部印发《关于积极推进高等职业教育考试招生制度改革的指导意见》以来,山东、江苏、湖南等地开展了"职教高考"试点,取得了一定效果和经验,但还存在权威性低、技能测试难等问题。

为了逐渐完善"职教高考"制度,首先应该明确职教高考不能简单复制普通高考的模式,即完善"文化素质+职业技能"的评价方式,突出职业教育作为另一种类型教育的"职业"特色;其次,建立全国统一的职教高考模式,指导各省开展省级"职教高考"制度改革试点,对于"文化素质"部分,应该由国家根据全国统一的教学大纲来统一命题,对于"职业技能"部分,也应该由国家组织职业院校、行业、企业的专家根据不同的职业大类分门别类地进行命题,考试内容应以通识性的职业知识和基础技能为主。不过,职教高考作为选拔性考试,应赋予职业院校一定的自主权力,允许这些学校自主设置面试环节,自主命题面试内容。最后,国家应出台"职教高考"实施意见,在梳理总结各省经验的基础上,尽快就"职教高考"出台政策性文件,指导各省开展省级"职教高考"制度改革试点,构建"国家统筹+省级推进"模式,有效推进"职教高考"制度。不过为了兼顾地区发展的不平衡,还应该建立确保职业院校向中西部发展较慢的地区适当投放一定的招生计划的相关制度,以确保职教高考政策在全国范围内的公平性。

总之,职教高考从某种意义上说是职业教育的"指挥棒",建立特色、权威、公平的职教高考制度,是保障职业教育高质量发展的关键所在,也是从根本上增强职业教育吸引力、畅通职业人才成长通道的应有之义。

案 例

佛山市酒店管理专业中高职贯通培养

2018年,南海开放大学酒店管理专业秉承服务佛山生源的理念,响应国家和广东政策号召,开始与佛山市中职学校开展"中高职贯通培养三二分段"(下文简称中高职贯通培养)合作办学,率先与佛山市南海区盐步职业技术学校(下文简称盐步职校)高星级饭店运营与管理专业、佛山市顺德区胡宝星职业技术学校(下文简称胡宝星职校)旅游服务与管理专业对接。以下是酒店管理专业中高职贯通培养实施过程。

1. 制定中高职贯通培养实施方案。中高职贯通培养实施方案包括中职招生、中高职联合教研(人才培养模式探讨、五年一体化人才培养方案制订)、转段考核、学生定期专业交流以及学习培养阶段等模块组成(如下图)。通过面向本地中职学校招生和人才培养,以更科学、合理的职业教育教学方式,帮助学生确立学习目标和职业规划,解决中职学生升学就业问题的同时,为本地酒店行业培养更多综合能力强、职业素养高的人才。

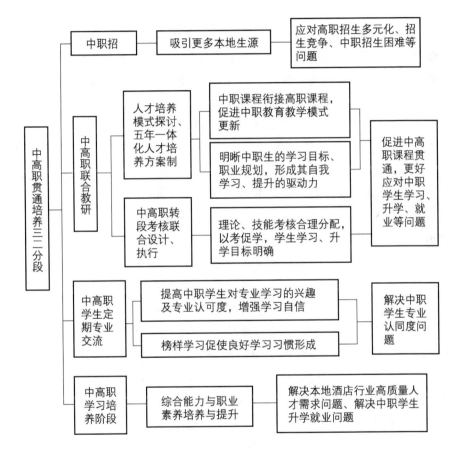

2. 成立中高职贯通培养项目组。中高职贯通培养系酒店管理专业教学改革的试金石,成立项目组,确定合作细节,责任落实到人至关重要,包括:项目论证、中职学校遴选、成立领导和工作小组、合作细节洽谈、合作协议签订五个步骤。

3. 中高职贯通培养招生过程。中高职贯通培养班招生工作主要由中职学校主导,高职学校辅助,包括:制定和申报招生计划、招生宣传、录取学生、招生总结等四个步骤。

4.开展中高职联合教研活动。(1)中高职贯通人才培养模式探讨及人才培养方案制订。学校酒店管理专业团队与中职学校进行多次研讨,在了解其办学情况基础上,结合学校专业的特色和优势,高职学校与中职学校双方共同研制试点专业五年一体化人才培养方案,并在中职阶段(三年)和高职阶段(两年)严格实施。(2)中高职贯通学生的动机激励。中高职贯通学生动机的激励是提升贯通学生培养质量的重要手段之一,中高职贯通五年学制较长,学生在这个学习过程容易产生倦怠感,培养过程中容易出现专业思想偏差与不稳固。学习服务技能比较容易产生受挫感,整个社会对服务人员存在一定误解与轻视,学生容易产生逃避感。另外,入校后他们是准大学生,也容易造成学生混混成绩,只要通过转段考核,就能进入大学拿到高职毕业证的懒惰想法。中高职贯通培养模式在节约院校、企业与学生的培养综合成本的同时,要想办法调动学生的积极性,才能使得学生顺利完成从中职入学到转段考核的过渡,使得学生能完成五年的青少年期的过渡,保障人才培养的质量。选取目标激励,给学生展示高职的校园文化与职业前景,酒店企业的就业前景与酒店企业文化。(3)转段考核。按照省教育厅和省招生办要求,制定转段考核工作方案,做好转段考核工作。(4)中高职师生定期专业交流。自2018年开展中高职贯通培养以来,连续三年,以学校酒店管理专业团队为主导,开展中高职师生交流活动。每个模块均由一名高职专业教师带领高职学生团队进行,鼓励来访的中职师生与高职师生互动交流。通过此类专业交流,中高职贯通培养的中职学生可以收获:第一,通过精彩的、高水平的技能展示,提升专业学习兴趣;第二,通过高职学生的榜样力量,形成更明确的学习目标和职业规划;第三,通过参观高职校园,让其获得更多归属感,加强对学校的办学能力信心,对高职校园的向往将成为其重要的学习驱动力。与此同时,中高职教师在更包容、开放的环境中进行教学心得交流,能够更好地促进彼此的专业教学方法的改进。

中高职贯通培养合作开展之后,每年增加了100人的中高职贯通培养类学生,不仅丰富了生源类型,还扩大了生源数量,在目前佛山市高职旅游大类招生白热化竞争中,保障和稳定了学校酒店管理专业生源。中高职贯通培养为中职生升学提供有效的途径,越来越受到学生(尤其本地学生)的欢迎和肯定。自开展合作以来,每一届的报名人数都比计划招生多。另外,经过入学筛选、转段考核、课程进程跟进,使得更多真正有升学意愿、有明确学习目标和职业规划的优质生源留下来,为今后高职阶段的人才培养起到重要的作用。

二、实习实训

（一）鼓励企事业单位安排实习岗位

职业教育旨在培养高素质技术技能人才，这种人才培养目标决定了职业院校必须注重培养学生的实践能力。《职业学校学生实习管理规定》明确指出："职业学校学生实习是实现职业教育培养目标，增强学生综合能力的基本环节，是教育教学的核心部分。""职教二十条"明确要求："职业院校实践性教学课时原则上占总课时一半以上，顶岗实习时间一般为 6 个月。"由此可见，职业教育学生进行实习是职业教育实践性教学的重要形式。但是就目前职业学校的实践教学来看，应用性、针对性并不是很强，学生在毕业进入工作岗位后并不能完全适应岗位的要求，企事业单位还需对其进行大量的岗前培训。因此，企业、事业单位安排岗位给职业教育学生进行实习成为现实选择。

新职教法第五十条第一款规定，国家鼓励企业、事业单位安排实习岗位，接纳职业学校和职业培训机构的学生实习，这足以看出国家对职业教育领域学生实习制度的重视。企事业单位履行职业教育职责，提供必要的实习岗位，有利于保障职业学校学生实习培训岗位的供应。为保障实习质量，企业、事业单位在安排实习岗位时要注意本地化、基础化、分散安排实习岗位。这是因为职业学校各专业的设置大多服务于当地产业发展，因此当地有一批合适的企业能够与学校进行合作，建立稳定的实习基地，不仅能够满足职业学校学生进行实习的要求，而且还能保证实习的质量。

（二）加强实训基地建设

实习实训基地建设投入不足、开放共享性不强、资源利用绩效偏低等现象一直影响着职业教育高质量发展，实训基地应有的育人功能也被弱化。针对这一难题，新职教法第二十九条指出，行业主管部门、工会等群团组织、行业组织、企业等根据区域或者行业职业教育的需要建设高水平、专业化、开放共享的产教融合实习实训基地，为职业学校、职业培训机构开展实习实训和企业开展培训提供条件和支持。新职教法第四十条指出，国家鼓励职业学校实习实训基地建设方面与相关行业组织、企业、事业单位等建立合作机制。为了鼓励企业、事业单位积极投入到实训基地的建设当中，新职教法第五十八条规定，企业设立具备生产与教学功能的产教融合实习实训基地所发生的费用，可以参照职业学校享受相应的用地、公用事业费等优惠，给予企业深度参与实习实训基地建设提供双重保障。中共中央办公厅、国务院办公厅《关于深化现代职业教育体系建设改革的意见》鼓励"以政府主导、多渠道筹措资金的方式,新建一批公共实践中心;通过政府购买服务、金融支持等方式,推动企业特别是中小企业、园区提高生产实践资源整合能力,支持一批企业实践中心;鼓励学校、企业以'校中厂''厂中校'的方式共建一批实践中心,服务职业学校学生实习实训、企业员工培训、产品中试、工艺改进、技术研发等。政府投入的保持公益属性,建在企业的按规定享受教育用地、公用事业费等优惠"①。这将能在很大程度上吸引企业利用自身的生产设备优势参与职业学校实习实训基地建设,梳理实际生产运营经营情境中能够与职业院校实现资源交互共享的环节与要素,最终实现企事业单位和职业学校的双赢。

(三)保障学生实习权益

长期以来,由于缺乏相应的法律约束和常态化的社会监督,部分职业学校将学生实习实训视为营利行为,忽视学生专业学习的实际需要以及技术技能人才成长规律,安排学生参加与专业不相匹配的实习项目,或以其他理由收取费用。针对实践中存在的侵害职业学校学生权益等问题,新职教法对保障职业教育学生合法权益做出了具体规定。

针对职业教育学生实习乱收费现象,新职教法第四十二条明确规定,职业学校不得以介绍工作、安排实习实训等名义违法收取费用。过去,少数企业把实习学生视为廉价劳动力,而非潜在的价值型员工来源,安排专业不对口、技术含量低或劳动强度大的边缘性岗位,学生能够从实习实训中获得的专业技术技能实践能力提升非常有限,对学生职业能力提升与生涯发展的助推作用更是微乎其微。对此,新职教法第五十条第二款规定,职业学校和职业培训机构应当加强对实习实训学生的指导,加强安全生产教育,协商实习单位安排与学生所学专业相匹配的岗位,明确实习实训内容和标准,不得安排学生从事与所学专业无关的实习实训,不得违反相关规定通过人力资源服务机构、劳务派遣单位,或者通过非法从事人力资源服务、劳务派遣业务的单位或个人组织、安排、管理学生实习实训。

因缺乏相应的法律约束与安全风险防范,职业教育学生实习实训中人身意外伤害、生产安全事故、超负荷超强度工作等时有发生,实习学生的休息权、职业

---

① 新华社.中共中央办公厅 国务院办公厅印发《关于深化现代职业教育体系建设改革的意见》[EB/OL].http://www.gov.cn/zhengce/2022-12/21/content_5732986.htm,2022-12-21.

安全权、报酬权、社会保障权等劳动权利未能够得到有效保障。新职教法第五十条规定，企业应保障学生在实习期间享有休息休假、获得劳动安全保护、参加相关保险、接受职业技能指导等权利。上述规定使得在校实习生受到伤害后，企业作为义务主体应当承担责任，该规定使得企业和院校无法互相推诿，有利于保障实习生的合法权利。

新职教法还规定，对上岗实习的，应当签订实习协议，给予适当的劳动报酬，这延续了旧职教法第三十七条条第二款规定的"应当给予适当劳动报酬"。这种规定使得劳动报酬由企业单方面决定，以"适当的"作为标准具有较大随意性，不利于在校实习生劳动报酬请求权的保障。作为比较，德国职业教育法不仅明确规定了受教育者享有报酬请求权，对以何种形式获得、获得多少、获得时间、如何支付等均做出了详细规定。因此，有学者认为为保障在校实习生的合法权益，有关劳动报酬的规定必须细化，由各地政府主管部门出台详细的劳动报酬标准和支付方式。

三、升学与就业

经过多年的发展与探索，我国职业教育体系建设取得了一定成效，但长期以来，我国社会对职业教育的总体认知度较低，视职业教育为一种低层次的教育，学生上升通道不畅、不宽，就业环境不公平，这在很大程度上影响职业学校吸引优秀生源，进而影响职业教育质量。整体来看，我国职业教育目前仍存在一些问题，如职业教育学校系统较封闭，职业教育体系缺乏开放性；职业学校的学生缺乏可以进一步发展的空间。新职教法从升学、就业两方面对上述问题进行了回答。

（一）畅通升学通道

新职教法中增加了一些优化职业教育学生升学、就业环境的措施。如新职教法第五十三条明确规定，职业学校学生在升学方面与同层次普通学校学生享有平等机会。在此之前，如果学生在职业高中毕业后想继续上本科，有名额限制，比如一个省只有4％—5％的比例划给职业高中，大部分职业高中的毕业生只能上职业大学或者高职。

新职教法第三十七条第二款规定，"中等职业学校有关专业实行与高等职业学校教育贯通的招生和培养"，表明中等职业学校毕业的学生可以通过参加"文化素质＋职业技能"的考核方式进入高等职业学校继续学习。第十五条规定，

"高等职业学校教育由专科、本科及以上教育层次的高等职业学校和普通高等学校实施",第五十三条规定"高等职业学校和实施职业教育的普通高等学校应当在招生计划中确定相应比例或者采取单独考试办法,专门招收职业学校毕业生",这表明职业学校的学生不仅可以读大专,还可以上本科,从法律层面畅通了职校学生的发展通道,给中等职业学校的学生上大学提供了机会。

中共中央办公厅、国务院办公厅《关于深化现代职业教育体系建设改革的意见》明确提出:"支持优质中等职业学校与高等职业学校联合开展五年一贯制办学,开展中等职业教育与职业本科教育衔接培养。完善职教高考制度,健全'文化素质+职业技能'考试招生办法,扩大应用型本科学校在职教高考中的招生规模,招生计划由各地在国家核定的年度招生规模中统筹安排。完善本科学校招收具有工作经历的职业学校毕业生的办法。根据职业学校学生特点,完善专升本考试办法和培养方式,支持高水平本科学校参与职业教育改革,推进职普融通、协调发展。"①

(二)创造公平就业环境

新职教法中增加了一些优化职业教育学生就业环境的措施,规定职业学校学生在就业、职业发展等方面与同层次普通学校学生享有平等机会。因此,各级人民政府应当创造公平就业环境,用人单位不得设置妨碍职业学校毕业生平等就业、公平竞争的报考、录用、聘用条件。机关、事业单位、国有企业在招录、招聘技术技能岗位人员时,应当明确技术技能要求,将技术技能水平作为录用、聘用的重要条件。总体上,各方要采取措施减少社会对职业学校毕业生的歧视,为职业教育营造更加良好的发展空间,为各行各业都能"人尽其才"提供保障。另外,事业单位公开招聘中有职业技能等级要求的岗位,可以适当降低学历要求,对职业学校的毕业生在政策上有所倾斜。

不过,尽管新职教法为职业教育学生的升学、就业创造了一个较为公平的环境,但要想让职业教育的学生获得真正的公平感,更需要相关部门细化政策来引导用人单位树立正确的选人用人理念,着力破除社会上存在的唯名校、唯学历的用人导向,指导用人单位根据不同行业、不同单位、不同类别岗位职责要求,科学合理设置学历、职业资格或职业技能水平等招聘岗位条件,切实保障职业教育学生的公平就业的权益。

---

① 新华社.中共中央办公厅 国务院办公厅印发《关于深化现代职业教育体系建设改革的意见》[EB/OL].http://www.gov.cn/zhengce/2022-12/21/content_5732986.htm,2022-12-21.

案　例

深圳职业技术学院健全就业指导工作体系

1. 学校与企业"订单式"联合推动就业

学校与企业的"订单式"联合推动学生就业的具体做法为：学校依据企业的人才需求、职位需求，并结合自身的育人理念、育人计划，与企业共同明确人才培养目标、制定人才培养计划、签订人才就业协议方案，在师资、设备、场地、资金等全方位紧密合作，让学生毕业后直接到企业定向岗位就业，把学生培育成企业所需的应用型人才。

2. 实现就业指导"网格化"服务管理机制

深职院为了实现全体教职工共同参与到就业指导工作中，特此在各二级学院中成立以院领导为组长的就业领导小组对就业工作进行统一领导、部署和指导，其中就业工作管理模式为"院领导、专业主任、班主任及辅导员"三级负责制，力求覆盖每一位毕业生。

3. 打造就业品牌，邀请校友导师与企业一起举办"就业能力挑战赛"

以深职院建筑与环境工程学院（以下简称"建环学院"）为例，建环学院深入探索构建专业、校友、企业共同参与的立体式学生职业生涯辅导体系，以大二学生的职业规划与就业指导课为基础，通过举办就业能力挑战赛，全程引入校友导师和企业嘉宾的参与指导，在学生中获得良好反响。

以课促学，继续推进就业指导课程教学研讨改革大学生职业规划与就业指导课是学生就业前的先导课程，旨在为学生职业规划和就业能力提升做积极准备。建环学院非常重视课程教学平台建设，强化对任课教师的专业培训。近年来，学工办任课教师分批次参加了北森生涯学院的 BCC 北森生涯教练培训和 UCG 高校生涯团体辅导师培训，增强教师自身对生涯规划及其教学的认知。

以师为范，校友指导团队调研强化学生就业认知。建环学院从 2014 年开始在大学生职业规划与就业指导课程探索校友导师制，聘请从事专业相关工作多年、职场经验较为丰富且乐于指导师弟师妹的优秀校友担任课程导师，与授课教师共同开展对学生的职业生涯辅导，将课上教学和课后实践紧密结合，把学生提前推入就业市场。

以赛带练，积极开展学生就业能力挑战赛系列活动。建环学院以就业能力挑战赛的开展为抓手，着力于提升学生就业综合能力。参考往届办赛经验，通过前期学生们的职业生涯规划书写作,挑选同学进入初赛,通过复赛模拟面试的选拔,进入半决赛。比赛全程引入专业教师和校外评审,最终在专业学习、创新创业、社团活动等方面表现突出的优秀选手进入总决赛。决赛中选手们通过一分钟的短片展示、四分钟的个人陈述,展示了个人的职业发展目标、专业技能水平和综合素质,在场的评委也从发展潜力、求职心态、专业能力、个性特征等各个角度,对选手提问,而选手们的精彩展示,让评委频频在现场发出实习邀请。

4. 借助网络和媒体平台,不断优化毕业生就业指导与服务工作体系

借助互联网平台,学校建立了以就业为导向的互联网助推机制,通过广东省就业创业平台、微信等线上渠道,全员开展线上就业帮扶工作,通过网络访谈、问卷调查等线上方式,了解毕业生的就业困难和需求;指导各学院老师实时在线为毕业生答疑解惑,提供就业信息上报、平台使用、就业协议申报等线上操作指导,同时提供报到证改派线上申请、就业材料零跑腿办理等各项服务工作;通过微信公众号、各级政府部门就业活动开展就业创业政策宣传、就业创业指导、技能培训、补贴申领、毕业生职业生涯规划和求职就业法律咨询等工作宣传,实现就业指导精细化,就业服务无纸化。

第十三章
职业教育的保障

第一节　政　治　保　障

一、坚持和加强党的全面领导

事在四方,要在中央。党的二十大报告明确指出,中国特色社会主义最本质的特征是中国共产党领导,中国特色社会主义制度的最大优势是中国共产党领导,中国共产党是最高政治领导力量,坚持党中央集中统一领导是最高政治原则。[①]

坚持和加强党的全面领导贯穿党的二十大报告全篇。报告指出,坚持党的全面领导是坚持和发展中国特色社会主义的必由之路,强调党的领导是全面的、系统的、整体的,必须全面、系统、整体地加以落实。

党的二十大报告强调,坚决维护党中央权威和集中统一领导,把党的领导落实到党和国家事业各领域各方面各环节,使党始终成为风雨来袭时全体人民最可靠的主心骨,确保我国社会主义现代化建设正确方向,确保拥有团结奋斗的强大政治凝聚力、发展自信心,集聚起万众一心、共克时艰的磅礴力量。

中共中央办公厅、国务院办公厅《关于深化现代职业教育体系建设改革的意见》强调要加强党的全面领导,"坚持把党的领导贯彻到现代职业教育体系建设改革全过程各方面,全面贯彻党的教育方针,坚持社会主义办学方向,落实立德树人根本任务"[②]。

改革开放以来,各项职业教育政策、方针的制定及其贯彻落实之所以能够适应时代发展、有益国计民生,皆因为中国共产党的领导。中国共产党总揽全局、

---

① 习近平.中国共产党第二十次全国代表大会报告[M].北京：人民出版社,2022.
② 新华社.中共中央办公厅　国务院办公厅印发《关于深化现代职业教育体系建设改革的意见》[EB/OL].http://www.gov.cn/zhengce/2022－12/21/content_5732986.htm,2022－12－21.

协调各方,持续为职业教育发展提供组织保障。新职教法第四条提出,"职业教育必须坚持中国共产党的领导,坚持社会主义办学方向,贯彻国家的教育方针",这是对旧职教法施行26年来我国职业教育发展的经验总结。坚持和加强党的全面领导是我国职业教育事业科学和可持续发展的根本保证和本质特征,是做好职业教育工作最宝贵的经验和最强大的发展动力,也是我国办好中国特色职业教育的最大政治优势。

新时代推进我国职业教育的健康发展,要坚持并全面加强中国共产党的领导,落实好"把方向、揽全局、抓思想、建队伍、促党建"的总要求,把党的建设和思想政治工作优势转化为职业教育改革发展优势。公办职业学校要坚持中国共产党职业学校基层组织领导的校长负责制,按照中国共产党章程和有关规定,全面领导学校工作,支持校长独立负责地行使职权。民办职业学校要依法健全决策机制,强化学校的中国共产党基层组织政治功能,保证其在学校重大事项决策、监督、执行各环节有效发挥作用,着力把党的领导落实为制度规范。

二、弘扬社会主义核心价值观

《教育法》明确规定:"教育必须为社会主义现代化建设服务、为人民服务,必须与生产劳动和社会实践相结合,培养德智体美劳全面发展的社会主义建设者和接班人。"新职教法第四条指出,"职业教育必须坚持立德树人,德技并修。实施职业教育应当弘扬社会主义核心价值观,对受教育者进行思想政治教育和职业道德教育"。将社会主义核心价值观融入职业教育,无论是对职业学校学生本身,还是对整个职业教育的发展,都具有重大意义。

立德树人是各类教育的根本任务,职业教育突出培养实践能力,但决不能忽视育人本质,不能重技轻德。职业教育学校在办学过程中,要全面贯彻党的教育方针,坚持社会主义办学方向,落实立德树人根本任务,确保职业教育沿着正确方向不断开拓创新。在人才培养过程中,要对学生加强中华民族传统文化教育,使学生树立科学的世界观、人生观和价值观,树立为建设中国特色社会主义而献身的理想。通过开设课程、组织活动、实习训练等多种形式和途径,深化思政课改革创新,把德育融入课堂教学、技能培养等人才培养各环节,促进思政课程与课程思政有机衔接,培养学生的劳模精神、劳动精神、工匠精神,使学生在掌握扎实的职业知识和过硬的职业技能的同时,也具备良好的思想政治素质和职业道德素质,成为"德技并修"的社会主义建设者和接班人。

第二节 经费保障

举办职业教育是一项高投入的事业,高质量的发展需要高水平的保障。联合国教科文组织统计显示,职业教育办学成本是普通教育的 3 倍左右。为了切实改善职业教育的办学条件,促进职业教育更快更好地发展,除了政府需要完善职业教育的经费投入与管理外,也需要社会力量积极参与到职业教育中,多方多渠道筹集职业教育发展资金。

一、完善经费投入与管理机制

加强预算管理,提高资金使用效益。预算管理是职业教育学校经费精细化管理的有效保障,各级人民政府应当按照事权和支出责任相适应的原则,根据职业教育办学规模、培养成本和办学质量等落实职业教育经费,并加强预算绩效管理,提高资金使用效益。

制定生均经费标准并足额拨付。地方政府应当制定本地区职业学校生均经费标准或者公用经费标准,职业学校举办者要按照生均经费标准或者公用经费标准按时、足额拨付经费;民办职业学校举办者要参照同层次职业学校生均经费标准,通过多种渠道筹措经费,保障职业教育学校的正常运行。

加大面向农村的职业教育投入。新时代背景下实施乡村振兴战略的一项重要举措,就是要大力发展教育特别是职业教育。各级人民政府要加大面向农村的职业教育经费投入,将农村科学技术开发、技术推广的经费适当用于农村职业培训,深入实施农民工职业技能提升计划,真正做到以职业教育赋能乡村振兴。

二、依法多渠道筹集发展资金

长期以来我国职业学校的发展经费主要来源于政府投入,职业教育作为准公共产品,除了需要政府投入经费以外,还需要其他利益相关者进行投资。新职教法鼓励通过多种渠道依法筹集发展职业教育的资金,明确职业教育的办学经费来源可以多元化。不同社会力量之间存在着办学优势互补的可能性,客观上来说,政府、事业单位、企业、行业部门、社会团体、公民个人之间都有可能为了职业教育发展,签订联合办学合同,联合或独立举办职业学校,或提供职业培训,或建立实习实训基地。因此,企业、事业单位、社会组织、个人都应积极地对职业教育进行投资。新职教法新增鼓励境外组织和个人对职业教育提供资助和捐赠,有利于吸引境外资金发展职业教育,参与形式可以是中国职业教育机构在境外办学,或境外职业教育机构与中国合作办学。

第三节　其他保障

一、信息技术保障

近年来,新一轮科技革命和产业变革深入发展,数字化、网络化、智能化赋能经济社会发展作用凸显。习近平总书记强调,要乘势而上,加快数字经济、数字社会、数字政府建设,推动各领域数字化优化升级。教育部坚决贯彻习近平总书记重要指示精神,把加快推进教育数字化,充分发挥数字技术对教育高质量发展的放大、叠加、倍增作用,逐步解决教育发展不平衡不充分问题,作为教育部的头号工程来谋划和推进。

在各级各类教育中,职业教育与产业距离最近、生源类型最广、管理层级最多,在数字时代受到的冲击最大,在数字化转型中获得的收益也最显著。要增强职业教育适应性,就必须把数字化转型作为职业教育整体性、系统性变革的内生变量,立足我国职业教育已进入提质培优、增值赋能机遇期和改革攻坚、爬坡过坎关键期"双期叠加"的新阶段,准确识变、科学应变、主动求变,以数字化转型的新成效重塑职业教育的新生态,加快职业教育育人观念的转变,培养大量具有数字化素养和能力的中高端技术技能人才。

二、社会公益宣传

随着技能型人才在国家经济社会发展中的作用日益突出,建立覆盖范围广、影响力强的职业教育宣传制度或活动体系,增强职业教育的吸引力和社会认可度势在必行。

各级政府、企业、社会、学校、学生等利益相关者要广泛参与到职业教育的宣传中,促进新职教法的贯彻实施。开展丰富多彩的活动,积极开展职业教育公益宣传,弘扬技术技能人才成长成才典型事迹。通过这些活动向社会各界宣传职业教育为个体提供的充分发展空间,以及对经济社会发展的巨大价值,营造人人努力成才、人人皆可成才、人人尽展其才的良好社会氛围,提升职业院校、教师、学生的自我认同感及社会认同感,吸引更多的人参与职业教育、选择职业教育。

新职教法规定每年5月第二周为职业教育活动周,从形式上给予了职业教育"仪式感"。要重视职业教育活动周的建设,让社会个体充分认识到职业教育能够为个体提供同普通教育一样的发展空间,使整个社会特别是行业企业充分认识到职业教育对于经济社会发展的价值,推动职业教育更加"汇入"生活、"融入"文化、"渗入"人心。向全社会宣传在全面建设社会主义现代化国家新征程中,职业教育前途广阔、大有可为,营造国家尊重技能、社会崇尚技能、人人学习技能、人人享有技能的技能型社会氛围,培养更多高素质技术技能人才、能工巧匠、大国工匠,为全面建设社会主义现代化国家、实现中华民族伟大复兴的中国梦提供有力人才和技能支撑。

下编

《中华人民共和国职业教育法》实施战略与对策

第十四章

职业教育发展战略思考

第一节 立足"前途广阔、大有可为"的战略 地位,大力发展职业教育

在"两个一百年"奋斗目标的历史交汇点,在我国"国民经济和社会发展第十四个五年规划与 2035 年远景目标纲要"启动实施之年,新时代第一个全国职业教育大会于 2021 年 4 月 12 日在北京胜利召开,习近平总书记对职业教育发展做出了"在全面建设社会主义现代化国家新征程中,职业教育前途广阔、大有可为"的重大战略判断。新时代谋求职业教育新发展,需要我们清晰地认识职业教育"前途广阔"的战略前景,需要我们深刻把握职业教育"大有可为"的使命担当。

一、"前途广阔"的战略地位释义

(一)百年未有之大变局的客观形势

"百年未有之大变局"不仅是我国社会经济发展所处的客观形势,也是我国职业教育发展所处的国际背景,职业教育只有顺势而为、融入大势,才能有所作为,有所突破。

习近平总书记指出:"当今世界正经历百年未有之大变局,新冠肺炎疫情全球大流行使这个大变局加速演进,经济全球化遭遇逆流,保护主义、单边主义上升,世界经济低迷,国际贸易和投资大幅萎缩,国际经济、科技、文化、安全、政治等格局都在发生深刻调整,世界进入动荡变革期。"[①]总书记高屋建瓴,从全局性和系统性的角度分析了"百年未有之大变局"之于世界政治、经济、文化、社会等

---

① 习近平.在深圳经济特区建立 40 周年庆祝大会上的讲话[N].人民日报,2020-10-15.

多领域的深刻巨变。首先,当前世界政治格局处于动荡与重塑中。以往G7统领世界的格局正在悄然改变,G20在大国协作和全球治理体系中发挥着更为广泛和深远的作用,大量发展中国家通过自力更生实现工业化发展;全球化进程在曲折中发展:美国"退群"、英国脱欧,民粹主义和逆全球化风险加剧;中美关系也正处在关键的十字路口,美方一方面表示不寻求打"新冷战"、无意同中国发生冲突,另一方面却加大对华全方位遏制打压,极大损害了中美两国的交流与合作。其次,全球性疫情问题加速世界经济秩序的重构。在突发的新冠疫情冲击下,国际人员流动与贸易往来受到阻碍,世界经济衰退风险加剧,国际金融危机风险增加,实体经济发展备受打击。然后,世界文明多元化融合趋势更加强劲。自地理大发现以来,整个世界向着文明大融合迈进,且当前科技文明的飞速发展使得世界文明多元化融合趋势更加强劲。虽然文化冲突在所难免,但文明对话和包容并进已成为世界趋势,中国所倡导的"人类命运共同体"理念,开创了人类文明新形态,为世界各个国家间的文化尊重和文明交融提供了中国理念。最后,新一轮科技革命引发广泛而深刻的社会变革。恩格斯曾指出:"一切社会变迁和政治变革的终极原因,不应当到人们的头脑中,到人们对永恒的真理和正义的日益增进的认识中去寻找,而应当到生产方式和交换方式的变更中去寻找。"①在新一轮科技革命的推动下,各国都希望将经济增长模式向各产业科技生产前沿移动——以占据全球价值链上技术、价值更高的优势位置,由此会对整个社会形态、劳动结构产生深远的影响。

党的二十大报告回应百年未有之大变局加速演进,首次提出我国发展进入战略机遇和风险挑战并存、不确定难预料因素增多的时期,各种"黑天鹅""灰犀牛"事件随时可能发生,告诫准备经受风高浪急甚至惊涛骇浪的重大考验。② 报告同时提出,我们所处的时代是一个充满挑战的时代,也是一个充满希望的时代,我国发展面临新的战略机遇。这一形势判断的变化,表明当前的形势更为严峻和复杂,并不是明显的机遇大于挑战,在某种意义上是挑战前所未有,躲不开、绕不过,关键取决于事在人为、主动作为,善于从当前的危机、眼前的困难中捕捉和塑造机遇。百年未有之大变局对于职业教育发展既是机遇也是挑战,如何抓住百年机遇、回应挑战,主动承担职业教育对于党和国家新思想、新战略、新经济、新文化发展的使命担当,职业教育须有所作为。

① 马克思,恩格斯.马克思恩格斯文集(第3卷)[M].北京:人民出版社,2009.
② 习近平.中国共产党第二十次全国代表大会报告[M].北京:人民出版社,2022.

（二）伟大复兴中国梦的蓝图伟业

习近平总书记指出："实现中华民族伟大复兴的中国梦,就是要实现国家富强、民族振兴、人民幸福。"目前职业教育发展正处于实现中华民族伟大复兴中国梦的蓝图伟业中,大力发展职业教育,对提升劳动大军就业创业能力、产业素质和综合国力意义重大,更是实现国家富强、民族复兴、人民幸福、社会和谐"中国梦"的有效抓手。但是,中华民族的伟大复兴也绝不是轻轻松松、敲锣打鼓就能实现的。在职业教育领域,"用工荒"与"就业难"并存、职业教育体系长期孤立发展、职业教育"低人一等"的局面亟待化解;同时,职业教育对于农民工、农家学子、退役军人等特殊群体提供"共同享有人生出彩机会"的教育支撑作用尚未充分发挥,各层次职业教育之间、教育与产业之间脱节等新问题不断出现。因此,只有多管齐下、多方并举,才能让职业教育为国家和社会源源不断地创造人才红利,才能真正让每一个中国人共同享有人生出彩的机会,筑牢"中国梦"腾飞的基础。

（三）全面推进共同富裕的奋斗征程

共同富裕,是马克思主义的一个基本目标,也是自古以来我国人民的一个基本理想。习近平总书记强调："共同富裕是社会主义的本质要求,是人民群众的共同期盼。我们推动经济社会发展,归根结底是要实现全体人民共同富裕。"党的二十大报告把实现全体人民共同富裕摆在更加重要的位置,将其作为中国式现代化五大特征和本质要求之一,大会同意把逐步实现全体人民共同富裕写入党章。[①] 当前,我国社会已经发展到了扎实推动共同富裕的历史阶段。共同富裕是消除两极分化和贫穷基础上的普遍富裕,是社会主义的根本原则和发展目标,也是社会主义制度的根本体现和中国式现代化的本质要求。实现共同富裕根本举措靠发展,核心要义靠教育。在实现共同富裕的奋斗征程上,职业教育具有基础性和先导性作用,前途广阔、大有可为。

新时代全面推进共同富裕需要职业教育有所作为,职业教育和普通教育具有同等重要的地位,是提升人力资源素质、稳定和扩大就业的重要手段,也是推动社会经济持续高质量发展、建设现代化强国的关键举措,能为共同富裕的实现提供强大的发展空间与动力源泉。立足新发展格局,探索明晰职业教育助推共同富裕的逻辑与价值,以及采取什么样的路向助力实现共同富裕,已成为摆在我们面前的重要课题。

---

① 习近平.中国共产党第二十次全国代表大会报告[M].北京：人民出版社,2022.

(四)奋勇实现乡村振兴的历史使命

随着我国脱贫攻坚取得圆满胜利,新农村建设的重点由"扎实做好精准扶贫"整体转向"推动实现乡村振兴"。乡村振兴是一个系统工程,不仅是经济的振兴,也是生态的振兴、社会的振兴,文化、教育、科技的振兴,同时也是农民精神素养的振兴。这不仅需要职业教育履行好"三农"人才培养的重任,造就一支懂农业、爱农村、爱农民的"三农"工作队伍,也要培养大批有文化、懂技术、会经营的新型职业农民,以实现人才培养质量的同步升级。[①] 同时,高素质技术型人才作为推进现代化农业发展的重要动力,在加快实现乡村振兴目标过程中有着不可替代的积极作用与地位,而高等职业教育又是培养优质复合型技术人才的主要途径,所以高等职业教育发展水平自然可对乡村振兴战略具体实践运行产生深远影响。面对奋勇实现乡村振兴的历史使命,职业教育要立足人才培养、科学研究、社会服务和文化传承之功能,主动担责、主动融入、主动升级,为乡村振兴战略的实施提供高素质技术技能人才保障、智力支持和技术支撑。

二、"大有可为"的职业教育担当

(一)千万农家学子的出彩人生

目前,我国拥有 1.13 万所职业学校,在校生约 3 088 万人,其中 70％以上的学生来自农村,每年都有数千万农家学子通过接受职业教育获得了一份人生出彩的机会,职业教育为千万农家学子的出彩人生提供了强有力的教育支撑。事实证明,服务乡村振兴战略,阻断贫困代际传递,职业教育被赋予重任,成为阻断贫困代际传递见效最快的方式,成为千万农家学子在激烈的社会竞争中也能够活出精彩的重要保障。同时,当前全面乡村振兴的冲锋号已经吹响,农业农村向着现代化征途奋进,新产业、新业态、新模式都呼唤着高素质人才,大力发展职业教育,加快构建现代职业教育体系,不仅保障千万农家学子能够通过职业教育获得一技之长,也能为嬗变中的乡村输送更多高适配度的人才,为方兴未艾的三产融合、乡村建设、电商民宿等储备更多高素质技术技能人才。

(二)三亿民工群体的阶级跨越

国家统计局公布的《2021 年农民工监测调查报告》显示,2021 年我国农民工总量约为 2.9 亿人,比 2020 年增加 691 万人,其中 70％以上农民工的学历在初

---

① 寿伟义.乡村振兴战略背景下农村职业教育的有效供给研究[J].教育与职业,2022 年第 5 期.

中及以下。怎样推动如此庞大的农村劳动力人口更好地融入城市、成为高质量发展的"生力军"？如何帮助这近3亿人的民工群体尽早实现阶级的跨越,真正分享到共同富裕带给他们的切身福利？无论从国际经验还是我国现实国情来看,加强有针对性的职业教育和技能培训,都是极具现实意义的破题之举。中国的现代化和城镇化进程绝不是简单的城市人口比例增加和规模扩张,而是强调城乡统筹和可持续发展,职业教育在这当中潜藏着巨大能量,通过对民工群体开展针对性的职业技能培训提升其人力资本,辅之以职业技能鉴定,确保民工群体顺利考取职业资格证书后持证上岗,再通过职业指导、职业介绍和政策扶持来帮助他们顺利就业、稳定就业、优质就业,助力他们尽早通过职业教育实现阶级的跨越。[1]

(三)新发展格局下的职业教育国际化发展

面对百年未有之大变局,习近平总书记创造性提出"要把满足国内需求作为发展的出发点和落脚点,形成以国内大循环为主体、国际国内双循环相互促进的新发展格局"。在"双循环"新发展格局下,职业教育也具有了新的历史使命,即要全方位、多层次地增强适应性,在更好地服务于国家和区域经济发展的同时,积极探索"走出去"的路径,融入国际发展格局,实现职业教育的国际化发展。国际化的职业教育要求我国高职教育从自身的实际情况出发,融入国际职教圈去取长补短,做到兼容并蓄。同时,我国职业教育也要在国际化进程中彰显中国特色、发出中国声音,从主动融入向主动引领转型,通过引领国际通用职业行业标准制定,服务"走出去"企业发展壮大,建立海外培训基地提供技术技能人才培训服务等来在"双循环"发展格局中彰显职业教育担当。

对于中国职业教育的国际化发展,《关于深化现代职业教育体系建设改革的意见》专门强调,中国职业教育发展,应"创新国际交流与合作机制。持续办好世界职业技术教育发展大会和世界职业院校技能大赛,推动成立世界职业技术教育发展联盟。立足区域优势、发展战略、支柱产业和人才需求,打造职业教育国际合作平台。教随产出、产教同行,建设一批高水平国际化的职业学校,推出一批具有国际影响力的专业标准、课程标准,开发一批教学资源、教学设备。打造职业教育国际品牌,推进专业化、模块化发展,健全标准规范、创新运维机制;推广'中文+职业技能'项目,服务国际产能合作和中国企业走出去,培养国际化人才和中资企业急需的本土技术技能人才,提升中国职业教育

---

[1] 李竟涵.为什么职业教育大有可为[N].农民日报,2021-04-19.

的国际影响力"①。

(四)制造强国中的大国工匠培养

在党的二十大报告第五部分"实施科教兴国战略,强化现代化建设人才支撑"中,习近平总书记指出:"加快建设国家战略人才力量,努力培养造就更多大师、战略科学家、一流科技领军人才和创新团队、青年科技人才、卓越工程师、大国工匠、高技能人才。"②目前,我国现代制造业、战略性新兴产业和现代服务业等领域,一线新增从业人员70%以上来自职业院校。中国制造、产业强国,呼唤大量有现代理念的高素质技术技能人才,亟须通过发展职业教育培养更多能工巧匠、大国工匠。实体经济是一国经济的立身之本,是财富创造的根本源泉,是国家强盛的重要支柱。习近平总书记多次就实体经济发展做出重要指示,明确要求坚持把发展经济着力点放在实体经济上,坚定不移建设制造强国。从制造大国向制造强国转变离不开一支高素质的技术技能型人才队伍和一批大国工匠、能工巧匠做支撑,面对大力发展实体经济的迫切现实需求和培养大国工匠的重大使命,职业教育理应发挥先锋作用,担起人才培养大任,重振工匠精神,创造"崇技尚艺"的文化氛围,树立"非利唯艺"的价值取向,献力于我国经济结构转型,培养出一批高素质、高质量的大国工匠,更好地发挥我国人力人才资源优势,助力中国制造走向中高端水平。

第二节 把握"不同类型、同等重要"的基本定位,服务技能型社会建设

目前社会上"重普轻职"的传统观念浓厚,职业教育"低人一等"的局面长期存在,职业教育是"失败者"的教育、职业院校是"失败者的聚集地"这一刻板印象挥之不去。但是,在一个职业分工结构合理的社会,不仅需要"学术型"的人才,更需要大量"技能型"人才,许多发达国家职业教育占比都是如此,如德国就有将近80%的年轻人接受的是职业教育。对于正在建设技能型社会的中国而言,培养大量的"技能型"人才十分重要且迫切。新职教法明确提出"职业教育是与普

---

① 新华社.中共中央办公厅　国务院办公厅印发《关于深化现代职业教育体系建设改革的意见》[EB/OL].http://www.gov.cn/zhengce/2022-12/21/content_5732986.htm,2022-12-21.

② 习近平.中国共产党第二十次全国代表大会报告[M].北京:人民出版社,2022.

通教育具有同等重要地位的教育类型,是国民教育体系和人力资源开发的重要组成部分",从法律上第一次明确了职业教育与普通教育"同为教育、不同类型、同等重要"的重要定位,不仅为职业教育正名,也为技能型社会建设助力。

一、职业教育的"不同类型、同等重要"基本定位

（一）党和国家教育理念的重大变革

新职教法充分凸显职业教育"不同类型、同等重要"的基本定位,体现着党和国家教育理念的重大变革。旧职教法规定,国家根据不同地区的经济发展水平和教育普及程度,实施以初中后为重点的不同阶段的教育分流。新职教法删除了普职分流的表述,并就民众普遍关心的"普职分流"焦虑予以回应。首先,调整中职学校的定位。新职教法首次在法律层面明确职业教育是一种"类型教育",而不是一种"层次教育",与普通教育有同等重要的地位。其次,明确中等职业学校与高等职业学校教育的贯通招生和培养。从法律层面畅通了职校学生的发展通道,为中等职业学校的学生敞开大学的大门,形成中等职业教育与普通高中协调发展的良好局面,让每一个人在不同的赛道上都能活出精彩的人生。最后,明确设立实施本科及以上层次教育的高等职业学。这也就意味着,大专不再是职业教育的"天花板",中职生不仅可以读大专,还可以读本科甚至研究生。其接受高层次教育的需求能够通过多种方式得到满足。

（二）党和国家遵循教育规律的科学研判

职业教育"不同类型、同等重要"的基本定位,是党和国家把握教育发展规律、职业教育办学规律做出的重大科学研判。首先,教育是适应社会发展的需要而产生的,受到社会的经济、政治、文化等因素的制约,又对社会发展起到推动作用。目前我国正向技能型社会、制造强国迈进,需要形成人人尊崇的职业教育氛围,大力弘扬和培育工匠精神,突出职业教育"不同类型、同等重要"的基本定位,是党和国家把握教育发展规律的体现。其次,职业教育作为与产业经济发展关联最为紧密的类型教育,是在与产业发展的同频共振中实现自身高质量发展,所以职业教育办学必须对社会经济的发展"嗅觉"敏锐、反应最快,要从经济社会发展中汲取营养,否则会失去办学根基。通过立法确定职业教育作为类型教育的重要地位,不仅为职业教育的办学指明方向,也有利于引导职业院校锚定职业教育的类型定位,紧贴社会经济发展需求优化人才培养和专业设置,办出特色、办出质量。

二、技能型社会建设的新时代价值

2021 年 4 月,全国职业教育大会创造性地提出了建设技能型社会的理念和战略,描述了"国家重视技能,社会崇尚技能,人人学习技能,人人拥有技能"的技能型社会特征,为我国职业教育改革发展赋予了新的时代使命。建设技能型社会,打造职业教育创新发展高地,必须从社会发展全局的视角把握其时代价值和内在要求。

(一) 代表了新时代社会人力资本需求的未来方向

以往我们崇尚建设知识型社会和科技型社会的发展理念,这些理念的出发点是正向的,即希望培养出拔尖知识人才、科技创新人才来引领社会经济的发展,从而推动社会文明的进程。习近平总书记指出,"人力资源是构建新发展格局的重要依托""各行各业需要大批科技人才,也需要大批技能型人才"。目前我国已经迈入新时代,国家社会经济坚持以供给侧结构性改革为主线不动摇,追求可持续、绿色健康和高质量的发展,这不仅需要一支高质量的知识型、创新型人才队伍,更需要有大量能够满足社会人力资本多样化需求、具有一技之长的一线技术工人和技术性服务人员,他们也能够通过自己的创造性劳动创造新的社会财富。而此次全国职教大会提出建设技能型社会,正是关照了长期未得到足够尊重的产业工人、一线服务人员,创造面向人人、服务人人、人人参与的教育强国,提供人人接受职业教育与培训、人人接受劳动精神和工匠精神熏陶的社会氛围与教育机会。

(二) 明晰了新时代职业教育高质量发展的未来路径

目前社会上对于职业教育的轻视现象部分原因还是由于职业教育的办学质量不高、育人成效不佳,教育质量无法获得社会的认可。新发展格局下,我国社会经济进入高质量发展阶段,产业转型升级迫切需要高素质技术技能人才作为支撑,职业教育高质量发展已经成为新发展格局下的时代诉求。新时代如何实现职业教育高质量发展,技能型社会建设为我们明晰了具体路径:一是在全社会弘扬劳动光荣、技能宝贵、创造伟大的时代风尚,在全社会营造崇尚技能、热爱技能、学习技能的良好氛围,逐步改变寻常百姓、学生家长对于职业教育的刻板印象。二是充分利用社会资源助推职业教育高质量发展,技能型社会的构建需要多方共同努力,要充分利用社会力量参与职教办学,鼓励行业企业参与职业学校招生、专业设置管理、培养方案制订、质量评价等全过程,鼓励有条件的企业特别是大企业举办高质量职业教育,推动形成多元办学格局。三是要让职业教育发展成为终身教育,通过在全社会树立终身学习理念,贯彻实施学分银行管理体制,让职业教育为个体的职业生涯全周期发展提供全阶段支持,一以贯之、久久为功推进技能型社会建设。

(三)满足了新时代强国建设中的技术技能人才需求

在党中央的正确领导下,目前我国经济总量已跃居世界第二位,国家核心竞争力显著提升,但客观来看,我国经济发展仍具有"大而不强"的特征。新时代是全面建设社会主义现代化强国的时代,习近平总书记在党的二十大报告中明确提出,到二〇三五年,要把我国基本建成法治国家、法治政府、法治社会;建成教育强国、科技强国、人才强国、文化强国、体育强国、健康中国,国家文化软实力显著增强。……在基本实现现代化的基础上,我们要继续奋斗,到 21 世纪中叶,把我国建设成为综合国力和国际影响力领先的社会主义现代化强国。[①] 党的二十大报告擘画出全面建成社会主义现代化强国的宏伟蓝图,宏观展望和重点部署相结合,目标清晰、任务明确,吹响了奋进号角。全面建成社会主义现代化强国,不可能一蹴而就。强国梦需要人才去实现,人才是建设社会主义现代化强国的首要资源。但目前我国技能型劳动者约有 2 亿人,大约仅占全国劳动力的23%,仍有大量的无技术、低技术劳动者存量,强国建设中的人才资源亟须扩充。技能型社会的建设则能够满足新时代强国建设中的技术技能人才需要,通过将"人人拥有技能"作为职业教育改革的着力点和努力方向,培养更多的大国工匠、能工巧匠,为全面建设社会主义现代化强国提供人才支撑。[②]

三、技能型社会建设对职业教育发展的新要求

(一)构建人人尊崇的职业教育氛围

技能型社会的现实表征即"国家重视技能,社会崇尚技能,人人学习技能,人人拥有技能",构建技能型社会的首要环节就是要弘扬劳动光荣、技能宝贵、创造伟大的时代风尚,构建人人尊崇的职业教育氛围,增强社会对职业教育的认同感、吸引力、影响力、满意度,激励更多劳动者特别是青年一代走技能成才、技能报国之路。职业教育应深刻把握"国之大者""民之要者"对职业教育工作的要

① 习近平.中国共产党第二十次全国代表大会报告[M].北京:人民出版社,2022.
② 孙凯宁,孙勇.高职院校思政教育培养学生工匠精神的路径探析[J].教育与职业,2021 年第 3 期.

求,正确认识"服务民生"的职业教育底层逻辑,教育引导学生认真学技能、安心练技能、真正有技能;要切实提升育人质量,努力培养出一大批国内外知名的大国工匠、能工巧匠,在技术突破、技能创新方面取得显著实效,为攻克关键核心技术"卡脖子"问题做出贡献;要大力宣传技术技能人才和高素质劳动者的先进事迹与重要贡献,对于做出突出贡献的大国工匠予以表彰嘉奖,引领社会形成尊重技能、崇尚技能、学习技能的良好风尚;要建设面向社会开放的职业启蒙和职业体验基地,开展职业意识及通用技术技能教育,让社会深入了解职业教育、体验职业教育、参与职业教育和共享职业教育。

(二)创造面向人人的职业教育机会

从职业教育的社会属性来看,职业教育承担着培养数以亿计的高素质劳动者和技术技能人才的时代使命,具有鲜明的职业性、社会性和人民性,是面向人人的教育。同时,职业教育也是一种生命的教育,是人们通往美好生活的桥梁,是面向人人的开放式的终身教育。建设技能型社会,必须创造面向人人的职业教育供给,为社会各类群体提供接受职业教育的机会,特别针对一些社会特殊群体,如农民工、未就业学生、退役军人、失业人员、残疾人等群体,他们更需要通过接受专业性的职业教育来提升自身人力资本,技能型社会建设也需要补齐这些特殊人群的技能短板,从而为社会经济发展增加技术技能人才供给。

(三)提供服务人人的终身职业技能培训

党的二十大报告提出,要"健全终身职业技能培训制度,推动解决结构性就业矛盾"[1]。这是强化就业优先政策,健全就业公共服务体系,促进高质量充分就业,保障和改善民生的重要一环,也是建设人才强国,适应经济转型升级、制造强国建设和劳动者就业创业的需要。我国有 14 亿多人口、约 9 亿劳动力。就业直接关系到老百姓的饭碗,是民生之本,"六稳"之首。高质量充分的就业,不仅关系老百姓的安居乐业,关系家庭的幸福,更关系社会的和谐稳定。劳动力就业压力大,一方面与供需矛盾有关,另一方面也源于结构性就业矛盾:经济发展与教育体系之间没有形成有力支撑,高校的专业设置没有顺应产业转型升级和周期调整的趋势,导致人才技能与企业需求不匹配。尤其在高端制造业领域,高技能人才"一将难求"的问题尤为突出。相关数据显示,目前中国高级技工保有量仅占产业工人的 5%。高技能人才总量不足、结构不合理、领军人才缺乏等问题,不仅导致了结构性就业矛盾,也成为制约我国制造业高质量发展和企业竞争

---

① 习近平.中国共产党第二十次全国代表大会报告[M].北京:人民出版社,2022.

力提升的重要瓶颈。要在新一轮产业链重构中抢占先机,高技能人才是关键。而健全终身职业技能培训制度,就是全面提升劳动者就业创业能力、缓解技能人才短缺的结构性矛盾、提高就业质量的根本举措,也是适应经济高质量发展、培育经济发展新动能、推进供给侧结构性改革、破解经济高质量发展人才瓶颈的内在要求。

为加快推进人人持证的技能型社会建设,职业教育要提供服务人人的终身职业技能培训。通过强化落实"育训并举"的职责,贴近社会经济转型升级需要和市场需求,构建服务全民终身学习的教育培训体系,拓展教育服务全民的宽度;要拆掉"围墙",进一步整合职业教育与普通教育、老年教育、继续教育、社区教育等资源的合作,加大投入建设种类多样、区域广泛、灵活开放的职业技能培训体系;要转变技能培训方式、创新技能培训路径,充分利用互联网技术实现线上线下、校内校外人人均可学习技能的智慧职业技能培训新样态。

第三节 健全"纵向贯通、横向融通"的现代职业教育体系,搭建人才培养立交桥

以往职业教育之所以被戏称为"断头教育",是因为与普高学子相比,职教学子中职、高职毕业后就进入工作岗位,缺乏继续深造的机会、缺乏从职业教育向普通高等教育转换的平台。这种政策上的缺位,造成学校、家长和社会给职业教育贴上"低人一等"的标签,使整个职业教育陷入长期的恶性循环。因此,现代职业教育体系的建设逻辑就是要实现职业教育的"纵向贯通、横向融通",搭建人才培养立交桥,为职业教育增加"流动势能",从而带动职业教育重新进入良性循环,迈上职业教育的复兴之路。

一、各层次职业教育纵向贯通的实施路径

(一)科学构建一体化的职业教育培养体系

在2021年全国职业教育大会上,孙春兰副总理明确提出"要一体化设计中职、高职、本科职业教育培养体系"。实现职业教育的纵向贯通首先需要保证从上至下整个职业教育体系的完善与畅通,需要巩固中职基础地位,推进高职专科提质培优,稳步发展本科层次职业教育,创新建设硕博层次职业教育,科学构建

一体化的职业教育培养体系。职业教育可以在中职学校扩大五年一贯制和对口单招上选择突破；大力推行并积极做好中高职"3＋3"与"4＋2"、中职本科"3＋4"、高职本科"3＋2"等对口分段培养项目,积极探索高职与应用本科"4＋0"联合培养项目,鼓励高职院校与本科院校联合培养应用型研究生,在部分高质量职业技术大学办学条件成熟时,应适当鼓励职业技术大学在优势特色专业领域申报专业硕士、博士学位授权点。

（二）系统设计一体化人才培养方案

打造纵向贯通的职业教育体系目的是为了保证技术技能人才培养符合规律性、系统性和接续性。技术技能的形成是一个循序渐进的过程,需要长时间的理论学习和实操训练,且技能的习得是一个从低级到高级、从简单到复杂的过程,不同阶段的培养内容、培养重点都有所侧重,整个技术技能人才培养的过程还要注重不同阶段的科学衔接和接续性培养,保证接续性培养质量的最终落脚点还在于不同阶段职业教育课程与教学的一体化衔接。因此,系统设计一体化人才培养方案是职业教育纵向贯通的基础环节。职业教育可以依据2021年教育部发布实施的《职业教育专业目录（2021年）》作为一体化人才培养方案的设计主线,加快制订中职与高职、应用型本科、专业学位研究生教育等贯通专业的一体化人才培养方案,统筹规划同一类技术技能人才培养的教学设计、课程类型、实践内容、考试评价、质量监控等环节,注重不同层次职业教育的衔接,尽快形成一体化的教育教学格局。

（三）合理搭建一体化资源共享平台

各级职业教育教育资源配置的不均衡以及低利用率会影响各层次职业教育间的纵向贯通发展,且目前各层次职业院校的资源建设存在重建设轻利用、重个性轻共性、重自我建设轻互利共享的特征。各级职业院校都意识到资源建设的重要性,也注重加大资源建设投入力度,但现实中职教育资源建设有待提升,且各层级职业教育还是仅注重自我的发展,缺乏一体化发展的战略眼光,忽视了自身教育资源与整个职业教育体系教育资源的共建共享,导致职业教育资源静态化、封闭化,造成教育资源的浪费。现代职业教育体系是一个开放共享的体系,不同层次职业教育的单打独斗不利于技术技能人才的接续培养,职业教育的纵向贯通也需要整个职业教育资源体系的流动与整合,包括各层次职业教育优秀师资的交流与合作、优质课程资源的共建共享、实训基地的共建共享等。为此,职业教育的纵向贯通需要构建一体化的资源共享平台,实现职业教育资源的规模化、集约化,为技术技能人才的接续培养提供全面、丰富、高质量的教育资源支撑。

二、促进不同类型教育横向融通

人才培养立交桥的构建,不仅需要注重职业教育内部各层级的接续性培养,也需要注重职业教育与各学段普通教育的横向间衔接与融通渗透,为学生灵活选择不同的教育类型畅通渠道。

（一）探索构建职普学分累积互认制度

推动职业教育与各学段普通教育的横向融通需要有中介和桥梁发挥衔接作用,而探索构建职普学分累积互认制度则是实现职业院校与普通高校之间的融合与贯通的重要保障。职普学分累积互认制度可以促进高职院校与普通高校间的资源整合与互利共赢,能够为学生的个性化发展提供选择空间。首先,高职院校在实践技能训练和职业资格获取方面具有明显专长,而普通教育系统的学科体系、专业的学科理论知识、高水平的师资教学团队则具有突出优势,通过学分互认促进了不同类型教育之间的交流与合作,充分发挥了彼此的教育优势,使得学生技能训练与综合素质相辅相成,学历文凭与技术技能同步提升,高质量的人才产出能够更好地解决学校的就业问题。其次,职普学分累积互认拓宽了学生课程选择的范围,满足了学生对其他高校优势专业的兴趣与需求,学生所获得的学分可以在合作高校间实现互认和转换,为学生的全面发展以及培养复合型人才创造条件。但需要强调的是,探索构建职普学分累积互认制度需要注重学分累积的系统化、认定流程标准化和制度运行的透明化,职业教育与合作学段的普通教育之间应共同制订一套学分互认细则,统一规范学分认定的标准及流程,包括对学分的界定、学分的评估标准等,加强对学分累积互认的管理。

（二）推动学历教育与非学历培训融合发展

人才培养立交桥的现实表征即灵活开放的终身学习体系,所谓灵活就是要填平学历教育与非学历教育间的沟壑,利用学习卡、学分银行等方式,实现学历与非学历教育的学分对接,搭建终身学习立交桥。

学历教育与非学历培训融合发展对于提升高等教育整体质量,加快教育现代化和建设教育强国具有重要意义。实践证明,非学历继续教育通过教育服务社会,搭建起高校专业学科与行业企业之间的深层次合作桥梁。在此基础上,非学历教育有效反哺学历教育,在教师队伍建设、科学研究推动和行业影响力提升等方面实现了与学历教育的融合发展,推动了相关学科建设水平,提升了高等教育质量。

学习者不同类型的学习成果通过积累与转化,可以获得相应的课程证书、职业资格证书以及学历文凭等,实现学习成果的互认与衔接,从而提高学习者的积极性,引导与培育全社会形成终身学习理念。因此,开放大学对传统高等教育机制的挑战,就在于要突破传统的学历教育与非学历教育"双轨"机制,实现两者的融通。

第四节 完善"产教融合、校企合作"的办学体制,构建中国特色职业教育发展新模式

深化产教融合、校企合作是新时期职业院校高质量发展的必由之路,也是构建中国特色职业教育发展新模式的重要环节。产教融合的最终目的是要实现产业链与教育链的深度融通,产业为职业教育的发展提供资金、场地等方面的帮扶,职业教育则为产业发展提供人才保障,双方各要素优势互补,共同促进各自效益的最大化。所以,产、教在融合的过程中既要保障主体的互利共赢、利益最大化,又要兼顾社会效益的实现,结合国家发展现实需求创新构建中国特色的职业教育发展新模式,促进人才供给与产业需求高效衔接。

一、完善产教融合的办学体制

(一)新时代产教深度融合的现实需求

新时代职业教育以高质量发展为主要目标,推进产教深度融合则能够充分发挥双方优势,对提升技术技能人才培养质量起到积极作用。一方面,产教深度融合中产业能够为职业教育人才培养提供标准引领。随着我国高端技术、高端科技领域产业的飞速发展,业务、技术、流程的革新速度日益加快,新技术在产业领域的广泛应用使得技术技能人才需求的复合度、技术性不断变化提升,新业态标准不断变化必然引起人才需求的变化,业务操作创新实践也会影响人才需求标准的改革。而职业院校人才培养往往具有滞后性,人才培养标准的指导性、引领性、前瞻性往往落后于行业发展的步伐,影响着人才培养的时效性和适用性。通过产教深度融合,依托行业头部企业资源及校企合作企业现有资源,通过开展行业专家论证研讨制定紧贴行业标准的人才培养指标,构建教学教育与企业岗位实践相互对接、育人用人相融合的职业人才培养平台,引领职业教育更新人才

培养标准，提升人才培养质量。另一方面，产教深度融合中职业院校能够为企业提供全方位服务。具体表现为三个方面：第一，为企业培养适配人才。产教深度融合可以有效缓解职业院校人才培养滞后性，为企业培养专业对口、技术适需的技术人才。第二，为企业提供技术支持。职业院校在产教融合过程中能够发挥优质师资的科研创新能力，在企业的技术攻关、产品创新方面提供专业指导。第三，为企业提供专业咨询服务。企业在发展中遇到的市场数据分析问题、企业制度设计问题、政策咨询问题等都可以在产教深度融合中得到职业院校的专业咨询服务。

（二）新阶段下产教融合的新使命

新阶段下，助推职业院校和行业企业成为命运共同体是产教融合的新使命。过去一段时间，在政府的大力支持与引导下，职业院校力求通过各种途径与企业进行产教结合以提升人才培养质量。但随着产教结合达到新的高度，产业价值链与教育链的融合面临新的问题，企业的终极目的是获取利润，在产教结合中企业承担的成本和风险往往比较大；而学校的目的是人才培养，两者目标的偏差导致企业更加关注投入产出比，相较于学校的表现较为冷漠，在无法保障自身利益时，产教结合将被迫终止。新职教法多次强调坚持产教融合、校企合作，并将其作为保障职业教育高质量发展的关键举措。新阶段下，职业院校和行业企业是互利共赢的命运共同体，通过深度融合，行业组织、企业等主体与职业学校在人才培养方案制定、专业与课程设置、学习资源及教材开发、教学设计与实施、教学方式与管理创新、教学质量评价与教师培养培训等人才培养全过程开展深度合作，共同推动科技成果转化、技术技能创新平台建设、科学研究与技术服务拓展等合作，最终实现人才培养和企业发展的互利共赢。

二、创新校企合作的办学机制

（一）推动构建多元化的办学格局

推动构建多元化的办学格局并不是政府在推卸发展职业教育的责任，而是要充分释放社会力量，多方协同办出高质量的职业教育，而推动构建政府统筹管理、行业企业积极举办、社会力量深度参与的多元办学格局是未来职业教育创新合作办学机制的重要途径。目前社会力量举办职业院校、参与职业教育改革发展的积极性不高、内部动力不足，主要原因包括社会力量进入职业教育领域的门槛较高、审批较为复杂、办学资金成本较高、投入回报率低等。建设现代职业教育体系离不开雄厚的资金基础,政府虽然承担着发展职业教育的首要责任,但完全依赖政府投入是不现实的,必须调动社会各方的力量参与职业教育办学。政府应发挥统筹协调作用,减少部门职责交叉和分散,疏通社会力量参与职业教育发展的堵点,统筹投资、专业建设、招生就业、监督评估等事项,统筹出台税收土地等优惠政策,建立长效激励机制,在改善社会力量投资办学环境、提升社会力量投资意愿和积极性、拓宽社会力量参与职教办学广度深度方面出台实效性政策。[①] 上市公司、行业龙头企业则应主动承担社会责任,以资本、技术、管理等要素积极投身职业教育办学,深度参与培养目标制定、学科专业规划、课程教材开发、教学设计实施、素养技能标准研发等人才培养的关键环节。[②]

(二)探索校企合作新模式

智能制造时代,工业技术革命的迅猛发展使得技术技能岗位标准和内涵发生了重大变化,机器对人工的替代率大幅提升,对于"一人多岗、一岗多能"的复合型技术技能人才需求量剧增,但是现实中"有岗无人、有人无岗"的就业结构性矛盾依旧存在,人才需求与供给信息不对称、培养规格与人才标准不对应、培养模式与现实需求不对路的问题亟须解决,创新校企合作模式、深化校企协同育人势在必行。

探索校企合作模式:一要创新合作办学体制,打造中高职贯通的职教集团。校企深度合作办学,充分发挥职教集团理事会的长效运作机制,积极探索混合制学院等试点项目,寻找校企协同育人新路径。二要改革校企协同育人模式。依据地方产业需求,推进企业冠名学院、学徒制、工学交替、定制联合培养、校中厂、厂中校、工作室等多样化联合育人模式,发挥校企双方在社会经济发展中的双主体作用。三要突出类型教育特色。校企联合推出促进产教融合、校企双元育人举措,开展技术技能、实践教学的学术探索与实证研究,打造与类型教育相匹配的复合型双师结构育人团队。四要校企协同创新人才培养方案。创新制订以"一专多能"为特征的复合型技术技能人才培养方案,开设"工作课堂",开发大赛课程、工作室课程,建立工作经历证书制度。创新1+X证书校本培养模式,设立促进学生培训与考证的多学期制度。

---

① 吕银芳,王志远,祁占勇.生态链视域下职业教育产教深度融合的政策环境及其创设[J].职业技术教育,2019年第19期.

② 景安磊,周海涛.推动高等职业教育高质量发展的基础、问题与趋向[J].北京师范大学学报(社会科学版),2021年第6期.

第十五章
职业教育发展政策建议

第一节　坚持党对职业教育的全面领导

中国共产党是中国工人阶级的先锋队,党的性质决定了党与职业教育是血脉相连的关系,发展中国特色职业教育始终是中国共产党的责任和使命。中国共产党在发展职业教育的百年历史长河中,始终重视发展职业教育并取得了举世瞩目的职教成就,开辟了职教发展的广阔前景。新时代谋求中国职业教育新发展,必须始终坚持党对职业教育事业的绝对领导,落实党在职业教育组织中的领导地位,创新构建中国特色职业教育思想政治工作体系,为新时代中国特色职业教育的高质量发展引领正确方向。

一、落实党在职业教育中的领导地位

习近平总书记在二十大报告中强调,要"确保党中央权威和集中统一领导,确保党发挥总揽全局、协调各方的领导核心作用"[1]。正是在党中央的领导下,我国职业教育发展才取得了今日的成就。因此,始终坚持中国共产党的领导,落实党在职业教育组织中的领导地位是新时期职业教育发展必须把准的政治方向。

第一,职业院校要坚持党在职业教育组织中的领导地位。坚持党在职业教育组织中的领导地位是职业院校坚持社会主义办学方向的重要保证,是促进职业院校协同治理的基础和保障,有助于科学协调职业院校的政治、行政与教育之间的关系,发挥民主集中制的优势,保障职业院校各项决策的科学性和可行性。

---

[1] 习近平.中国共产党第二十次全国代表大会报告[M].北京：人民出版社,2022.

因此,要始终坚持和加强党对职业教育的领导,明确教育办学的发展道路和良性方向,以坚决做到"两个维护"来推进学校全面贯彻落实党的教育方针,促进教育事业的健康可持续发展。

第二,职业院校应全面贯彻落实党的教育方针。党的教育方针是整个教育事业发展的战略原则与行动纲领,是职业教育创新发展的行动指南。职业教育担负着教育事业赋予的任务和使命,同时也是中国特色社会主义现代化教育的重要内容与组成部分,必须坚决贯彻落实党的教育方针政策,坚持马克思主义指导地位,贯彻落实习近平新时代中国特色社会主义思想,坚持社会主义办学方向,落实立德树人根本任务,培养德智体美劳全面发展的社会主义建设者和可靠接班人。这就需要职业院校把学习马克思主义精神、贯彻习近平新时代中国特色社会主义思想作为首要政治任务,深入开展建设"师德师风"等主题教育,不断提高思政工作的针对性与实效性。

第三,职业院校应坚持中国特色职业教育发展之路。职业院校应以社会主义核心价值观为引领,以中华民族伟大复兴中国梦为支撑,以服务区域经济高质量发展为重点,以提升职业院校思想政治教育工作效果为目的,重点培育学生们的工匠精神和职业素养,结合学校自身教育特色高质量完成立德树人这一根本任务,为培养德智体美劳全面发展的社会主义合格建设者和可靠接班人而努力奋斗。

二、建立职业教育思想政治工作体系

习近平总书记在2018年全国教育大会上的重要讲话强调,加强党对教育工作的全面领导,是办好教育的根本保证。教育部直属机关是执行党中央关于教育工作决策部署的"第一棒",职业学校是执行党中央关于教育工作决策部署的基层堡垒,都要在构建教育思想政治工作体系、加强党对教育工作全面领导、深入贯彻全国教育大会精神上发挥先锋模范作用。职业教育的办学目标与如何将思想政治教育的任务落到实处的目标是高度一致的,想要实现培养目标,这就需要学校建立起"四位一体"(即组织建设、课堂教学、网络创新、校企协同)的思想政治教育体系。

第一,职业学校要强化党的组织建设。要以党组织思想建设为抓手,通过中心组学习、"三会一课"、教职工政治学习、形势与政策及道德大讲堂等载体,加强教师的党建理论和核心价值观教育。党建组织建设要贯穿办学过程的各个环节,要保证党组织系统对其他部门的政治引领和思想引领,形成党建工作的全覆盖,使党组织成为党的教育发展、保证育人质量的推动者和实践者。要发挥党建带团建以及学生党员组织的引领作用。共青团在塑造学生的世界观、人生观、价值观过程中起到了重要作用,共青团工作的本质属性决定了团的工作跟党的工作具有天然紧密联系,前者是后者的重要内容。

第二,按照"八个相统一"的要求,推进职业教育思政课程建设。习近平总书记2019年在学校思想政治理论课教师座谈会上创新性提出思想政治理论课改革的"八个相统一":坚持政治性和学理性相统一、坚持价值性和知识性相统一、坚持建设性和批判性相统一、坚持理论性和实践性相统一、坚持统一性和多样性相统一、坚持主导性和主体性相统一、坚持灌输性和启发性相统一、坚持显性教育和隐性教育相统一。按照"八个相统一"的要求,职业学校思政课程建设就要在如下几个方面来建设和完善。[①]

一是将课程思政建设理念融入职业教育改革发展的总体部署中去。职业学校要按照教育部等九部门印发的《职业教育提质培优行动计划(2020—2023年)》和国家教材委员会印发的《习近平新时代中国特色社会主义思想进课程教材指南》的指示精神,结合职业教育的类型特征,按照育人为本、质量为先的基本原则,进一步增强职业教育课程思政的时代性和引领性,提升职业教育课程教材铸魂育人价值,将习近平新时代中国特色社会主义思想落实到课程教材中,进一步加强党对职业教育工作的全面领导,推进新时代职业学校思想政治工作改革创新,强化工学结合、知行合一,健全德技并修的育人机制。

二是加强思想政治教育教学内容的融合,构建"六位一体"的思想政治教育内容体系。结合专业特点,充分挖掘党建、教学、管理、服务、实践等领域的育人资源,如铁道类专业突出"家国情怀、宽广视野、阳光心态、火车头精神"四个特质,培养、构建集"理想信念、思政理论课、课程思政、主题班会、主题文化节活动、志愿服务"等"六位一体"的思想政治教育内容体系,并纳入人才培养方案。

三是统筹联动,将课程思政建设内容贯穿"三教改革"始终。教育部门加强统筹,指导各地各校坚持立德树人的根本任务,优化职业教育类型定位,切实将课程思政建设内容贯穿到职业教育"三教改革"(教师、教材、教法改革)的始终,

---

① 许世建,董振华,黄辉.坚持德技并修优化类型定位全面推进职业教育课程思政建设[J].中国职业技术教育,2021年第23期.

探索形式多样、行之有效的教学方式方法,将"三全育人"融入职业教育教学改革的各个环节,在课程思政内容供给上取得实效。

四是系统推进,将课程思政示范项目建设成果持续巩固深化。职业教育作为区别于普通教育的教育类型,需要结合自身育人特点和规律,探索"立德树人"的具体模式,将学生思想政治教育和德育工作有机融入实践能力培养之中。树立系统化思维,立足职业教育类型定位,推动课程思政示范项目宣传引领,畅通优质课程资源共享渠道,实现课程育人长效机制,以构建具有职教特色的育人体系,发挥好每门课程的育人作用,全面提升技术技能人才的培养质量。

——加强示范引领。面向职业教育不同层次、不同专业、不同课程,持续深入抓典型、树标杆、推经验,形成规模、形成范式、形成体系,大力推广课程思政建设先进经验和做法。对于职业教育课程思政教学名师和团队、示范课程、教学研究示范中心,分批次在爱课程网、"智慧职教"网、新华网"新华思政"等平台展示,结合每年5月第二周的"职业教育活动周"等重要主题在有关媒体上进行宣传。同时支持省级、学校的示范课程资源推送至相关平台展示,开展职业教育课程思政集体备课等活动,推动课程思政建设优质资源更大范围共享,形成广泛开展课程思政建设的良好氛围,全面提高技术技能人才培养质量。

——构建示范体系。全面推进职业教育不同层次学校的课程思政建设理论研究和教学实践,指导各地各职业学校按照专业教学标准和课程标准,充分发挥课程思政教学研究示范中心作用,指导落实各专业人才培养方案制订与实施,分专业大类挖掘梳理课程思政元素,结合专业升级和数字化改造,总结课程思政建设经验,探索创新课程思政建设方法路径,持续深入抓示范、树标杆,构建全面覆盖、类型丰富、层次递进、相互支撑的多层次课程思政体系,加快形成"校校有精品、门门有思政、课课有特色、人人重育人"的良好局面。

——完善评价体系。职业学校建立健全多维度的课程思政建设成效考核评价体系和监督机制。充分发挥行业职业教育教学指导委员会、职业院校教学(教育)指导委员会等专家组织作用,研究制订科学的职业教育课程思政评价标准,把课程思政建设成效作为"双高计划"评价、学校或院系教学绩效考核等的重要内容,把教师参与课程思政建设情况和教学效果作为教师考核评价、岗位聘用、评优奖励、选拔培训的重要内容。在教学成果奖、教材奖、教师教学能力比赛评选中,进一步落实对课程思政建设的要求。

——强化支持保障。职业学校要建立健全党委统一领导、党政齐抓共管、相关部门联动、院系落实推进、自身特色鲜明的课程思政建设工作格局。职业学校根据自身实际,统筹各类资源,做好课程思政评价体系的结果应用,建立健全有效的激励机制,加强课程思政建设政策、经费、人员等方面的支持保障。

第三,利用新媒体搭建党建育人的新平台。职业学校要充分利用网络新媒体拓展教育场域、创新育人形式。要根据职业学校学生的思想实际、心理需求和兴趣特点,积极搭建"互联网＋党建育人"新平台,不断创新话语体系,利用学生喜闻乐见、贴近学生学习生活的形式,把政治理论素养、思想道德品质、职业素养提升等关系学生如何做人做事的系列内容,通过网络形式渗透到学生脑海之中,潜移默化为内在的道德品质。

一是完善机制,打造新媒体宣传的主战场。职业学校党建育人要以微信公众号、QQ群、微博为载体,建构功能齐全、内容丰富的新媒体格局,建立"学校—系部—班团"的立体化新媒体宣传架构,及时把党中央的方针政策、重要政治活动和中央领导同志的讲话精神及时发布和传递下去,让学生及时了解和学习。

二是利用新媒体平台,拓展学习途径。通过"三微"平台来丰富学习形式,实现党建学习从过去的单一化向多元化转变。除了严格遵守线下的"三会一课"制度,定期开展理论学习外,还要创新学习形式,克服线下集体讨论学习时间有限、学习形式较为单一、理解深度不够等问题,建立线上学习制度,根据时政热点、重要节点、党建工作重点等在微信公众号上不断更新图文内容。

三是党建发力,德育领跑,打造"互联网＋思政教育"新平台。利用网络平台先后推出微电影、微党课、星级寝室评比、"寻找身边最美笑脸"、"课堂文明从我做起"等多项活动,不断增强网络思政教育的感染力、参与度和认同度。

第四,构建校企合作共建党建育人模式。职业教育的跨界属性和合作属性决定了搭建校企协同育人机制是职业学校办学的方向,校企党建合作育人是决定我国职业教育成败的关键。校企合作共建党建育人新模式,就是要搭建校企党组织联盟,开展多种形式党性教育,实现校企文化融合发展,共同培养政治素质过硬、理想信念坚定、职业素养高、品德品行高尚的应用型人才。

一是签订共建党建育人模式的合作协议。在搭建校企党组织联盟过程中,职业学校在与企业签订实习协议时,要和企业党组织签订战略联盟,共同搭建党建育人模式,对于没有党组织的小型私人企业,可以成立临时党支部进行合作育人,真正建立"校企合作双主体、工学结合双导师、知行合一双考察"的校企合作党建育人创新机制。

二是多形式开展共建党建育人活动。在学生实训和实习期间,学校党支部要选派教师党员或骨干经常深入车间"一对一"指导,企业优秀师傅"一对一"培养,定期交换学生实践情况,从机制上搭建校企党建育人的协同育人平台。在党性教育中,校企联盟党组织要整合学校资源、企业资源和社会资源,经常性开展政治理论学习和党性教育,以职业技能竞赛为载体丰富党建学习形式,保证学生在实训和实习期间的政治理论学习、思想道德修养和职业素养提升两不误,帮助学生提升职业理想和奋斗目标。

三是建立校企文化融合发展机制。职业学校和企业要善于把学校文化融合到企业文化之中,以企业文化来促进学生对校园文化的认同,做到两互动、双促进。

总之,坚持中国共产党的领导是职业教育得以健康发展的最大保障,坚持党建育人是职业教育必须坚持的最大原则。党建育人要切实用新思想武装头脑,切实用新思想来组织和指导实践,全面了解和把握现代科学的思想理论体系的基本原理、基本观点及论点,推动职业学校思想政治教育工作专业化、制度化。同时,为了及时深入了解、准确掌握习近平重要讲话精神,需要将思想政治体系建设与职业教育的工作实际紧密结合,实现科学理论与实践的高度融合,通过针对性的学习与实践反向促进思想政治工作体系的进一步发展与完善,引导职业学校的教师与学生坚定捍卫"两个确立",坚决做到"两个维护",贯彻落实立德树人根本任务。

第二节 扩大职业教育规模

一、确定合理的职业教育事业发展规模

随着我国进入新发展阶段,产业升级和经济结构调整不断加快,各行各业对技术技能人才的需求越来越紧迫,特别是在新一轮科技革命和产业变革中,人工智能、物联网、大数据等技术的深度应用,对劳动者素质提出更高要求。适应我国迈向高质量发展阶段,迫切需要拥有高素质的劳动大军、建设一支宏大的产业工人队伍。仅就制造业而言,教育部、人社部、工信部联合发布的《制造业人才发展规划指南》显示,制造业十大重点领域 2020 年的人才缺口将超过 1 900 万人,2025 年这个数字将接近 3 000 万人,缺口率高达 48%,扩大职业教育供给势在必行。

表格 15 - 1　制造业十大重点领域人才需求预测① 　　　　单位：万人

序号	十大重点领域	2015 年	2020 年		2025 年	
		人才总量	人才总量预测	人才缺口预测	人才总量预测	人才缺口预测
1	新一代信息技术产业	1 050	1 800	750	2 000	950
2	高档数控机床和机器人	450	750	300	900	450
3	航空航天装备	49.1	68.9	19.8	96.6	47.5
4	海洋工程装备及高技术船舶	102.2	118.6	16.4	128.8	26.6
5	先进轨道交通装备	32.4	38.4	6	43	10.6
6	节能与新能源汽车	17	85	68	120	103
7	电力装备	822	1 233	411	1 731	909
8	农机装备	28.3	45.2	16.9	72.2	44
9	新材料	600	900	300	1 000	400
10	生物医药及高性能医疗器械	55	80	25	100	45

大力发展职业教育，需要按照新职教法的要求，对"十四五"到 2030 年的中等职业教育、高等职业教育和职业本科教育学校的招生数、在校生人数进行分析和预测。

教育部职业技术教育中心研究所的房风文、北京物资学院的张喜才 2017 年依据学龄人口数据和出生人口数据对中等职业教育和高等职业教育发展规模进行了预测，具有较高的可信度。其中，中等职业教育招生数的预测按照《国务院关于加快发展现代职业教育的决定》提出的"中职学校和普通高中招生规模大体相当"，即 50％以及 2015 年全国中职招生占高中阶段招生的实际比例为 43.1％进行的预测。高等职业教育招生数是按照 2015 年高中阶段学生升入高等职业

---

① 教育部，人力资源社会保障部，工业和信息化部.制造业人才发展规划指南［EB/OL］.http：//www. moe.gov.cn/srcsite/A07/moe_953/201702/t20170214_296162.html.，2017 - 02 - 14.

院校的比例为 25.18％和 2013—2015 年高中阶段学生升入高职院校的比例的均值为 23.40％分别加以预测。预测结果分别见表格 15‑2 和表格 15‑3(本书只选取了 2023—2030 年的预测数据)。

表格 15‑2　2023—2030 年中等职业教育招生数和在校生数　　单位:万人

年　份	招　生　数		在　校　生　数	
	按 43.1％计算	按 50％计算	按 43.1％计算	按 50％计算
2023	690.50	801.04	1 791.10	2 077.85
2024	726.03	842.27	1 828.95	2 121.75
2025	653.15	757.71	1 808.41	2 077.65
2026	665.77	772.36	1 787.02	2 052.83
2027	667.81	774.72	1 736.63	1 994.38
2028	686.95	796.92	1 748.40	2 028.31
2029	673.92	781.81	1 755.45	2 036.48
2030	727.29	843.73	1 806.92	2 096.20

从表格 15‑2 可以看出,无论是按照 50％还是 43.1％普职比进行中等职业教育的招生,2023—2030 年中等职业教育招生数和在校生数基本上保持逐年增长的态势,按照 43.1％的普职比进行招生,中等职业教育招生数需要以年均 0.74％的比例增长,在校生数则以年均 0.12％比例增长;若按照 50％的普职比进行招生,中等职业教育招生数仍然是按照年均 0.74％的比例增长,在校生数则以年均 0.13％的比例增长。

表格 15‑3　2023—2030 年高职专科招生数和在校生数　　单位:万人

年　份	招　生　数		在　校　生　数	
	按 25.18％计算	按 23.40％计算	按 25.18％计算	按 23.40％计算
2023	336.70	312.89	980.11	910.79
2024	347.33	322.76	1 027.24	954.59

年 份	招 生 数		在 校 生 数	
	按 25.18%计算	按 23.40%计算	按 25.18%计算	按 23.40%计算
2025	354.86	329.76	1 072.27	996.43
2026	351.50	326.64	1 087.55	1 010.63
2027	369.59	343.45	1 110.53	1 031.98
2028	342.77	318.53	1 098.06	1 020.39
2029	349.40	324.69	1 095.89	1 018.37
2030	350.47	325.68	1 076.14	1 000.03

从表格 15-3 可以看出,无论是按照 25.18%还是 23.40%的高中阶段学生升入高等职业院校的比例进行高职专科招生,2023—2030 年高职专科招生数和在校生数基本上保持逐年增长的态势。按照 25.18%的升学率进行预测,高职专科招生数需要以年均 0.57%的比例增长,在校生数则以年均 1.34%比例增长;若按照 23.40%升学率进行预测,高职专科招生数仍然是按照年均 0.57%的比例增长,在校生数也是以年均 1.34%的比例增长。

表格 15-4 2023—2030 年职业本科招生数 单位:万人

年 份	招 生 数	
	按 25.18%计算	按 23.40%计算
2023	37.41	34.77
2024	38.59	35.86
2025	39.43	36.64
2026	39.06	36.29
2027	41.07	38.16
2028	38.09	35.39
2029	38.82	36.08
2030	38.94	36.19

表格 15－4 是按照《关于推动现代职业教育高质量发展的意见》"到 2025 年,职业本科教育招生规模不低于高等职业教育招生规模的 10％"的要求,对 2023—2030 年职业本科招生数的预测结果。无论是按照 25.18％还是 23.4％的高中阶段升入高职院校的比例预测,2023—2030 年职业本科招生人数都呈逐年增长的态势,年增长率都为 0.57％。但也可以看出,除了 2027 年外,职业本科招生数都不足 40 万人,如果计算各年的在校生人数也不会突破 100 万。

对照表格 15－1、15－2、15－3 和 15－4,如果按照目前中等职业教育、高等职业教育专科和职业本科的发展速度,即便只是制造业十大重点领域的人才需求都无法满足,更不用说满足其他产业发展的人才需求。因此,需要采取非常措施进一步扩大职业教育发展规模。我们的建议是:

一是总体上需要扩大三级职业教育招生规模,重点向高等职业专科和本科倾斜,以满足包括制造业等重要产业的高级专门人才的需求。

二是根据新职教法的要求,国家层面不再强行要求普职比大体相当,普职招生比例按照各地实际情况确定,对于产业发展人才极为短缺的地区,可以增加中等职业教育的招生比例,比如可以按照 1％甚至 5％的年均增长率进行招生。

三是提高高等职业教育专科和本科招生的年均增长比例。国家可以提出按照年均 1％的增长比例确定招生人数的指导意见,职业本科招生数建议按照不低于高等职业教育招生 15％的比例执行。

二、促进中等职业教育稳定发展

一段时间以来,在"职普分流"政策的影响下,中等职业教育始终处于社会舆论的风口浪尖,对于中等职业教育存在的价值、中职办学必要性、未来中职教育改革走向等问题,人们众说纷纭,甚至主张彻底取消中职的声音也在悄然而起。

对于中职教育的质疑源自人们的教育焦虑,其中迫切希望进入重点高中的学生及家长则是教育焦虑的主体,教育焦虑的根源在于人们对于优质教育资源的盲目追求,忽视了中职的教育价值,不了解中职教育的发展现状,自身缺乏清晰的职业生涯规划以及没有清醒的分析适合自身的教育选择。

中等职业教育作为整个职业教育体系的重要构成以及整个高中阶段教育的重要组成部分,肩负着推动高中阶段教育多样化发展的重任,既可以满足不同禀赋和潜能学生的学习需要,又能够提供多样化的成长成才空间和通道,还可以给普通教育学业失败的学生提供另一条生涯发展路径,帮助他们通过中职教育重新实现自身价值。同时,发展中等职业教育在扩大就业、推动区域经济发展、改善民生等方面都有着积极的作用。① 旧职教法规定,国家根据不同地区的经济发展水平和教育普及程度,实施以初中后为重点的不同阶段的教育分流。而新职教法删除了关于分流的表述,改为"在义务教育的不同阶段因地制宜、统筹推进职业教育与普通教育协调发展"。有媒体和专家把"普职协调发展"解读为"取消初中后的普职分流"其实是一个误读,新职教法对于分流的表述虽然有所变化,但是普职招生比大体相当的政策仍有必要,且仍将持续。那么,新时期中等职业教育到底还要不要办? 有没有办的价值? 如何办好中职教育缓解人们的教育焦虑?

（一）重塑中职价值定位,促进职业教育稳固根基

中职教育的发展对于促进高中阶段教育多样化、构建完善的职业教育体系以及技术技能人才培养方面起到重要作用。然而,随着时代的发展和社会经济的转型变革,现阶段中职教育存在着招生困难、生源质量差、招生市场混乱、学生就业前景堪忧、社会印象不良、中职教育污名化等问题。而造成这些问题的成因包括高等教育和普通高中普及化对中职教育造成的挤压,尊重技能的社会氛围尚未形成,中职教育自身办学质量还有待提升,中职教育滞后于经济社会产业的结构性变化和人才市场需求导向的变更等方面。

面对中职教育存在的问题及其原因,学界对于中职教育未来发展存在着两种截然相反的政策建议。一种建议认为:中职教育的发展困境是社会经济发展对教育层次不断提升的客观反映,随着我国社会经济类型和产业结构的进一步转变与升级,以及相应的劳动力需求的变化,中职教育所培养的人才势必不再符合社会经济和劳动力市场的需求,所以其萎缩甚至淘汰也就是理所当然之事,是职业教育发展中的合理现象;同时,从学制体系贯通、"普职分流"引发的社会焦虑、教育公平等维度来考量,中职教育也应当退出历史舞台,将中等教育全部让位于普通高中教育。② 但另一种态度则不甘于中职教育的萎缩、没落和淘汰,认为必须坚持和加固中职教育的基础性地位不动摇③④;但这种坚持和加固并不是

---

① 新华网.中职教育的基础地位及新使命［EB/OL］. http：//education. news. cn/2021 - 09/06/c_1211358252.html,2021 - 09 - 06.
② 朱新卓,赵宽宽.我国高中阶段普职规模大体相当政策的反思与变革［J］.中国教育学刊,2020 年第 7 期.
③ 姜大源.关于加固中等职业教育基础地位的思考(连载一)［J］.中国职业技术教育,2017 年第 9 期.
④ 姜大源.关于加固中等职业教育基础地位的思考(连载二)［J］.中国职业技术教育,2017 年第 12 期.

一味地守旧,而是意味着重塑、革新与转型。由此,后者开启了对中职教育的新价值和新定位的探索。

既然后者不甘于中职教育的萎缩、没落和淘汰,坚持发展中职教育,那么其建议的立足点和依据是什么? 其赋予了中职教育怎样的价值与定位? 具体来看,支持中职教育稳定发展的观点主要是从经济发展视角和学生生涯发展视角两个维度突出中职教育的价值和定位。从经济发展视角看,我国现阶段的社会经济发展水平还远未达到淘汰中职教育的阶段,中职教育虽然在我国东部经济发达地区或许确实受到了挤压,正在逐渐萎缩,但在中西部经济欠发达、产业较落后地区仍大有用武之地。且无论经济如何发展、产业结构如何变化,行业中总会存在技术技能要求相对比较低的岗位,而适配这些岗位的人才培养只需中职教育就可完成,而无需高等职业教育和应用型本科。因此,中职教育在新的社会经济产业结构中将依旧能够占据一席之地。从学生生涯发展视角出发,则认为加固中职教育的基础地位,合乎以人为本的教育公平性追求,有助于实现学习者自身智力类型特征与教育类型适配的公平性追求、学习者自身智力发展特征与教育机会适配的公平性追求。同时,中职教育作为服务于学生生涯发展的一个环节,能够为高等职业教育输送具有基本文化素养和职业基础技能的合格生源,也为中职毕业后未进入工作岗位的学生提供了升入高职院校继续学习进修的机会。

虽然以上观点从多角度论证了中职教育的价值定位,但却无法从根本上改变中职教育的命运。首先,当选择经济社会发展作为重塑中职教育的价值与定位时,很明显中职教育无法像高等教育那样引领社会经济的发展和产业的转型,只能被动地跟随经济社会产业的转型而转型,且在社会经济发展中,中职教育也只定位于对那些技术性要求较低的岗位所需人才的培养,或将自身变成职业教育体系中的基础环节,这种价值定位反而巩固了人们对中职教育"低级"的刻板印象。同样,以学生个性化生涯发展作为重塑中职教育的价值与定位的依据,并不能突出中职教育的特色和核心价值所在,因为中职教育对于学生生涯发展的多样化影响其他类型的教育也能够提供。由此,以社会经济产业与学生生涯发展为依据重塑和转变中职教育的价值与定位,其实都是不成功的;它们不能从根本上扭转中职教育的颓势,改变中职教育的命运。无论是从社会经济产业结构还是职业教育体系来看,中职教育在其中都将依旧屈居"末流"。

既然以中职教育自身之外的事物作为依据来重塑中职教育,并不能从根本上改变其命运,我们何不转换视角,不再向外而是向内去寻找重塑中职教育的依据,从中职教育自身出发来重塑和转变中职教育的价值与定位。

（二）摆脱中职低端困局：大国工匠的启蒙教育

一般而言，人们在理解中等职业教育的"中等"时，总会与"高级""高等""低级""基础"形成对照，从而预设某种等级秩序的存在，这种等级秩序会使得人们内心对中职教育充满焦虑、不信任乃至偏见。但改革开放以来中职教育为我国培养了数以亿计的高素质技术技能人才，并持续为高等教育输送具有扎实技术技能基础和合格文化基础的生源，在促民生、保稳定方面发挥了积极作用。2019年，国务院印发的《国家职业教育改革实施方案》明确提出，"把中等职业教育作为普及高中阶段教育和建设中国特色职业教育体系的重要基础"。坚持发展中等职业教育，巩固中职教育作为职业教育的稳固根基，是以人为本、促进公平的要求，是保障经济社会发展和优化教育结构的需要。为此，必须明确新时代中职教育的价值定位，即中职教育是职业教育的稳固根基，并不能从等级的视角去分析中职教育所处的级别，而是从中职教育内部出发，充分肯定中职教育对于整个职业教育人才培养的根基作用，这种根基作用表现为：中职教育不再沦为为社会经济发展、产业结构转型的附庸，而应从作为培养特定行业所需的劳动力的教育的原有定位中跳脱出来，让自己成为培养大国工匠的"启蒙教育"，从人才培养的源头让学生们尽早明晰自己的人生志向、职业理想，协助学生勇于做出合于自己天性的职业选择，并让学生学会承担起自己的职业选择，对自己选择的职业所具有的终极意义给出说明；让学生意识到自己的人生和生活的价值与意义不是由其所选择的职业来限定，相反，职业的价值和意义是由选择并从事它的人来生成与充实的。就此而言，中职教育的价值首先不在于帮助学生获得"一技之长"及各种关于职业的知识和技能，而在于协助学生澄清自己的人生志向和职业选择及其背后所承载的意义。

（三）拓宽中职生源渠道：特殊群体的教育福利

前文阐述了中职教育作为职业教育的稳固根基，是培养大国工匠的"启蒙教育"。正因如此，中职教育需要在规模和数量上得到支撑，否则，就会导致整个职业教育体系的根基不稳定。但《乡村教育新观察——中国乡村教育发展报告（2021）》在浙江、河南、河北三地的调研显示，即便严格要求"职普比大体相当"，职普比在很多地区已经跌破了40%。在这种情况下，教育部要求各地保持普职比大体相当，显然就需要减少普高招生，适度增加中职招生。[①] 可问题是，中职

---

① 黄胜利,刘胡权,赵宏智,李成越.中国乡村教育发展报告（2021）[M].北京：社会科学文献出版社，2021.

扩招的生源从何而来? 地方教育部门如何增加中职招生规模? 学生和家长是否欢迎这样的政策? 这些问题都值得进一步探究。

新时期,积极拓宽中职的生源渠道,广泛招收往届初高中毕业未升学学生、城乡劳动者、退役军人、退役运动员、下岗职工、返乡农民工等,不仅能够保证职业教育的根基稳固,也能够为国家的这些特殊群体提供教育和培训福利,特别是针对退役军人、返乡农民工等特殊群体以及"后脱贫时代"需要防止返贫的特殊群体的适龄子女的中职招生,是全面推进共同富裕和进一步扩充社会人力资源的重要路径。而对广泛招收往届初高中毕业生、城乡劳动者、退役军人、退役运动员、下岗职工、返乡农民工等,该如何招收? 怎样确保教育福利惠及特殊群体呢? 相关建议如下:

第一,科学制订涵盖特殊群体的中职招生计划。各省要高度重视中等职业学校招生工作,结合本省中职办学实际,科学制定中等职业学校招生计划,重点规划应届初中毕业生的招生计划,特别单列针对往届初高中毕业生、城乡劳动者、退役军人、退役运动员、下岗职工、返乡农民工等特殊群体的具体招生计划。

第二,为特殊群体开辟招考绿色通道。往届初高中毕业生、城乡劳动者、退役军人、退役运动员、下岗职工、返乡农民工等特殊群体因个人认知水平不同,在招考报名具体操作中可能会存在困难,为方便特殊群体顺利报考中职院校,各省市及中职院校可以创新招考方式方法,本着服务特殊群体的初衷,以在线指导、全程答疑等形式为特殊群体开辟招考绿色通道。

第三,面向特殊群体落实招生宣传工作。好的政策离不开好的宣传,往届初高中毕业生、城乡劳动者、退役军人、退役运动员、下岗职工、返乡农民工等特殊群体在政策的了解渠道、招生信息获取、招考报名指南等方面可能不够便捷,为了确保招生的实际效果,也是本着特殊群体能够受益的原则,招生单位应面向这些特殊群体,将好的政策宣传到田间地头、百姓炕头,在招生宣传工作的方式方法上寻求突破与实效。

(四)改善中职办学条件:农村地区的政策倾斜

党的十八大以来,中职教育改革发展得到重视,中职的基础地位不断得到巩固,中等职业学校注重为高等职业教育输送具有扎实技术技能基础和合格文化基础的生源。目前来看,城市中职教育办学资源较为丰富,办学条件较为优越。但需要明确的是,义务教育结束后更多的农村孩子选择接受中职教育,然而农村中职学校的办学条件和人才培养质量不容乐观。最近出版的《乡村教育新观察——中国乡村教育发展报告(2021)》指出,发展"空心化",办学"普教化",发展模式僵化、"内卷化"等,直接影响了农村中职学校的特色发展以及人才培养质量。那么在乡村振兴的蓝图背景下,补齐农村中职教育的办学短板,为农村地区中职教育的高质量发展提供资源支持尤为必要,需要对农村地区的中职办学予以相应的政策倾斜照顾。

第一,进一步完善中职教育发展办学的相关法律法规。教育部自 2010 年发布《中等职业学校设置标准》以来,我国中等职业教育有了很大的发展,办学质量稳步提升。自中国特色社会主义进入新时代,中等职业教育的外部发展环境也发生了翻天覆地的变化,因此,建议进一步更新完善《中等职业学校设置标准》,为新时代为中职办学提供最新的标准设置指导,特别是为发展较为落后的农村中职办学提供标准指引和法律保障。

第二,适当增加农村中职教育经费投入。加大对农村中职教育的办学经费投入,鼓励有条件的地方政府通过设立专款账户增设农村中职教育经费。

第三,出台政策引导农村中职教育服务"三农"发展。地方政府可结合自身实际出台包含物质激励和精神激励并举的激励政策,鼓励农村职业教育面向农民群体的实际需求,制定适当的培训方案和实践计划,帮助其在短时间内成长为乡村振兴战略所需的新时代农民。政策引导农村中职服务"三农"的价值取向,支持农村中职学校将助推"农业强、农村美、农民富"作为办学价值取向,以培养新型职业农民、提高返乡创业人员的技能水平等为己任。

第四,探索农村中职教育新模式。一方面,面对当前农村中职教育供需结构失衡的问题,建议改变办学思路,在结合农村经济产业发展需求和学生需求的基础上,合理调整自身的专业布局,使其与地方经济社会发展相适应。另一方面,农村中职学校应充分发挥自身办学优势,将一些与农村经济产业融合发展联系较为紧密的优势专业、特色专业在教学内容上进行优化调整,加强专业群类建设,为乡村振兴提供人才保障和技术支持。同时,可通过开展成人技能培训和社区教育,增加中职教育供给,将中职教育办到田间地头,办到村镇街道,可直接面向农村人口的现实所需,进一步提高农村人口的综合素质。

第三节 夯实产业对职业教育的支撑作用

产业发展是职业教育办学的重要支撑,夯实产业对职业教育的支撑作用意义重大。职业教育作为与产业经济发展关联最为紧密的类型教育,是在与产业发展的同频共振中实现自身高质量发展。新时代壮大实体经济,加快产业发展形成新发展格局,不仅是我国实现"十四五"规划目标和2035年远景目标的重要战略决策,也是事关职业教育高质量发展的系统性深层次变革。

一、加快建设现代产业体系

从"十二五"到"十四五",建设现代产业体系一直是我国产业发展的重点任务,不过不同时期国情不同,现代化产业体系的具体特征也有所变化。现代产业体系是一个与新工业革命、与经济全球化密切相关的概念,"十四五"时期要构建与新发展格局要求相匹配的现代产业体系,建议进一步明晰新工业革命下产业发展新趋势和疫情冲击下经济全球化发展新趋势,进而深化对现代产业体系的认识。

第一,寻求现代产业体系的新突破。首先是科学发展及其带来的产业技术突破。"十四五"规划纲要提到的新的产业(技术)领域,包括新一代信息技术、生物技术、新能源、新材料、高端装备、新能源汽车、绿色环保以及航空航天、海洋装备等战略性新兴产业,人工智能、大数据、区块链、云计算、网络安全等新兴数字产业,类脑智能、量子信息、基因技术、未来网络、深海空天开发、氢能与储能等前沿科技和未来产业。在这些产业技术突破本身所带来的新的产业外,不仅很多新的产业技术融合发展,同时也有很多新的技术与传统产业融合发展,从而更新或催生更多新的产业领域。特别是在万物互联下,大数据不仅将成为重要的生产要素,它还会重塑整个产业运行与发展的基础,大数据的应用不仅意味着发现以前未曾或未能发现的问题,也能帮助我们在客户发现问题之前帮助客户解决问题。而区块链技术今后的发展,对生产方式生活模式的重塑也是不可小觑的。与这些发展密切相关的,是数字技术所带来的数字经济的发展。此次"十四五"规划纲要,就将"加快数字化发展,建设数字中国"单独成篇,涉及数字经济、数字社会、数字政府和数字生态等重要领域。数字经济本身具有跨越时空的天然优势,数字经济全球化将成为未来经济全球化的新空间,并对民族国家治理和全球经济治理带来新的重大挑战。"十四五"时期现代产业体系应该在科技革命新浪潮下尽快展开产业布局,依托高新技术市场构建产业体系,尽快实现产业体系的转型升级。

第二,规范现代产业体系新模式。随着这场新工业革命的发展,很多新的产业发展模式在不断涌现出来,"十四五"规划纲要中明确提到的,就有平台经济模式和共享经济模式。像阿里、腾讯等就是我们大家比较熟悉的平台经济模式,它实际上是在形成一个产业生态圈,而共享经济模式实际上也是平台经济模式里的一种类型。平台经济的发展,使企业与企业、企业与个人间的关系发生了重大变化,从而也将从根本上重塑产业及产业间关系。比如,平台经济建立在网络效应的基础上,因而具有不断自生长的特征,你无从知道其明确的边界在哪里,也无从知道它今后还会融入哪些业务。于是,我们看到平台经济不断地"侵入"其他产业领域,而且它是带着平台的思维进入的,从而不断对其进入的行业产生改造甚至是颠覆的作用。正是由于这些特点,平台经济具有赢者通吃的特点,其市场垄断地位不仅对同行业会产生重要影响,同时也会因其产业生态圈的实质而对众多产业产生重要影响。因此,建议有关部门颁布现代产业模式的规范指导意见,通过出台法律法规以及规章制度,通过强制力手段规避现代产业体系中的新模式所产生的不良风险,引导现代产业体系中新模式的良性运作,从而保障市场经济的平稳运行。

第三,制定现代产业发展新规则。现代产业体系的发展,并不仅仅是由产业基础、产业技术和产业模式所决定的,产业规则在其中也扮演了非常关键的角色。由于生产分解与服务转型,依赖产业间国际分工的 WTO 规则越来越难以适应现实的需要。所以,我们看到在 2008 年美国金融危机之后,各种双边或多边的自由贸易区谈判如火如荼在开展,大家比较熟悉的有 TPP(CPTPP)、TTIP、RCEP 等。与 WTO 相比,这些新的谈判凸显了三个方面的特点:一是推进投资自由化和服务贸易自由化,前者实际上对应的就是生产分解,后者对应的就是服务转型;二是更高劳工标准和更高环保标准;三是竞争中立原则,竞争中立原则主要是针对国有企业的,要求国有企业不能享有特殊待遇以维持公平竞争,竞争中立不是针对中国的,它由经合组织提出,后来被美国对外投资协议范本和欧盟对外投资协议范本所采用,目前已经成为高水平自由贸易谈判的基本规则。"十四五"时期我国现代产业体系的构建,更需要发出中国声音、表达中国立场,在促进世界经济繁荣发展的同时,结合国内产业发展的现实需求,积极参与产业规则的制定,使得我国在激烈的国际竞争中能够切实维护自身的相关权益。

第四,构建现代产业体系新布局。过去几十年,基于跨国公司利益进行的国际分工过于分散,导致半成品贸易的运输成本上升,并且供应链过长也使其面临的不确定性增加。国际分工主要是围绕发达国家而展开的,而近年来新工业革命下产业发展新趋势、新兴经济体的发展和发达国家再工业化的推进,包括中国生产成本的上升,都使一个包括发达国家和新兴经济体在内的区域化成为可能,也就是在全世界形成若干个区域性的生产中心。实际上,各种双边或多边自由贸易区谈判所促成的正是这种区域化,这种区域化得到了产业发展新基础、新突破、新模式与新规则等的有力支撑。在产业布局区域化这种经济全球化的发展新趋势下,中国参与全球化的战略与方式方法等需要前瞻性的应对。需要注意的是,这里的扩大内需不是人为地刺激需求,而是要以创新驱动、高质量供给引领和创造新需求,对此构成支撑的就是加快发展现代产业体系,推动经济体系优化升级,在强化实体经济的基础上建设制造强国、质量强国、网络强国、数字强国,推进产业基础高级化、产业链现代化。更好地理解加快发展现代产业体系与构建新发展格局的内在关联,有利于我们落实相关的改革部署和发展政策。

二、深化产教融合

缺失产业支撑的职业教育是无源之水,职业教育领域最受推崇的是德国的双元模式,即在企业工厂培训＋职业学校教学相结合的模式。相比之下,美国的职业教育并未发展成为领头羊,原因是最近几十年来,美国经历了去工业化过程,本土仅留下国防工业、生物制药、精密化工等少部分高端工业,其他制造业全面转移海外,哪里生产成本低向哪里转移,国家经济则通过第三产业来做支撑。根据统计,2020年美国第三产业增加值高达16.5万亿美元,占美国GDP的79.3％,可以说美国几乎80％的GDP增长都来自第三产业,其中包括金融业、法律诉讼、娱乐电影、文化创新等等,对职业教育,美国本身就需求不高。有没有产业支撑,决定了两个国家职业教育的差异,德国则尽量将产业留在本土,正是在强大的产业支撑下,对技术技能人才有强烈的需求,这种需求驱动下才诞生了德国的双元模式,很多企业也会直接参与办学。反过来,正是因为有产业的支撑,不仅解决了国内的就业问题,也因为技术工种的高门槛,也直接导致了职业教育人才经济待遇与社会地位都比较高,吸引更多的人选择职业教育,而不是被迫流入职业教育。①

反观国内,产业对职业教育的支撑显然远远不够。我们的快递业很发达,四

---

① 腾讯网.美国制造业"空心化",GDP为何全球第一? 什么在支撑美国经济? [EB/OL].https://new.qq.com/omn/20220107/20220107A0BJ5100.html,2022-01-07.

通一达等物流公司很多，富士康的工厂也很多，但这些公司除研发技术等个别岗位外，并不需要高质量技术技能人才，且技术工的工资也无法与德国企业工资相比较。新《职业教育法》只是给了职业教育一个新的起点，要想它真正上层次，除了职业教育工作者的努力，更需要产业的支撑，深化产教融合是发挥产业支撑力量的重要途径。

第一，加强政策宣传，推动政策落实。教育部、发改委、工信部、财政部、人社部等九部门于 2020 年 3 月联合发布《职业教育提质培优行动计划（2020—2023年）》，中共中央办公厅、国务院办公厅又于 2021 年 10 月印发《关于推动现代职业教育高质量发展的意见》，其中都有专门关于产教融合方面的政策要求。建议相关部门组织专家加大政策的宣传、解读，各省市地区结合自身产业发展现状进一步细化或者明确深化产教融合的相关支持政策，帮助企业落实相关政策。

第二，出台相关政策，鼓励产业龙头申请职业培训资格。产业龙头是产业的引领者和产业创新发展的排头兵，在技术研发和技能培育方面有充足的经验资源。为充分发挥产业龙头引领效应，建议有关部门出台相关政策，支持鼓励符合条件的行业龙头申请获得职业培训资格，释放产业对职业教育发展的支撑力量，在人才培养、技术创新方面深化产教融合。

第三，进一步完善产教融合试点城市的动态评估考核机制。2021 年 7 月，国家发展改革委办公厅、教育部办公厅印发了产教融合型企业和产教融合试点城市的名单，全国共有 21 个市州当选产教融合试点城市，但产教融合试点城市建设成效如何，如何进行绩效评估，评估结果能否用于试点城市名单的动态调整，这都需要政府部门政策统筹构建动态评估考核机制，协调推进和督促检查，适时组织开展实施情况评估。

第四，因地制宜打造产教融合示范区（县）。产教融合示范区（县）项目是对产教融合试点城市政策的进一步推进，是站在战略高度、着眼未来，以教育事业现代化、产业化为抓手，助推产教融合试点城市发展和教育层级提升的一项重大工程，对于落实区域中心城市发展战略，巩固产教融合成果意义重大。建议地方政府在国家产教融合试点城市建设的基础上出台相关政策，因地制宜打造一批产教融合示范区（县），推动产教融合的深度发展。

培养高素质技术技能人才依托在于企业，校企合作始终是职业院校办学的基本模式。新时期提升高职院校人才培养的质量和效益，需要充分发挥企业在技术技能人才培养中的重要作用，创新建设多元化的办学格局，让企业愿意干，让学校放心办。

第四节　依托企业培养高素质技术技能人才

党的二十大报告提出,要加强企业主导的产学研深度融合。① 企业是培养高素质技术技能人才的重要平台,校企合作是整合校企双方优势资源、开展专业教学与企业生产深度合作的有益形式,通过引企入校、进厂办教,把学校办成企业的培训基地,把企业办成学校的实践基地,把企业的人才需求有效地转化为学校育人的标准和方案,校企之间具备相互依存、相互促进、优势互补的关系,产生双方互利共赢的结果。因此建议政府和高职院校都有所作为,共同推行"引企入校""进厂办教"的互动形式,依托企业培养人才,共同推进校企深度合作。

一、提高校企合作的效能

近几年来,随着产业结构的不断调整,校企合作面临着新的机遇和挑战。职业教育应努力拓宽校企合作的渠道,注重校企合作的成效,创新校企合作的模式,打造校企合作的亮点。

第一,充分发挥校企合作管理中心的职能。国家出台的《国家职业教育改革实施方案》等多个重要指导文件明确支持和鼓励学校与企业以多种方式开展合作,在党和政府的大力支持下,许多职业院校纷纷成立了校企合作处、校企合作管理中心等职能部门,但初步调研发现,部分职业院校的校企合作部门并未充分发挥自身职能,校企合作管理部门官网公告栏处于沉寂状态,最新的通知公告尚停留在几年前。校企合作管理中心是推动校企合作项目的排头兵,深化校企合作需要这些职能部门切实履行自身职能,为此建议高职院校从自身出发,加强校企合作管理中心建设,明确校企合作管理中心的工作职责,明晰校企合作管理中心工作规划,完善考核激励机制,落实校企合作管理中心的绩效考评工作,切实发挥校企合作管理中心的职能,调动职能部门积极性,推动这些职能部门为校企合作出实力、办实事。校企合作管理中心也应积极走访企业,主动对接企业,密切联系企业。

第二,职业院校出台《校企合作管理办法》。为推动职业教育发展,教育部、国家发展改革委、工业和信息化部、财政部、人力资源社会保障部和国家税务总

---

① 习近平.中国共产党第二十次全国代表大会报告[M].北京:人民出版社,2022.

局于 2018 年 2 月 5 日联合制定并发布《职业学校校企合作促进办法》，部分省份也依据该办法针对如何产教融合、校企合作新制定了本省的校企合作管理办法，如山东省出台了《山东省职业学校校企合作促进办法》、河南省出台了《河南省校企合作促进办法》等。而落实到学校层面，为进一步推动学校校企合作工作，加强科学化、规范化管理，建立校企深度融合的长效合作机制，让职业院校更好地为地方经济社会发展服务，建议职业学院根据教育部等六部委联合印发的《职业教育校企合作促进办法》及本省的相关指导文件，结合学校自身实际，制定符合学校发展实际的《校企合作管理办法》。

第三，积极探索校企合作新模式、新方法、新路子。职业院校应在校企合作上有所突破和创新，广泛开展各种模式的校企合作。职业院校应与龙头企业进行深度协商与沟通，共谋校企合作新路，如建议职业院校采取"引企入校""进厂办教"的互动形式，建议"依托重大项目配套人才订单供给"，建议组建"雇主品牌联盟"等形式构建校企深度融合发展的新平台。引企入校是开展"车间教室合一、学生学徒合一、教师师傅合一、理论实践合一、作品产品合一、育人创收合一、学校工厂合一"培养思路的具体实践，是实现专业能力培养与岗位对接零距离，构建技能型人才培养新模式的良好途径，可以有效解决校企合作层次低、表面化等问题。企业是稳就业的主力军，重大项目建设需要大批量技术人才，职业院校可依托重大项目与企业开展订单式培养，打造毕业生就业新引擎。同时，职业院校可以成立雇主品牌联盟，为企业雇主和联盟成员搭建高效便捷的人才招聘网络平台，开展"组团式"招聘活动，邀请联盟成员参与职业生涯规划和就业指导课程建设，创新举办"行业精英进职校"系列宣讲活动等等。

二、推动"政校行企园"五位一体深度合作

新形势下，校企合作的双元育人格局需要进一步突破创新，而"政校行企园"五位一体深度合作、协同育人、构建职教命运共同体，是职业教育培养高素质技术技能型人才的重要手段和依托，也是深化职业教育改革、提升职业教育适应性的必然要求。"政校行企园"协同育人标准体系建设是以政府统筹推动、行业参与指导，学校和企业为实施主体，产业园区为重要载体的职业教育多元办学新形式，其特点是在政府、学校、行业、企业和园区之间建立协同机制，坚持政府主导、市场运作、多方投入，在政府引导下有效配置各方资源，合理构架各方利益，切实为区域经济转型升级培养所需的技术技能型人才，使职业教育的人才培养、技术

研究与行业企业各领域深入合作,形成职业教育人才培养与行业企业人才需求相契合的标准体系,具有理论性和实践性双重属性。推动实现"政校行企园"五位一体深度合作离不开各方的努力,具体实施建议如下:

第一,政府统筹主导并给予政策支持。政府是职业教育协同育人中政策的制定者和监督者,政府支持是职业教育实现"政校行企园"五位一体协同育人得以高效运行的基石。首先,政府应为"政校行企园"五位一体协同育人创造各种有利条件,如提供政策引导、政策保障等方面的支持,建立科学合理的补偿奖励机制,出台组合式的激励政策,调动各方协同育人积极性。其次,政府应扮演好协调者的角色,在职业教育"政校行企"协同育人各参与方中扮演协调者的角色,为职业教育协同育人搭建平台,解决好多方主体办学当中办学性质、产权归属等政策瓶颈,让行业愿意指导、企业愿意干、园区愿意接、学校放心办,同时也要通过政策指引职业教育从行业企业人才需求的角度出发,建设人才培养标准体系。同时,政府简政放权也很重要,政府应在保障办学质量的前提下放松校企合作办学的流程规制,对中小微企业参与协同育人降低门槛,简化人才培养的补贴流程,吸引他们参与校企合作。

第二,行业发挥育人指导作用。政府推动"校企合作",而行业应积极发挥自身的指导作用。行业是建设我国现代职业教育体系的重要力量,长期以来各行业主管部门、行业组织积极参与举办职业教育,认真指导职业学校办学,为我国职业教育的改革发展作出了重要贡献。行业是连接教育与产业的桥梁和纽带,在促进产教结合,密切教育与产业的联系,确保职业教育发展规划、教育内容、培养规格、人才供给适应产业发展实际需求等方面,发挥着不可替代的作用。构建适应经济社会发展方式转变和产业结构调整要求、体现终身教育理念、中等和高等职业教育协调发展的现代职业教育体系,离不开行业的指导。为此,建议行业充分发挥自身在人才供需、职业教育发展规划、专业布局、评价标准、教材建设、实习实训、集团办学等方面的指导作用,不断提高职业教育人才培养的针对性和适应性;充分发挥自身的资源、技术、信息等优势,参与校企合作项目的评估、职业技能鉴定及相关管理工作;广泛收集、发布国内外行业发展信息,开展新技术和新产品鉴定与推广,引导职业教育贴近行业、企业实际需要;积极提出制定行业职业教育规划咨询建议,广泛参与国家对职业学校的教育教学评估和相关管理等工作。

第三,产业园区积极承担人才培养责任。为促进人才供给侧和产业需求侧结构要素全方位融合,全力推进教育链、人才链,与产业链、创新链有机衔接,建议工业产业园区应主动承担育人责任,积极探索打通产教融合新路径。产业园区集聚着上市企业、科创企业、科研院所、科技型中小企业、高等院校等丰富资源,区域经济密度、创新浓度、开放程度较高,园区的发展建设离不开人才支撑,人才的引进、培养、服务理应成为园区职责的一部分。为此,建议产业园区积极搭建高校与企业联动机制,致力于将产学研一体化做深做强,共建产业学院,并发起成立智能制造人才培养联盟,帮助高校深度对接;通过地方政府、行业协会、企业机构共建共管共享现代产业学院,为应用型高校提供可复制、可推广的产教融合模式,为企业发展培养复合型、高技能型人才,推动区域内创新主体不断集聚、创新氛围持续浓厚、创新成果加快涌现,共同打造高等教育和智能制造行业发展新未来。

第四,校企深度合作协同育人。政府搭台,行业指导,园区扶持,但最终"双人舞"还是要校企合作共演。伴随着我国经济社会转型和产业升级调整,高素质技能人才成为企业获得竞争优势的关键性要素,但由于企业是以营利为目的,校企合作中成本付出较高,投资收益率不高,导致企业参与协同育人的积极性不足。为此,建议企业将与职业院校开展全方位的合作纳入企业发展战略中来,并通过各种方式和途径积极主动地参与到职业院校办学过程中来,围绕技术创新、人才培养、员工培训等内容开展全方位、多层次的合作。同时,职业院校领导班子也应统一思想认识,做好顶层设计,明确校企合作发展定位;职业学院应积极推动专业设置与产业需求、课程内容与职业标准、教学过程与生产过程相对接;应主动邀请合作企业参与或共同论证专业调整、专业建设规划、主动征求并认真吸收合作企业意见;尊重和维护合作企业的知识产权,保守合作企业技术秘密和商业秘密。职业学校应当选派实习指导教师和专门人员全程指导、共同管理学生实习;严格遵守和执行安全法律法规和规章制度的义务;建立并严格执行实习学生住宿制度和请销假制度的义务;建立并严格执行实习考核评价制度的义务;实习责任保险;保障学生基本权利的义务。

第五节　优化职业教育结构

优化职业教育结构的动力在市场。习近平总书记提出"不求最大、但求最优、但求适应社会需要",就是要求我们拆掉职业教育和市场之间的"隔墙",面向社会办学。为此,我们作如下政策建议。

一、依据市场需求动态调整专业目录

国务院印发的《国家职业教育改革实施方案》中明确指出：高职院校在服务经济社会发展尤其是服务区域经济发展中担负着重要的社会责任。但我国高职教育的发展历史不长，多数高职院校对于办学定位及办学特色的理解与认知主要依托于自身的实践探索、国内本科大学和国外职业教育办学的经验借鉴与交流。在内外治理关系尚未梳理清楚的情况下，高职院校自觉履行社会责任、服务人才需求的机制尚未完全形成。学校的顶层设计在一定程度上存在办学定位不清晰、办学特色不鲜明的现象，导致盲目设置专业、少数专业设置空缺或布点太少、部分服务第三产业的专业重复率过高、专业调整困难的问题，使人才培养存在结构性缺陷。

面对新的历史发展机遇与产业发展需求，教育部于 2021 年 3 月印发了《职业教育专业目录(2021 年)》，强化对职业教育专业发展全局、关键发展领域和发展制高点的预见性，开拓了一片属于高等职业教育发展的"蓝海"。专业目录作为职业教育的基础性教学指导文件，是国家教学标准体系构建的基础单元，是职业院校专业设置、招生组织、班级编制、就业指导、事业统计的基本依据，是职业教育支撑服务经济社会发展的重要观测点。未来，政府应当在政策上前瞻职业院校专业的设置、定位与发展，专业设置或调整时应充分调研论证，全面、系统、科学地分析社会需求，以专业目录调整的灵活性实现职业教育与经济、科技、产业和社会的有效衔接，形成紧密对接产业链、创新链的专业体系，进一步增强职业教育的适应性。同时，允许高等职业院校依据相关规定自主设置和调整专业，自主论证设置专业方向，充分尊重高职院校的办学自主权，鼓励学校开设更多紧缺的、符合市场需求的专业，鼓励特色化办学。

专业作为高职院校学生培养的关键载体，是高职院校人才培养与社会产业需求的交叉点。高职院校的专业设置并非孤立存在，而是与区域经济发展、产业结构调整、人力资本储备关系紧密，置身存在于一个多维的社会整体中。为此，高职院校应该紧密对接新业态、新模式、新技术、新职业等对技术技能人才培养的新需求，优先发展新能源、现代信息技术、人工智能等产业需要的一批新兴专业，加快建设学前、康养、家政等一批人才紧缺的专业，改造升级钢铁冶金、化工医药、建筑工程等一批传统专业，撤并淘汰供给过剩、就业率低、职业岗位消失的专业；以产出为导向，加大专业开发投入力度，建立具有科学性、灵活性、适应性的专业结构;在专业设置中迎合"跨界融合"的趋势,聚焦于"工匠人才"培养与"工匠精神"培育,打造具有丰富的专业技能、卓越的专业追求、坚定的专业操守的专门化人才。[①]

二、对接产业升级优化层次结构

随着新一轮的科技革命和产业变革深入发展,创新驱动发展方式成为推动我国经济转型和产业升级结构调整的主要动力。加快推进制造强国、质量强国建设,促进先进制造业和现代服务业深度融合,推进产业基础高级化、产业链现代化,对职业教育发展提出了新的要求。总而言之,进入发展新阶段,贯彻发展新理念,构建全面发展的现代产业体系,适应现代产业转型升级,适应新技术新业态新模式的变革,离不开更多能工巧匠、大国工匠的支撑。

培养能工巧匠、大国工匠,一是不断优化职业教育供给结构,及时调整育人方向、服务面向、人才培养规格,推进职业教育转型发展,提高技术技能人才供给匹配度,坚持面向市场、促进就业,推动学校布局、专业设置、人才培养与市场需求相对接,加快构建高水平、高层次技术技能人才培养体系;围绕国家重大战略,瞄准技术变革和产业升级方向与趋势,打造纵向贯通、横向融通的高质量现代职业教育体系,推进职业教育与普通教育、继续教育协调发展,畅通技术技能人才培养通道。二是应致力打造职业教育与前沿科技对话、与产业优化升级对接,集展示、交流、推广等功能为一体的职业教育交流平台,以充分展示职业教育发展的最新成果,增强职业教育适应性,着力促进教育链、人才链与产业链、创新链有效衔接。以新版专业目录落地为重要内容,纾职业教育之所困、解行业企业之所需、应家长学生之所期,着力提升职业教育的吸引力、影响力、硬实力和软实力,提升社会各界对职业教育的认识、认知和认可,重塑职业教育改革创新发展的良好社会生态。三是优化职业教育层次结构与区域资源配置,统筹职业教育和人力资源开发的规模、结构和层次,关注专业知识、技术技能、职业素养在生产方式和岗位实践途径的变化,推进部省共建职业教育创新发展高地,持续深化职业教育的地区化协作,启动实施技能型社会职业教育体系建设地方试点,支持办好面向农村的职业教育,强化校地合作、育训结合,优化人才结构,推动职业教育教学

[①] 邓华.新版专业目录视域下高职院校专业的价值定位、编制机理及推进途径[J].教育与职业,2022 年第 2 期.

改革与地方产业转型升级衔接配套,以迎合新的产业分工与新的产业部门发展。

三、强化财政税收土地金融方面的支持

新职教法第三章第二十五条提出,企业可利用资本、技术、知识、设施、设备、场地和管理等要素,举办或者联合举办职业学校;对非营利性职业学校,可参照公办学校相关标准和支持政策给予适当补助;对产教融合型企业,给予金融、财政、土地、信用等支持,落实教育费附加、地方教育附加减免及其他税费优惠。

第一,国家应创造条件推动职业院校"产教融合、校企合作"办学模式的建立,促进职业教育的多元办学,积极发挥企业在校企合作中的重要办学主体作用,通过多种层次和形式调动企业深度参与职业教育,如人才培养方案制定与调整,专业设置与专业教学,为高职院校提供兼职校外教师以打造具有丰富实践能力的师资队伍,共建实践、实验、实训基地。

第二,鼓励支持企业举办高质量职业教育,同时,企业可与职业学校、职业培训机构共同举办职业教育机构等多种形式进行合作,或与职业院校实施联合培养和联办专业,企业还可提供学校人才培养方案中的学分课程,供学校学生选学与购买服务。

第三,对于深度参与产教融合、校企合作,在提升技术技能人才培养质量、促进就业中发挥重要主体作用的企业按照规定给予奖励,如企业设立的具备生产与教学功能的产教融合实习实训基地,可参照职业学校的相应用地、公用事业费政策享受到优惠,以此激励企业与职业学校深化和扩大合作;企业可以根据国务院规定的标准,按照职工工资总额一定比例提取和使用职工教育经费,并用于举办职业教育机构。

第四,企业可以设置专职或者兼职实施职业教育的岗位,并将开展职业教育的情况纳入企业社会责任报告;鼓励企业按照岗位总量一定比例设立学徒和教师实践岗位,企业与职业学校联合招收学生,以工学结合的方式进行学徒培养的,应当签订学徒培养协议。

第五,鼓励行业组织、企业等参与职业教育专业教材开发;政府鼓励企业参与职业教育教师培养和培训;政府支持企业设立职业教育奖学金、助学金,对职业教育捐资助学。

第六,国家鼓励企业和学校组建职教集团,对于重点发展产业链上企业紧缺的技术技能人才,影响社会发展的特殊行业人员等的培养应当设立专项鼓励政

策和扶持资金以支持急需岗位的人才培养,督促有条件的职业院校实施订单培养,促进定向就业;同时也应鼓励企业安排实习岗位,接纳职业学校和职业培训机构的学生实习,这不仅能促进企业发展,也能提高人才质量。

第六节　稳保职业教育就业生命线

一、高品质就业:从好就业到就好业

就业是最基本的民生。党的二十大报告着眼于新时代新征程,针对新形势新情况,对实施就业优先战略作出新的全面部署,明确就业优先的战略任务,提出了"强化就业优先政策,健全就业促进机制,促进高质量充分就业"的工作要求。[①]

党的十八大以来,中国特色社会主义进入新时代。以习近平同志为核心的党中央高度重视就业问题,始终把促进就业摆在优先位置,作出一系列决策部署,各地区、各部门坚决抓好贯彻落实,推动我国就业工作取得历史性重大成就,就业局势保持总体稳定,在 14 亿多人口的大国实现了比较充分的就业,就业质量稳步提高,成为经济发展、民生改善的重要支撑。但与此同时,就业结构性矛盾突出,"就业难"与"招工难"并存,就业质量也有待提高。

一直以来,职业院校的就业情况优于其他院校,高职学生"好就业"是社会公认的事实,"就业率高",毕业生"供不应求"是目前高职院校"好就业"的主要特征。但在这个"好就业"仅仅是指就业机会的可获得性,民众对高职教育并不待见,实践中却出现了"好就业、难招生"的现象。究其原因,高职学生虽然"好就业",但就业质量却不高,"好就业"的岗位一般缺乏"专属性"的职业地位,可替代性比较高,缺乏向上社会流动的机会与空间且岗位薪资水平普遍偏低。因此,"就好业"是影响高职院校可持续发展的重要因素。

对于多数职业院校而言,"好就业"已经基本实现,可是"就好业"还在前进的路上。"就好业"既表现在相对较高的职业地位、薪水和较好的工作环境,也表现在职业岗位有利于长远的发展,是工作报酬、工作环境、职业发展等指标的综合反映。推进"好就业"向"就好业"的提升,关键是要形成分工明晰的人才培养模

---

① 习近平.中国共产党第二十次全国代表大会报告[M].北京:人民出版社,2022.

式,不断提高高职教育的人才培养质量,办出品牌和特色,办出不可替代性。高职院校只有找准其毕业生就业岗位的空间,学校上下形成一个共识——加强内涵式建设发展,实现人才培养的不可替代性,才能形成特色与优势,才能保持活力,实现可持续发展。作为高职院校,为确保就业工作顺利开展,真正做到"就好业",应努力做好以下几点:

第一,加强对学生的就业教育,进行就业观念的引导、职业道德教育和爱岗位敬业教育,为就业做好知识和技能、心理和思想的准备。

第二,加强与优秀企业的联系,提高学生就业专业对口率。在经济发展新常态下,企业与人才的选择是双向的,高职院校要紧跟优秀企业的产业升级的步伐,为学生提供互惠共享的优秀企业实习实训基地,设立企业入校招聘准入门槛,切实提高学生就业对口率,让学生学有所用,用有所长。

第三,做好就业后服务工作。比如为学生安排实习就业基地驻点指导教师,加强学校与学生之间的交流与联系,随时随地为学生服务,做到了家长放心学生满意。

第四,推进创新创业教育和实践活动。开设专门的创业课程,鼓励学生自主创业,适当给予学生职业培训补贴,强化学生的创业指导服务。

二、订单式培养: 学生就业适销对路

近年来,随着世界经济环境持续低迷以及我国高职高专招生人数的逐渐增加,学生的就业难度越来越大,压力日益严峻。传统教育模式培养下的学生知识体系和应用能力与用人单位制定的录用标准不契合的现象越发普遍。高职院校为了适应市场经济的需求,必须立足于学生就业来制订培养方案。教育部《关于全面提高高等职业教育教学质量的若干意见》指出:高职院校要加强以工学结合为切入点的培养模式改革,积极推行订单培养,探索工学交替、任务驱动、项目导向、顶岗实习等有利于增强学生能力的教学模式。因此,"订单式"人才培养模式已经逐渐成为职业教育的主导模式。

所谓"订单式"人才培养,是指用人单位按照其发展规模,预测人才需求量,向用人单位"下订单",同时与培养单位签订用人协议,充分利用双方的有利资源,共同制定人才培养计划,共同参与人才培养过程,实现预定的人才培养目标,最后由用人单位按照协议安排学生就业的合作办学模式。这种"订单",不仅是一张用人需求的预定单,而且是涵盖整个教育流程的一整套培养计划。在"订单式"人才培养模式中,校企双方共同参与课程标准的制定、授课内容的编写及教

学过程的监督管理等,培养的人才能实现"零缺陷";校、企业和学生同心同向、目标一致,实施过程中能实现"零障碍";培养的人才"适销对路",毕业的学生定向就业能实现"零过渡"。这种模式走出了一条职业技能教育与人力资源有效配置的全新路径,既加深了校企合作的深度融合,又促进了"双师型"教师队伍的建设;既满足了用人单位需求,降低了企业人力资源培养的成本,又为学生提供了就业机会,缓解了就业压力;既树立了学校的品牌特色,又扩大了学校的社会影响,真正形成学校、学生、企业三方共赢的局面。

第一,依靠政策机制的引领,尽快制定有助于调动企业参与积极性的政策,如建立政府奖励基金,对积极、坚定、持续落实订单式模式的院校和企业予以一定的税收优惠和金融支持等,促进以政府主导、企业参与、院校实施格局的形成。

第二,政府要积极为企业和院校搭建信息平台,促进校企之间有效对接,实现信息与资源的互通互联,增加彼此之间的了解与信任,促进订单式培养模式的大力推广与应用。此外,实行动态管理与监督,企业院校双方要及时沟通调整教学培养方案,减少盲目性,在提高人才培养的针对性的同时也确保学生全面发展。

第三,职业院校要积极聘请职业院校的专业人员,优化师资队伍,着力构建以培养学生的职业能力为终极目标的职业教育课程模式,同时进一步加大实训基地建设,使学生提前体验工作岗位的真实情况,缩短岗位适应期,提高学习效率,保证学生毕业后就业适销对路。

三、制度性保障：招考录用机会平等

就业平等是保障职业教育发展的重要环节,是关系到职业院校学生能否顺利踏上工作岗位的关键因素。人力资源社会保障部 2021 年 10 月 22 日印发的《关于职业院校毕业生参加事业单位公开招聘有关问题的通知》提出,要破除唯名校、唯学历的用人导向,切实维护、保障职业院校毕业生参加事业单位招聘的合法权益和平等竞争机会。新职教法第五十三条也明确规定:"职业学校学生在升学、就业、职业发展等方面与同层次普通学校学生享有平等机会;各级人民政府应当创造公平就业环境。用人单位不得设置妨碍职业学校毕业生平等就业、公平竞争的报考、录用、聘用条件;机关、事业单位、国有企业在招录、招聘技术技能岗位人员时,应当明确技术技能要求,将技术技能水平作为录用、聘用的重要条件;事业单位公开招聘中有职业技能等级要求的岗位,可以适当降低学历要求。"好的法律法规政策关键是要落实,而法律法规政策的落实离不开构建完善的监督体制和救济机制,也需要社会发挥支持作用。

第一,政府制定完备的法律监督机制。对于职业教育的就业歧视现象需要政府健全监管制度,加强对有关部门执行和遵守法律情况的监督。政府通过对反就业歧视现象法律的遵守情况的监督和制裁,尽可能地维护职业教育从业者的就业机会的平等。建议政府部门做到以下几点:

一是政府要变被动式行政为主动式行政,积极开展劳动监察工作。应该加大对劳动保障监察的投入,充分调动各级劳动保障监察部门的主观积极性,使其主动监察劳动力市场的相关情况,及时发现并对用人单位加以处罚。积极执行已出台保护就业机会平等的政策和相关行政法规及地方性规章。

二是提高执法监督效率。积极及时地处理与就业机会平等纠纷有关的检举和申诉,严格在法定期限内处理相关的执法监督事宜,为职业院校毕业生提供相应便利,防止在执法中增加其额外成本。

三是政府部门对于就业歧视问题要予以动态监控处理。在各种就业机会不平等的问题中,制度原发性歧视难以规范和执法。因此,各级政府应该定期进行自律性检查,对下级政府设立的涉嫌就业机会不平等的行政规章予以改变或撤销,加大对自身抽象行政行为的审查和监督。

第二,政府构建有效的司法救济机制。在现实生活中,个体力量与用人单位力量对比悬殊,有损职业院校毕业生平等就业机会的违法行为如果得不到司法遏制,职业院校毕业生的合法就业权益就无法得到保障,而建立公益诉讼制度则是一个有效途径。所谓保护就业机会平等的公益诉讼,是指由于行为人排除或限制就业机会平等的行为,使公平就业秩序遭受侵害或有侵害之时,法律允许个人或团体为维护社会公平就业秩序而向法院提起诉讼的制度。同时,建议有关的社会组织或劳动监察部门,比如妇联、残联及其他各种协会组织经资格审查合格后可作为"适格"的公益诉讼主体,以其名义向法院提起公益诉讼,有利于平衡劳动者和用人单位利益,增加胜诉概率。

第三,充分发挥社会组织在促进就业机会平等方面的作用。就业促进会、妇联、残联等社会组织近年来逐渐在保护劳动者就业机会平等方面发挥积极作用,协助劳动监察部门加强对用人单位的监督。但是在实践中,这些社会组织的监督力度不够,出现了许多问题。因此,建议有关社会组织充分履行自身职能,积极承担社会责任,为职业院校毕业生开辟专门的救济渠道,加强对用人单位在招聘过程中侵犯职业院校毕业生合法权益的监督。

第七节　激发社会资源参办职业教育

职业教育发展不能职业院校单打独斗，应充分释放社会各方资源的最大效能，让更多社会资源参与到职业教育中，改变主要依赖政府财政投入的单向发展格局。鼓励社会资源助力职业教育发展，能够让职业教育获得更多的外部支持，解决部分地区职业教育的资金缺口，在教学设备、优秀师资引入等方面加快发展进程，提升教育硬件档次。比如，数控机床价格动辄数万元一台，不少职校资金有限无法引进，导致这方面的教学停留于理论层面，无法给学生提供足够多的操作实践机会。如果职业教育有了实力雄厚的社会资源参与，就能解决这一痛点，充分发挥社会资源的资金、人力、设备等优势，充分激发社会资源助推职教发展的最大效能，为职业教育事业的壮大贡献新生力量。

一、出台职业教育社会资源整合指导意见

不断提高职业教育的发展质量，不仅需要高校内部各种力量的积极配合，更需要面向校外积极主动地借助社会力量，把社会各方面的力量动员起来，把社会各方面的资源整合起来，合理利用多种社会资源支持职业教育发展。为此，建议有关部门尽快出台职业教育社会资源整合指导意见，理顺社会资源具体分类，发挥社会资源助推职教发展的最大效能。

职业教育社会资源整合是指把纳入职业教育活动并有助于职业教育价值实现的各种要素，根据职业教育工作的实际需要加以整顿、协调和重新组合，以利于职业教育目标的达成。而职业教育社会资源整合指导意见的出台，可以从以下方面发挥作用：

第一，使社会资源的配置得到优化。在职业教育办学实践中，哪些社会资源应该得到充分的开发利用，如何让多种社会资源达到有效融合的效果，这就涉及优化社会资源配置的问题。通过指导意见合理配置职业教育社会资源，有助于明晰职业教育社会资源的具体划分，增强社会资源开发利用的实效性。

第二，进一步提高社会资源利用效率。职业教育可利用的社会资源种类多，分布广，很多社会资源的开发和利用缺乏统一的指导意见，通过对社会资源进行有效整合，可以较好地提高社会资源利用效率，避免社会资源出现不必要的闲置、浪费和低效重复。

第三,使社会资源在整合后形成新的合力。各种可利用的社会资源对职业教育发展的作用力是不同的,需要分析和评估各种社会资源在具体的职业教育发展中的不同作用。只有对各种社会资源的特征与功能有全面的准确的把握,才能对社会资源进行有效整合。而经过整合的职业教育社会资源可以发挥单种社会资源所不具有的组合功效。

二、构建中国特色职业教育新型智库

习近平总书记高度重视新型智库建设,指出中国特色新型智库是国家软实力的集中体现,是推进国家治理体系和治理能力现代化的重要力量,提出要高度重视、积极探索中国特色新型智库的组织形式和管理方式等。当前,我国新型智库发展普遍面临着发展之"难"、建设之"困"以及成长之"惑",迫切需要加强智库内外部治理,促进智库功能更好地发挥,提升推动国家治理的整体效能,以中国特色新型智库之"智",完善中国现代化治理体系之"制",助推中国国家和社会之"治"。

中国特色社会主义进入新时代,我国职业教育改革也进入了深水期,职业教育发展不平衡、不充分等新问题与外部环境和支持政策有待完善等老问题的有效解决对职业教育智库建设提出了新期盼、新要求。为助推职教发展的最大效能,需要依托和激发社会资源构建中国职业教育新型智库。

第一,高职院校要以社会资源为基础,积极主动地与地方政府、高新技术企业、中职学校组建职教联盟,汇聚社会优质资源搭建职业教育新型智库平台,发挥各自在专业策划、经费筹措、师资建设、课程建设、实习实训基地、学生就业、社会培训等方面的优势,形成多方参与、共同建设、多元评价的办学机制,推进职业教育的协同发展。

第二,理论研究是职业教育安身立命的基础。职业教育新型智库的建设应以职业教育学科和交叉学科为理论支撑,夯实职业教育理论研究知识储备,关注学科与职业教育改革发展中热点难点问题的关联,充分发挥职业教育理论研究在中国职业教育新型智库建设中的支撑作用。另外,职业教育新型智库具有职业教育专业化特征,发现问题、分析问题、提供解决方案是智库的本职所在。因此,建设职业教育新型智库必须立足于扎实有效的社会实践基础,明确发展定位,坚持问题导向,把握新型智库发展的规律。要以研究职业教育问题为核心,以全新理念推进教育领域综合改革特别是职业教育改革创新,坚持跨界融合,担当类型教育,抓准和聚焦新时代职业教育面临的一系列重大理论和现实问题,跳出职教看职教,打造特色鲜明的职业教育专业性新型智库。

第三,智库建设的关键环节和实力的根本体现在于是否拥有高水平的团队。构建中国职业教育新型智库要重视团队协作,努力汇聚职业教育领域领军人物或学术带头人等人力资源,培养一批专业知识雄厚、研究能力较强的骨干,形成一支专业化、多元化的研究团队。

第四,坚持特色是激发智库建设活力、增强智库建设动力的根本举措。建设职业教育新型智库必须立足我国职业教育改革发展实际,讲好具有中国特色、中国风格、中国气派的职业教育故事,总结好中国职业教育发展经验和规律,依托强大的社会资源,为解决好中国职业教育发展中存在的问题提供中国方案和中国对策,为构建中国职业教育新型智库提供中国智慧与中国力量。[①]

三、促进高职院校国际化发展

伴随着全球化的不断深化,生产要素的国际流动越来越频繁,高职教育主动适应生产要素全球流动的新变化已经在高职院校改革与发展实践中逐步得以体现,实现高职院校引进来与走出去的国际化实践也成了高职院校融入新时期对外开放的阶段主题,为了紧跟时代步伐,高质量的国际化办学成为高职院校实现自身可持续发展的必然选择。

国际化是高水平高职院校的阶段特征,是国家行动与院校主动相结合的产物。2019年"双高计划"就将"提升国际化水平"作为十大重点任务之一,提出建设"中国特色、世界水平"高职学校和专业群的战略目标,打造职业教育的中国品牌。"双高计划"鼓励高职院校扩大境外学生来我国高职院校留学规模,开发职业教育国际标准和通用专业课程体系,探索援助发展中国家职业教育的渠道。这些政策在赋予高职教育作为建设教育强国、人才强国重要支撑和服务中华民族伟大复兴重要使命的同时,促进了高职院校国际合作交流逐步由"引进来"向"走出去"转变,也丰富和拓展了职业教育"走出去"的内涵和外延。[②]

为进一步激发高职院校发展的最大潜能,各级教育主管部门应注重政策引导,不断完善高职院校国际化的制度体系建设,明确高职院校国际化的质量标

---

① 平和光.关于职业教育新型智库建设的几点思考[J].职业技术教育,2018年第22期.

② 周丙洋,王子龙."双高计划"背景下高职院校创新发展的内涵重构与战略抉择[J].高校教育管理,2020年第3期.

准,形成基于国家质量标准的高职院校输入输出的质量依据,以保证高职院校高水平国际化的推进。同时,应扶持高职院校配合"走出去"的国家骨干,大力开展留学生教育,拓展海外办学空间,并对其提供财政补贴或政策倾斜,推动人才培养本土化。另外,规范高水平高职院校留学生教育办学活动,明确高职院校留学生派出与接收的基本标准。[①]

未来,高职院校应争取社会各界支持,充分利用社会各方资源,实现"引进来"与"走出去"双措并举,以"当地离不开、业内都认同、社会能支持、国际可交流"为导向,面向国际,开阔视野,提高站位。学习发达国家高职院校办学模式,立足于本土学校国际化发展阶段实际,增强各国高职院校之间的洽谈与协商,提升自主研发能力,深化"鲁班工坊""丝路学院"等国际化职业教育品牌建设。确立国际化发展的方向与重点,形成基本校本需求的高职教育国际化特色发展之路,充分彰显大国实力,展现大国担当,为世界提供可行性较强的高职高水平办学的中国方案,为"人类命运共同体"贡献"中国智慧"。[②]

第八节　实现职业教育赋能提质

打铁还需自身硬,充分调动一切社会资源支持职业教育发展,深化产教融合校企合作,最终决定职业教育发展质量的关键因素还在于职业教育自身。为办好公平有质量、类型特色突出的职业教育,提质培优、增值赋能、以质图强,建议从以下几方面着手,实现职业教育自身的赋能提质。

一、围绕"四个中心"赋能职业教育增值

新时期谋求职业教育新发展,需要尽快改变人们对于职业教育的刻板印象,解决职业教育"低人一等"的发展困境,积极营造"职教光荣""技能宝贵"的社会氛围,赋能职业院校价值增值。

第一,将职业院校打造成技能型社会的人才供给中心。职业院校应坚持以习近平新时代中国特色社会主义思想为指导,着眼技能型社会建设,推动高质量

---

① 莫春雷、李小娃.高水平高职院校的历史方位、关键命题及建设路径[J].职业技术教育,2019 年第 31 期.
② 杨勇,商译彤,康欢.新时代高职院校高水平建设的逻辑框架、应然向度与战略抉择[J].教育与职业,2021 年第 12 期.

发展;着力推进改革创新,努力建设高水平、高层次的技术技能人才培养体系;吸引更多青年接受职业技能教育,促进教育链、人才链与产业链、创新链有效衔接;探索中国特色学徒制,注重学生工匠精神和精益求精习惯的养成,努力为技能型社会建设输送更多大国工匠、能工巧匠,打造技能型社会的人才供给中心,为全面建设社会主义现代化国家提供坚实的支撑。

第二,将职业院校打造成企业的科研创新中心。职业院校可以发挥自身科研优势,依托卓越的师资组建研发团队,承接企业的科研创新攻关项目,研制新产品、新工艺和新材料,把研发中心的科技成果及时转化为企业生产力,提升职业教育对我国现代化建设的贡献率,实现从被动适应企业到主动引领企业的转变。

第三,将职业院校打造成社会的教育培训中心。职业院校可以广泛承接社会职工的技能培训,面向人工智能、大数据、云计算、物联网、工业互联网、建筑新技术应用、智能建筑、智慧城市等领域,大力开展新技术技能培训;职业院校也可通过开展现代学徒制、职业技能竞赛、在线学习等方式,促进企业职工岗位技术技能水平提升,结合学校专业优势,以岗位技术规范为标准,以技术和知识更新调整为重点,加大对困难企业职工转岗转业培训力度。同时,也鼓励支持职业院校服务中国企业"走出去",积极开展涉外培训。

第四,将职业院校打造成国际职业教育标准的制定中心。长期以来,我国职业教育国际化活动以引进并借鉴德国双元制、英国现代学徒制、澳大利亚 TAFE 等西方职业教育发达国家的职教标准、职教模式和管理经验为主,输出本国标准并被别国认可及采用的较少,"走出去"与"引进来"相比尚有欠缺。主要原因是职业院校对我国职业教育标准建设研究不足,对国际职业教育标准体系对比研究学术兴趣不浓,职业院校在主导或参与制定国际职业教育通行标准、国际资格证书等方面力度不够,向国际社会宣传并推广我国职业教育发展成果的渠道层次不高。参与国际职业教育标准制定,实现标准对外输出是我国职业教育深度参与全球教育治理,争取国际职业教育领域话语权的必由之路。教育主管部门、职业院校、"走出去"企业应积极协作,努力将职业院校打造成国际职业教育标准的制定中心,推动我国职业教育标准"走出去",提升我国职业教育的国际影响力。[1]

---

[1] 汤晓军.提质培优背景下高职教育国际化面临的挑战与发展路径[J].教育与职业,2022 年第 5 期.

二、借助"人工智能"赋能职业教育智慧化发展

人工智能被广泛认为是继信息技术革命之后的新一轮生产力革命,已经对诸多行业产生巨大和深远的影响,而教育就是其中最值得高度重视的领域。无论是人工智能引领社会经济变革倒逼教育变革,还是教育主动采用越来越多的人工智能应用从内开始变革,新一代人工智能都必将以更高效、更均衡、更低成本的方式融入教育。① 新时期实现职业教育的赋能提质,需要运用大数据、物联网、5G通信、云计算等现代高科技手段,实现职业教育领域的智慧化发展。

智慧化职业教育是以物联网、大数据等信息技术为依托,创造智慧教学环境,注重教育网络化、个性化和智能化的一种教育新模式。职业教育的智慧化并非简单的数字化,而是强调信息技术推动职业教育教学模式和方法的变革,改变思维模式,创建价值等方面共享的学习共同体,培养创新型、智慧型人才。职业教育智慧化是职业教育信息化发展的必然选择,建议职业院校应积极创建智慧校园、智慧社区等,逐步实现学校管理的智慧化、教学资源的智慧化和学生服务的智慧化。

第一,借助"人工智能"实现教育教学智慧化。职业院校应将信息技术有效地融合于职业教育各学科的教学过程,从知识的传递转变为认知的建构,从注重讲授和内容,转变成重视学习过程,构建"以教师为主导,以学生为主体"的以数字化、智能化为特征的智慧教学模式,将智慧教学列为课堂教学的新重点,呈现智能化、立体化的教学空间。

第二,借助"人工智能"实现教育环境智慧化。智慧教育环境是以大数据、多媒体、云计算等智能信息技术为基础而构建的虚实融合、智能适应的均衡化生态系统。职业院校应将信息技术与校园环境深度融合,为师生的全面发展提供智慧化的成长环境,如建设智慧服务云平台、智慧校园等。同时,智慧校园的创建和管理,能够对每个班级、学区进行动态管理,构建出一个以问题、任务为线索,学生实现自主学习的知识体系和促进师生互动、生生互动的智慧管理平台。

第三,借助"人工智能"实现教育管理智慧化。智能化信息技术、云计算技术、大数据技术等能够促进大规模社会化协同,拓展教育资源与服务的共享性,

---

① 朱志萍.智能释放:人工智能2.0时代教育的冲击与改变——兼论人工智能赋能高等职业教育[J].中国职业技术教育,2021年第1期.

提高教育管理、决策与评价的智慧性,因此,基于互联网的教育管理必将逐步走向"智慧管理"模式。建议职业院校利用互联网将家庭、学校、社区等紧密地联系在一起,拓宽家长和社会机构参与学校管理的渠道,各利益相关者可共同参与现代职业院校的学校管理,协作育人。建议新时代的职业院校管理模式通过可视化界面进行智能化管理,业务数据几乎全部数字化,能有效降低信息管理系统的技术门槛,使管理工作更加轻松、高效。通过深度的数据挖掘与分析,能够实现个性化、精准资源信息的智能推荐和服务,为管理人员和决策者提供及时、全面、精准的数据支持,以提高决策的科学性。

第四,借助"人工智能"实现教师发展智慧化。人工智能背景下职业教育的变革对教师的专业发展、素质能力提出了新要求,改变了教师的能力结构和工作状态。教育信息化大背景下,互联网技术、多媒体手段的产生、智能化设备的使用极大提高了教师的专业发展和能力素养,以适应新课程改革与教育信息化的要求。新时代的教师要学会掌握使用智能化设备和数字化网络资源,积极加强与其他专家、教师的合作,或远程工作,形成基于智慧教育技术的多元化的学习共同体。[1] 信息化教师要学会使用智能化教育技术,积极开发数字化学习资源,创设丰富多元的教学活动,鼓励学生掌握智能信息工具,学会探究和解决问题,发展提升学生的创新思维能力和信息化学习能力,全面提升信息化教学能力和素养,实现信息技术应用能力常态化。[2]

三、强化"课程教学"赋能职业教育人才培养

着力提升职业院校教育质量,走内涵式发展道路,是新时代办好"人民满意职业教育"的必由之路,也是确保职业院校人才培养质量,以高素质技术型人才服务产业经济高质量发展的必然选择。提升职业院校教育质量归根结底应该提升职业院校的课程教学质量,课程作为学生汲取知识的主要来源,其质量高低直接影响职业院校人才培养成效。为此,职业院校应基于人本理念优化课程设置,遵循职业导向改革课程内容,多措并举强化课程教学过程,多方合力加强课程资源建设。

第一,职业院校应基于人本理念优化课程设置。课程设置的合理性、理论课

---

① 董文娟,黄尧.人工智能背景下职业教育变革及模式建构[J].中国电化教育,2019年第7期.
② 武汉大学国家发展战略研究院智库团队人工智能与职业教育转型研究课题组.人工智能时代职业教育转型的路径选择[J].教育研究,2020年第6期.

程与实训课程比例、不同阶段课程间的衔接情况等因素会显著影响人才培养质量。因此,职业院校需要遵循人本主义课程理论的主要思想,坚持"适用"原则优化课程设置,保证学生把"必须、够用"的理论"金课"学习扎实,逐步淘汰过时、对学生能力发展没有实际意义的"水课"。而实训课程的设置应坚持职业导向,依据岗位能力的需要设置必修课程,且应该贯彻落实教育部对于"实践性教学学时原则上占总学时数 50％以上"的课时要求。同时,对于职业教育而言,学生职业能力的形成是在不断地知识学习与实训练习中形成的,是一个螺旋式上升的职业能力形成过程。因此,课程的设置也应该遵循学生的认知规律和能力形成规律,关注学生的个体认知发展阶段,注重不同阶段课程围绕职业能力形成的递进衔接,注重不同类型课程围绕职业能力形成的递进衔接。

第二,职业院校应遵循职业导向改革课程内容。职业教育课程建设应该做到将课程内容与职业情景、职业精神教育、职业资格证书的获取融合统一,学生在掌握基本理论知识的同时,将理论运用到模拟的工作场景中去,从而有效实现理论和实践的无缝衔接,这样才能保证学生对于课程内容听得懂、学得会,未来走上工作岗位才能干得好。为此职业院校应遵循职业导向,进一步改革课程内容,注重增进课程内容与职业情景的紧密联系,注重强化思政教育与职业能力培养的融合统一,注重深化课程内容与职业精神教育的融通渗透,创新推进"鲁班精神""工匠精神""劳模精神"等极具教育价值的优秀精神进课堂,引导学生增进家国情怀和使命担当,激发学生勇于创新、苦干实干的工作热情。

第三,职业院校应多措并举强化课程教学过程。加强职业院校的教育教学质量,推进落实"三教改革"是必由之路,建议职业院校通过先进的教学技术手段激发学生学习兴趣,采用丰富的教学方式方法紧抓学生的学习注意力,构建完善的监督评价机制保证师生双方共同实现教学效果最优化。就教学技术手段而言,教师单纯采用填鸭式讲授和学生被动接受的形式无法提升学生的学习兴趣,而将虚拟仿真技术等大量新技术手段运用于课程教学,不仅可以显著提升学生的学习兴趣,还能有效改善学生学习效果和课程满意度。就教学方法而言,职业院校教师能够充分利用的教学方式有很多,较为适用的如现场教学法、参观教学法、直观演示法、练习法以及任务驱动法和情景模拟法等,教师可以结合教学内容进行灵活使用。就教学评估而言,职业院校应从保障育人成效的角度出发,严格健全、落实课程教学督导机制,不仅督导评估教师的课程教学质量,也要注重对学生课程学习状态的监督与检查,从全方位保障课程教学质量。

第四,多方合力加强课程资源建设。课程资源是开展教学活动的重要支撑,其建设优劣情况关系着职业教育人才培育的有效性。丰富的高质量的课程资源能够推动课程改革顺利施行，能够保障教学活动的有效实施合理，可以为学生提供优质的学习体验。因此，充分开发课程资源是提升职业院校学生课程质量的重要举措。课程资源中，师资力量是影响职业教育育人成效的重要因素，优质师资团队是推动职业教育现代化发展、实现职业教育提质培优的关键，因此提升职业院校整体办学水平和育人质量，应该着力打造出高素质的"双师型"人才队伍。而职业院校校内外实训基地是训练学生专业技能的重要载体，职业院校应深化校企合作建设校内外实训基地，充分利用校内外实训基地培养学生的基础知识、训练专业技能，积累实践经验。

第九节　建立健全职业教育师资和经费保障机制

一、完善多元投入的经费保障机制

从某种意义上讲，职业教育还是国民教育体系中的薄弱点，建设高质量的职业教育体系，需要加大对职业教育的投入，加强职业院校的软硬件建设，为职业教育提供有力的经费保障。

据联合国教科文组织测算，职业教育办学成本一般是普通教育的 3 倍左右。而我国虽然近年来在职业教育的经费投入方面出台了一些政策，但投入相对现实需要来说依然严重不足。2020 年全国教育经费的总投入是 53 013 亿元，其中，中职的投入是 2 871 亿元，只占到普通高中投入的一半；高职专科院校的总投入是 2 758 亿元，仅占普通高等院校的 19.7%。[①] 与同级教育相对，我国职业教育总投入占比偏少，且投入力度与办学规模严重不匹配。另外，经费来源单一也加深了职业教育投入不足的问题。我国目前职业教育经费投入的主要来源是政府，行业企业虽然也有经费参与，但普遍投资的意愿度和积极性不高。投入不足已经成为制约职业教育高质量发展的瓶颈之一，完善职业教育的经费投入机制，保障经费投入公平，对于促进职业教育发展进步、提升职业教育发展质量至关重要。

---

① 王亦君.如何保障职业教育与普通教育同等重要[N].中国青年报，2021－06－15.

第一,坚决落实职教 20 条关于"新增教育经费要向职业教育倾斜"的任务要求,推动各级财政优化教育经费的支出结构,确保新增教育经费真正向职业教育倾斜,逐步提高职业院校生均拨款水平和标准,使财政投入与职业院校的办学规模、培养成本、办学性质等相适应相匹配。

第二,多渠道筹措职业教育经费,建立健全职业教育多渠道支持的长效经费保障机制,明确税收优惠政策,充分调动企业办职业院校、投资职业院校的积极性,依法保障推进校企合作与产教融合,采取措施调动社会对职业教育发展的重视和关注,推动形成全社会共同支持职业教育发展的氛围。

第三,建立职业教育协同发展的专项经费与政策支持机制。国家层面除了保证中央财政专项拨款,还需要设立职业教育长效联动综合发展项目,提高多元主体参与职业教育治理的积极性,从宏观层面保障职业教育东中西部优质均衡发展,切实发挥职业教育在乡村振兴中的特殊优势作用,以教育促产业、以产业助脱贫。国家在出台《国家职业教育改革实施方案》《职业学校校企合作促进办法》等宏观政策性文件的基础上,需要进一步细化激励机制,优化职业教育组织结构,建立以省为主的职业教育产出绩效分配制度,鼓励各地区间实现产教融合联动共赢,推进企业型大学建设。省级政府层面应认真落实国家关于职业教育发展的政策精神,合理统筹职业教育发展经费,通过税收减免、扶持重点企业等优惠政策切实做好本地区产教融合的推进工作,建立产教融合型企业认证制度,鼓励企业与职业学校展开深度合作,对上榜的产教融合型企业给予"增加财政专项补贴、减免企业支出税费、降低或减免贷款利率、降低土地使用费"等组合式的激励优惠,形成企业帮扶职业学校发展的良性互动生态。[①]

二、建立健全职业教育师资保障机制

教师队伍是发展职业教育的核心资源,是支撑新时代职业教育高质量发展的关键力量。有高水平的教师才会有高质量的教育。职业教育教师与普通教育教师不同,不但需要较高的理论水平,更需要很强的实践动手能力,即既要会讲,更要会做。一项针对北京市 40 所职业院校产教融合现状的调查发现,师资队伍是产教融合专业建设的薄弱要素。数据显示,在产教融合专业建设各要素中,效

---

① 陈亮,陈恩伦.职业教育治理能力现代化:一流职业教育建设的要议证成[J].教育研究,2020 年第 5 期.

果达成度最低的是师资队伍。① 这暴露了我们在职业教育师资队伍建设中的一些问题。这一问题的出现是职业教育治理体系多方面的因素综合作用造成的结果：一是师资培养有规律和周期，想短期见成效是很难的；二是目前职业院校普遍在师资建设上的各项措施和政策还不配套，如教师下企业实践的工作量换算不清，补贴不明，考核有难度，使教师的权益很难得到保障，导致教师下企业实践的积极性不高，教师人手不足，下企业实践后在校的教学工作量无人承担或造成其他教师过重的课业负担也成为学校管理的难题。

第一，加速建立并实施职业院校教师专业标准制度，健全职业院校教师的引进、培养、评价机制。

第二，落实教师到企业实践的相关制度，可推动企业工程技术人员、高技能人才和职业院校教师双向流动，由校企联合组建高水平、结构化教师教学创新团队，推进教师分工协作进行模块化教学。同时，可大力推进政治家、教育家办学治校，建立科学的领导干部选用、培养、交流、退出机制，让懂职业教育、爱职业教育、兼具企业家思维的干部当书记、做校长，管好办好职业院校。②

第三，畅通教师职业发展通道，积极打造"双师型"教师队伍。

一是完善"双师型"教师培养体系。支持高水平工科大学举办职业技术师范教育，构建以职业技术师范院校为主体，产教融合的多元培养培训格局；创建高水平结构化教师教学创新团队，遴选建设职业教育教师教学创新团队，形成团队教师研修访学常态化机制；聚焦"1＋X"证书制度开展教师全员培训，培育一批具有职业技能等级证书培训能力的教师，探索适应职业技能等级培训教师的分级培训模式。

二是畅通校企人员双向流动渠道，加大政府统筹，依托职教园区、职教集团、产教融合型企业等建立校企人员双向交流协作共同体，推动形成校企人员双向流动常态运行机制；完善"固定岗＋流动岗"教师资源配置新机制，实施"现代产业导师特聘岗位计划"，推动形成由"固定岗＋流动岗"构成的"双师结构"专业教学团队。

三是改革职称评聘和绩效工资办法。破除"五唯"顽瘴痼疾，将师德师风、工匠精神、技术技能和教育教学实绩作为职称评聘的主要依据。提高公办职业院

---

① 王欢.产教融合背景下职业教育专业建设对策研究——基于北京市 40 所职业院校产教融合现状的调查[J].职业技术教育,2020 年第 33 期.
② 陈子季.优化类型定位加快构建现代职业教育体系[J].中国职业技术教育,2021 年第 4 期.

校绩效工资水平的限高线,学校对外开展技术开发、转让、咨询、服务取得的收入结余,可提取 50% 以上用于教师劳动报酬,不纳入单位绩效工资总量管理。对学校以年薪制、协议工资、项目工资等方式引进高层次人才予以倾斜,在绩效工资总量中单列。专业教师可在校企合作企业兼职取酬。总之,让能干的先上,让贡献大的多得,鼓励优秀教师脱颖而出。①

---

① 邢顺峰.建设高质量职业教育体系增强职业教育适应性[J].中国职业技术教育,2021 年第 1 期.

参考文献

一、资料类

习近平.中国共产党第二十次全国代表大会报告[M].北京：人民出版社,2022.

新华社.中共中央办公厅　国务院办公厅印发《关于深化现代职业教育体系建设改革的意见》[EB/OL].http：//www.gov.cn/zhengce/2022 - 12/21/content_5732986.htm,2022 - 12 - 21.

中国法制出版社.中华人民共和国职业教育法[M].北京：中国法制出版社,2022.

中华人民共和国教育部.2021 年全国教育事业统计主要结果[EB/OL].http：//www.moe.gov.cn/jyb_xwfb/gzdt_gzdt/s5987/202203/t20220301_603262.html,2022 - 03 - 01.

习近平.在深圳经济特区建立 40 周年庆祝大会上的讲话[N].人民日报,2020 - 10 - 15.

习近平.决胜全面建成小康社会　夺取新时代中国特色社会主义伟大胜利[N].人民日报,2017 - 10 - 28.

二、著作类

郭扬.高等职业教育三十年探索与研究[M].北京：冶金工业出版社,2021.

郭扬.中国高等职业教育史纲[M].北京：科学普及出版社,2010.

黄胜利,刘胡权,赵宏智,李成越.中国乡村教育发展报告（2021）[M].北京：社会科学文献出版社,2021.

姜大源.当代世界职业教育发展趋势研究[M].北京：电子工业出版社,2012.

姜大源.职业教育要义[M].北京：北京师范大学出版社,2022.

教育部课题组.深入学习习近平关于教育的重要论述[M].北京：人民出版社,2019.

卡尔·马克思,弗里德里希·恩格斯马克思.恩格斯文集（第 3 卷）[M].北京：人民出版社,2009.

石伟平等.职业教育办学模式改革研究[M].北京：经济科学出版社,2021.

石伟平,匡瑛等.中国教育改革 40 年：职业教育[M].北京：科学出版社,2022.

徐国庆等.职业教育现代学徒制理论研究与实践探索[M].北京：经济科学出版社,2021.

徐国庆,袁振国.从分等到分类：职业教育改革发展之路[M].上海：华东师范大学出版社,2018.

徐国庆.职业教育课程、教学与教师[M].上海：上海教育出版社,2020.

赵志群等.中国现代职业教育质量保障体系研究[M].北京：经济科学出版社,2021.

赵志群,白滨.职业教育教师教学手册[M].北京：北京师范大学出版社,2022.

赵志群.职业教育学习新概念[M].北京：北京师范大学出版社,2021.

曾天山,顾建军.劳动教育论[M].北京：教育科学出版社,2020.

曾天山.教育扶贫的力量[M].北京：教育科学出版社,2018.

曾天山."双高"建设引领技能社会[M].北京师范大学出版社,2021.

朱德全.职业教育统筹发展论[M].北京：科学出版社,2016.

庄西真.长话短说：2009—2019年的职教观察[M].苏州：苏州大学出版社,2019.

庄西真.职业学校的学与教[M].北京：知识产权出版社,2015.

三、论文

陈宝生.全面推进依法治教　为加快教育现代化、建设教育强国提供坚实保障——在全国教育法治工作会议上的讲话[J].国家教育行政学院学报,2019年第1期.

陈亮,陈恩伦.职业教育治理能力现代化：一流职业教育建设的要议证成[J].教育研究,2020年第5期.

陈子季.深入贯彻落实《职业教育法》依法推动职业教育高质量发展[J].中国职业技术教育,2022年第16期.

陈子季.优化类型定位　加快构建现代职业教育体系[J].中国职业技术教育,2021年第4期.

陈竹萍,李梦卿.日本新型本科职业大学师资队伍建设研究——以日本专门职业大学为例[J].教育与职业,2021年第21期.

邓华.新版专业目录视域下高职院校专业的价值定位、编制机理及推进途径[J].教育与职业,2022年第2期.

董文娟,黄尧.人工智能背景下职业教育变革及模式建构[J].中国电化教育,2019年第7期.

范唯,郭扬,马树超.探索现代职业教育体系建设的基本路径[J].中国高教研究,2011年第12期.

顾建军.高素质技术技能人才培养的现代意蕴与职业教育调适[J].国家教育行政学院学报,2021年第5期.

景安磊,周海涛.推动高等职业教育高质量发展的基础、问题与趋向[J].北京师范大学学报(社会科学版),2021年第6期.

姜大源.关于加固中等职业教育基础地位的思考(连载一)[J].中国职业技术教育,2017年第9期.

姜大源.关于加固中等职业教育基础地位的思考(连载二)[J].中国职业技术教育,2017年第12期.

纪梦超,孙俊华.日本现代职业教育体系的新兴力量：专门职大学和专门职短期大学[J].中国职业技术教育,2021年第21期.

李梦卿."双高计划"背景下高等职业教育人才培养方案重构研究[J].现代教育管理,2020年第1期.

李梦卿."双师型"教师资格认证标准的制定与实施[J].教育与职业,2020年第4期.

柳靖.职业教育的现代性探析——一个历史的角度[J].职业技术教育,2012年第1期.

刘晓.做好改革组织实施工作　深化国家职业教育改革——基于《国家职业教育改革实

施方案》出台之思[J].中国职业技术教育,2019 年第 7 期.

李永健,李梦玲."人民满意"的高职教育办学质量评价体系诠释与构建[J].中国职业技术教育,2018 年第 13 期.

吕银芳,王志远,祁占勇.生态链视域下职业教育产教深度融合的政策环境及其创设[J].职业技术教育,2019 年第 19 期.

莫春雷,李小娃.高水平高职院校的历史方位、关键命题及建设路径[J].职业技术教育,2019 年第 31 期.

平和光.关于职业教育新型智库建设的几点思考[J].职业技术教育,2018 年第 22 期.

孙凯宁,孙勇.高职院校思政教育培养学生工匠精神的路径探析[J].教育与职业,2021 年第 3 期.

寿伟义.乡村振兴战略背景下农村职业教育的有效供给研究[J].教育与职业,2022 年第 5 期.

汤晓军.提质培优背景下高职教育国际化面临的挑战与发展路径[J].教育与职业,2022 年第 5 期.

武汉大学国家发展战略研究院智库团队人工智能与职业教育转型研究课题组.人工智能时代职业教育转型的路径选择[J].教育研究,2020 年第 6 期.

王欢.产教融合背景下职业教育专业建设对策研究——基于北京市 40 所职业院校产教融合现状的调查[J].职业技术教育,2020 年第 33 期.

王丽燕,韩中淑.社会变革背景下日本优化职业教育体系的经验及其启示——基于增设专门职大学的实践[J].成人教育,2021 年第 11 期.

吴潇丽,何璇.日本职业教育产学官合作模式转型升级途径与启示[J].中国高校科技,2022 年第 5 期.

徐涵.关于建设中国特色的现代职业教育体系的思考[J].中国职业技术教育,2012 年第 12 期.

邢晖.《职教法》修订历程回顾与《职业教育法修订草案(征求意见稿)》分析[J].中国职业技术教育,2020 年第 10 期.

许世建,董振华,黄辉.坚持德技并修优化类型定位全面推进职业教育课程思政建设[J].中国职业技术教育,2021 年第 23 期.

邢顺峰.建设高质量职业教育体系　增强职业教育适应性[J].中国职业技术教育,2021 年第 1 期.

杨勇,商译彤,康欢.新时代高职院校高水平建设的逻辑框架、应然向度与战略抉择[J].教育与职业,2021 年第 12 期.

周丙洋,王子龙."双高计划"背景下高职院校创新发展的内涵重构与战略抉择[J].高校教育管理,2020 年第 3 期.

朱新卓,赵宽宽.我国高中阶段普职规模大体相当政策的反思与变革[J].中国教育学刊,2020 年第 7 期.

朱志萍.智能释放:人工智能 2.0 时代教育的冲击与改变——兼论人工智能赋能高等职业教育[J].中国职业技术教育,2021 年第 1 期.

《2020 中国职业教育质量年度报告》项目组,《中国职业技术教育》编辑部.我国职业教育发展的成绩、挑战与对策[J].中国职业技术教育,2021 年第 15 期.

四、报纸文章类

陈桂林.落实新职教法系列谈|残疾人职业教育亟待加强[N].中国青年报,2022-05-05.

陈爽.首次明确！职业教育与普通教育具有同等重要地位[N].潇湘晨报,2022-04-21.

刘宝民.学习贯彻新职教法　落实立德树人根本任务[N].中国教育报,2022-05-31.

李竟涵.为什么职业教育大有可为[N].农民日报,2021-04-19.

孟源,商若凡.推动"中文＋职业教育"协同"走出去"[N].中国教育报,2022-05-17.

欧媚.郑亚莉代表：让职业本科教育成为职教高质量发展的关键[N].中国教育报,2022-03-03.

欧媚,张欣.教育部：让更多职校毕业生接受职业本科教育[N].中国教育报,2022-02-23.

彭梦宁,罗珊珊.绽放高职教育新魅力,潜江龙虾学校成"网红"[N].新华网,2019-05-07.

彭诗韵,欧媚.本科层次职业教育如何稳中有进[N].中国教育报,2022-03-07.

苏俊,万辉君,闫伟.弘扬和践行黄炎培职业教育思想　积极构建现代职业教育体系[N].四川经济日报,2021-05-27.

位林惠,李悦.新职教法时代：职业教育的主题是高质量发展[N].人民政协报,2022-04-27.

吴为.新职业教育法下月实施,我们梳理了6个焦点问题[N].新京报,2022-04-29.

王亦君.如何保障职业教育与普通教育同等重要[N].中国青年报,2021-06-15.

辛识平."小龙虾学院"为何走红？[N].人民日报,2019-03-20.

赵晨熙.新修订职业教育法为建设高质量职教教师队伍夯实法治基础——今年将开展职业教育教师队伍能力提升行动[N].法制日报,2022-05-26.

周洪宇.新职业教育法的10个重大突破[N].人民政协报教育在线周刊,2022-04-28.

张慧波.落实新职教法系列谈|企业办学主体地位有了坚实的法律保障[N].中国青年报,2022-05-06.

赵鹏飞.落实新职教法系列谈|大突破：国家推行中国特色学徒制[N].中国青年报,2022-04-27.

周曙.遵循"三个坚持"明确本科层次职业教育人才培养定位[N].湖南日报,2022-03-29.

庄西真.构建新型职教教师培养培训体系[N].中国教育报,2018-11-20.

后　记

　　疫情里的日子过得真快,不知不觉,这本书从课题立项到编写付审,已经有大半年时间了,看到书稿即将公开面世,不禁感到由衷的欣慰。

　　2022 年 5 月 1 日,适逢新《职业教育法》颁布实施,对于二十多年未曾修订的一部重要法律,在中国产业升级换代、中国制造业升级、新业态新产业不断涌现、新行业新领域不断创新的背景下,职业教育领域法律的更新换代,匹配当前产业发展需求和人才培养目标,可谓久旱逢甘霖,正当其时。彼时,教育部印发了教育系统学习新《职业教育法》的通知,组织第一个"职业教育周"活动,形成了教育主管部门主导学习,职业教育研究者深入研读,职业教育从业者认真学习,家长学生热烈讨论的生动局面,形成了社会各界"学法""用法"和"研法"的良好氛围。

　　但是,在开始一段时间,由于没有行政部门和专业权威解读,对于新《职业教育法》的一些重要内容,教育界和社会上都出现了某些误读,尤其在关心职业教育的家长群体中,更是对之感到莫衷一是。最典型的例子,就是对于"职普分流"的理解出现了很大偏差,社会各界议论纷纷,无所适从。作为一个从事与研究教育多年,近年来一直在积极推动《职业教育法》修订的全国人大代表和全国人大常委会委员,我有幸全程参与了修订与审议工作,对这部新《职业教育法》的诸多新突破、新发展,有着较深的体会。新《职业教育法》颁布实施后,也多次应邀撰文在报纸杂志上发表解读文章,或接受《人民政协报》《南方周末》等媒体记者专访,回答有关问题。在对社会上的一些误读深感遗憾的同时也萌生出一个想法,是否应该及时组织专业力量编写一本新《职业教育法》解读与研究手册,做出全面系统的解读,并就未来职业教育健康发展提出政策建议,以满足社会需求,起到"释法""宣法""学法""知法""用法"的作用,促进和推动职业教育改革发展创新,这不正是我们华中师范大学国家教育治理研究院作为人文社会科学重点研究基地和国家教育智库应该发挥的作用吗? 于是,在长江职业学院党委书记童静菊博士、校长吴昌友教授及湖北技能型人才培养研究中心主任王宇博士邀请我到该校就如何学习贯彻新《职业教育法》座谈时,我顺便对他们提出共同编写一部《中华人民共和国职业教育法(2022 年修订)解读与研究》的建议,作为我主持的 2022 年度教育部人文社会科学研究项目"教育强国的内涵、指标和实现路径研究"研究成果之一。我觉得,这项工作,不仅是华中师范大学国家教育治理研究院作为重点人文社会科学研究基地和国家教育智库应做的事情,也是长江职业学院省级人文社会科学重点研究基地——湖北技能型人才培养研究中心应做的事情。

该想法一经提出,便得到了长江职业学院党委、行政主要领导的完全赞同与高度重视,迅速组织湖北技能型人才培养研究中心专兼职科研人员作了全面系统的前期论证工作,围绕本书三编内容分别成立了三个编写组。第一时间开启了全书编写工作,并于 2022 年 8 月完成了全书初稿。其间,编写组先后邀请了马必学、李梦卿、朱爱国、程斯辉、申国昌、肖登辉等国内职业教育政策和教育法研究领域的知名专家学者(他们中有多位同时也是华中师大国家教育治理研究院的成员)开展了多次线上和线下研讨,对全书的有关问题进行了广泛而深入的交流,得到各位专家学者的精心指导,编写组根据研讨会的意见建议前后进行了三个轮次的修改。

2022 年 10 月 16 日,具有里程碑意义的中国共产党第二十次全国代表大会在京胜利召开。在党的二十大报告中,首次把教育、科技、人才进行"三位一体"统筹安排,一体部署,新的观点、新的任务、新的要求催人奋进,基于此,编写组按照党的二十大报告精神,再次对书稿进行了修改完善,使得全书内容更全面、更丰富、更充实,更具有理论高度和时代特点。

2022 年 12 月 21 日,中共中央办公厅、国务院办公厅印发《关于深化现代职业教育体系建设改革的意见》,这是党的二十大后,党中央、国务院部署教育改革工作的首个指导性文件,党的二十大对职业教育重视程度之高前所未有,职业教育在整个教育体系中的分量之重前所未有,以一体化推进教育、科技和人才三大强国建设的宏阔视野,深化现代职业教育体系建设改革的任务之艰巨也前所未有,对职业教育的战略定位越来越突出、实践要求越来越明确、规律认识越来越深入。对此,编写组在深入学习领悟"意见"精神的基础上,第五次对本书进行了系统地修改完善,使得全书解读和研究更贴近前沿和热点,力图做到与国家关于职业教育的发展改革方向同向同行。

全书基本构架、编写思路和主要观点由我提出,与长江职业学院党委书记童静菊博士、校长吴昌友教授及王宇博士共同商定,徐坤、马发生、蔡传德、龚谦、李丹、张俊、黄朝晖、齐求兵、邓桂兵、李梦玲、平怡、苏龙、刘晓等同志全程参与了书稿编写的论证工作,在资料筛选、数据分析、经费保障等方面给予支持和指导。上编第一、二章由郑晓芳主笔,第三章由陈帆、王宇联合执笔,第四章由李英宣、王宇联合执笔,第五章由李海英、陈帆、王宇联合执笔;中编第六、七章由黄容霞、王宇、邱贻洁联合执笔;第八、九、十章由黄容霞、王宇联合执笔,第十一、十二、十三章由黄容霞、徐文联合执笔;下编第十四、十五章由徐文、戴士崴、王宇、李海英、陈帆联合执笔。上编由潘昱宏、邱贻洁、赵坤、俞俊负责相关资料的收集、整理与校对;中编和下编由翟慧芳、王珩、程胜男、白雯负责相关资料的收集、整理与校对。全书由我与童静菊书记、吴昌友校长分别担任主编、副主编,王宇博士全面协助工作,李丹、张俊负责书稿编撰过程的研讨组织工作,黄朝晖负责书稿对外联络与宣传工作。我们对书稿进行了多次修改,最后我对全书做了审定。

因疫情多次出现反复,正常的工作和生活秩序被打乱,多位参与者感染新冠病毒而难以工作,编写工作的协调和交流大多在线上进行,全书的编写过程曲折而艰难。但是,长江职业学院校党委、行政主要领导高度重视,全体参编人员克服困难,书稿几经修改完善,多次增加与调整内容,最终成书。在此,我要衷心感谢关心和指导全书编撰工作的各位专家学者,衷心感谢清华慕华成志教育科技有限公司郭伟同志在出版方面提供的帮助,衷心感谢东方出版中心领导与责任编辑的全力支持,衷心感谢长江职业学院学校党委、行政、校科技处以及湖北技能型人才培养研究中心在本书编撰过程中提供的人力物力支持,尤其要衷心感谢各位编写组成员的全力以赴。没有大家的共同努力,这本著作是不可能在如此困难的情况下顺利完成并及时出版的。

鉴于新《职业教育法》发布实施时间不长,研究时间仓促、研究能力有限、研究过程意外频发,加之全书出于众人之手,观点与文风很难做到完全统一,还请读者见谅。万事开头难,此书权且作为长江职业学院湖北技能型人才培养研究中心与华中师大国家教育治理研究院两个重点研究基地在职业教育治理研究方面合作研究的初步成果,期待以此为起点,今后双方开展更多的合作研究,结出更为丰硕的成果。

党的二十大胜利召开,我们深感职业教育的春天已经到来,职业教育的康庄大道已经铺就,职业教育的未来大有可为。新《职业教育法》一定可以为职业教育的健康良好发展保驾护航,推进职普融通、产教融合、科教融汇,优化职业教育类型定位,培养造就更多大国工匠和高技能人才,助力中国经济产业发展,让我们一起迎接职业教育新的发展时代,谱写职业教育新的篇章!

周洪宇

2022 年 12 月于东湖之滨远望斋